Joseph Sandler
Anna Ursula Dreher

Was wollen die Psychoanalytiker?

Das Problem der Ziele in der psychoanalytischen Behandlung

Vorwort von Arnold M. Cooper

Aus dem Englischen
von Martina Leber

Klett-Cotta

Klett-Cotta
Die Originalausgabe erschien unter dem Titel
»What Do Psychoanalysts Want? The Problem of
Aims in Psychoanalytic Therapy«
im Verlag Routledge, London / New York 1996

Printed in Germany
Schutzumschlag: heffedesign, Rodgau
Gesetzt aus der 10,5 Punkt Sabon,
auf säure- und holzfreiem Werkdruckpapier
gedruckt und in Fadenheftung gebunden von
Freiburger Graphische Betriebe, Freiburg i. Br.
Einbandstoff: Garant-Leinen

Die Deutsche Bibliothek – CIP-Einheitsaufnahme
Sandler, Joseph:
Was wollen die Psychoanalytiker? : das Problem der Ziele in der
psychoanalytischen Behandlung / Joseph Sandler und
Anna Ursula Dreher. Vorw. von Arnold M. Cooper. Aus dem Engl.
von Martina Leber. – Stuttgart : Klett-Cotta, 1999
Einheitssacht.: What do psychoanalysts want? <dt.>
ISBN 3-608-91901-5

Für Anne-Marie
und Joachim

Inhalt

Vorwort von Arnold M. Cooper 9
Vorbemerkung 19
Einleitung 22

1. Freuds Ansichten über die Behandlungsziele 36

2. Die frühen Freudianer in den 20er Jahren 56

3. Konsolidierung im Vorkriegsjahrzehnt 70

4. Die Emigration und eine Zeit des Übergangs 93

5. Die 50er Jahre und die Diskussion
um den »wachsenden Indikationsbereich« 106

6. Wachsende Spannungen 129

7. Die 70er Jahre und das Aufblühen
eines Pluralismus 150

8. Pragmatismus und Integration
in der zeitgenössischen Psychoanalyse 172

9. Ein Rahmen, um über Ziele nachzudenken 198

Nachwort 215

Literatur 221
Personenregister 245
Sachregister 248

Vorwort[1]

Von Arnold M. Cooper

Es bedarf einigen Mutes, ein Buch mit dem Titel »Was wollen die Psychoanalytiker?« zu schreiben. Diese Anlehnung an Freuds berühmte Frage impliziert, daß Analytiker zumindest in einigen Aspekten ihrer Arbeit genauso verwirrt, verwirrend und unergründlich sind, wie es aus Freuds Sicht die Frauen waren. Natürlich ist das, was für den jüngeren Freud – zu Zeiten, als er die Psychoanalyse entwickelte – geheimnisvoll war, aus heutiger Sicht Beleg seines geschlechtsspezifischen Vorurteils. Ähnlich meinen Sandler und Dreher, daß nun die Zeit gekommen sei, sich mit einigen der Vieldeutigkeiten, Unklarheiten und Unbestimmtheiten auseinanderzusetzen, die Aspekte unseres Denkens über Psychoanalyse und ihre Praxis charakterisiert haben. Sie glauben, daß es an der Zeit sei, sich der Frage, was Analytiker wollen, mit ebensolchem Eifer zuzuwenden wie während des nun fast vergangenen Jahrhunderts jener früheren Frage. Diesem anregenden und herausfordernden Buch liegt die Annahme zugrunde, daß uns ein größeres Wissen über die Entwicklung unseres Denkens – die ursprünglichen Bedeutungen und Absichten unserer Ideen zu klären und zu verfolgen, wie sie sich mit der Zeit im Wettstreit mit anderen Ideen verändert haben – zu mehr Klarheit darüber verhelfen wird, was wir denken, warum wir es so denken und ob es wirklich so ist, wie wir es denken wollen. In Einklang mit seiner früheren Forschung über die in die analytische Arbeit eingehenden Vorannahmen des Analytikers vertritt Sandler die Ansicht, daß Analytiker recht unterschiedliche bewußte und unbewußte Vorstellungen von dem haben, was sie wollen, daß sie sich zeitweise des Mo-

[1] Für die deutsche Ausgabe leicht gekürzte Fassung.

dells, das ihre Arbeit leitet, nur wenig bewußt sind oder vielleicht sogar bestreiten, eines zu haben. Sandler und Dreher meinen, daß ein Versuch, unser Denken explizit zu machen, nicht schaden kann; mit diesem Buch bieten sie uns die Mittel an, besser als in der Vergangenheit unsere Vorstellungen davon zu explizieren, was wir Analytiker zu erreichen suchen, wenn wir Analysen durchführen. Zweifellos ist es ein Ziel dieses Buches, uns verstehen zu helfen, wie wir unsere analytische Arbeit tatsächlich anpacken. Interessanterweise heißt die Frage: »Was wollen die Analytiker?«, und nicht: »Was wollen die Patienten?« Es ist ein Vorzug dieser Arbeit, daß der Neugier erwekkende Titel nur leicht ironisch gemeint ist, und die aufgeworfene Frage ist angesichts der Reichhaltigkeit und Tiefe der angebotenen Antworten mehr als gerechtfertigt. Ich will nicht unerwähnt lassen, daß man es sich von kaum einer anderen Sparte der Heilkunst vorstellen kann, daß gefragt wird: »Was wollen die Praktiker?« – dies versteht sich gewöhnlich von selbst – oder gar: »Was wollen die Patienten?« – auch dies versteht sich gewöhnlich von selbst.

Der Untertitel »Das Problem der Ziele in der psychoanalytischen Behandlung« wirft die bestechend einfache Frage auf: Warum lassen wir uns und warum lassen sich unsere Patienten auf dieses komplexe, zeitraubende, mühsame und meist teure Unternehmen ein? Eine solche Erforschung der Ziele gibt den Autoren die Möglichkeit, die wesentlichen Bestandteile des komplexen Unternehmens *Psychoanalyse* eingehend zu untersuchen und danach zu fragen, wie sich die Ansichten der Analytiker über das, was sie tun, im Laufe des letzten Jahrhunderts verändert haben. Natürlich unterstellt der Titel, daß es ein Ziel für diese »Betätigung« (die Analyse) gibt, und schmettert die ab, die vertreten könnten, daß die Analyse ziellos sei; für diese Position tritt vielleicht niemand explizit ein, sie ist aber den Ansichten derjenigen nah, die die zirkuläre Aussage vertreten haben, das Ziel der Analyse sei das Analysieren, und die dabei spezifische theoretische Forschung, therapeutische oder andere »praktische« Ziele scheuen. In ihrer Bemühung um Klärung der Ziele der Psychoanalyse haben Sandler und Dreher eine knappe, aber beeindruckende Darstellung der Geschichte der psychoanalytischen Ziele geschrieben, die sich, vielleicht nicht überraschend, als eine Geschichte der Psychoanalyse selbst erweist. Dieser besondere Ausgangspunkt ihrer Betrachtung – nämlich die Untersuchung unserer Ziele – bietet den Autoren Gelegenheit, sich auf das zu konzentrieren, was die meisten Leser als das Herzstück der psychoanalytischen Geschichte betrachten werden: jene Leitgedanken, die unsere gesamten klinischen Aktivitäten steuern und die dabei auch die Details durchdringen, wie wir eine Analyse führen, um diese Ziele zu erreichen. Das große Interesse von Psychoanalytikern an der Technik, die natürlich einen eigenen Stellenwert besitzt, hat manchmal verdunkelt, daß Technik ein Mittel und nicht ein Zweck ist.

Im Laufe ihrer Untersuchungen bringen die Autoren brillante Zusammenfassungen der Kerngedanken der bedeutendsten Analytiker nach Freud: Klein, Strachey, Fairbairn, Loewald, Kohut, Kernberg und andere. Befreit von jeglicher Verpflichtung, deren Politik oder Persönlichkeit zur Kenntnis zu nehmen, konzentrieren sich die Autoren auf jene analytischen Vorstellungen, die die Art und Weise verändert haben, in der Analytiker ihre beruflichen Aufgaben begreifen und durchführen. Ich kenne keine vergleichbare Quelle für solch klare, jargonfreie Beschreibung des Denkens unserer bedeutendsten Neuerer und ihrer Beiträge zu unserem psychoanalytischen Unternehmen. In einer Zeit des theoretischen Pluralismus mit vielen gegensätzlichen und konkurrierenden Ideen kann dieses Buch einer äußerst wichtigen Funktion der Vereinheitlichung dienen. Auch wenn Analyse eine Aktivität einzelner Personen ist, sollte sie doch einen vernünftigen einheitlichen Satz von Zielen haben, der die technischen oder theoretischen Unterschiede innerhalb der Disziplin überbrücken sollte. Wenn die Auffassungen über Ziele nicht geteilt werden, wird es schwierig, die Einheit der Disziplin zu erkennen, die doch Grundlage für eine Vielzahl von Anwendungen ist.

Sicherlich erhebt jede neue Idee, jede Forderung nach einer Änderung der analytischen Theorie oder Technik den Anspruch, deshalb Beachtung zu verdienen, weil sie erfolgreicher als die bisherige irgendein Ziel der analytischen Arbeit zu erreichen vermag. Es versteht sich allerdings von selbst, daß jede neue Theorie oder Technik, die zu keinerlei erkennbarem Unterschied in der analytischen Arbeit und ihren Ergebnissen führt, berechtigterweise für trivial gehalten wird und nicht beanspruchen kann, daß man sich ernsthaft mit ihr auseinandersetzt. Die Autoren dieses Buchs leisten bewundernswerte Arbeit, wenn sie uns durch das verwirrende Dickicht konkurrierender analytischer Ideen führen und uns darüber informieren, wie jede Idee zu einer Änderung am analytischen Unternehmen beigetragen hat. Das Wissen über den Kontext, in dem Ideen entstanden sind, und über die Strömungen, die zu ihrer Modifikation geführt haben, ist ungeheuer hilfreich, wenn wir die eigene Erfahrung besser verstehen und besser begreifen wollen, wie wir dazu gekommen sind, den unsere eigene psychoanalytische Arbeit leitenden Vorstellungen zu folgen.

Dieses Buch ist auch deshalb aktuell, weil in vielen Teilen der psychoanalytischen Welt diejenigen, die die Kosten tragen – Versicherer und andere zahlende »Dritte« –, von uns Rechenschaft fordern. Was erreichen wir für unseren Patienten, das die Kosten rechtfertigt? Während einige unserer berechtigten analytischen Ziele – zum Beispiel ein größeres Maß an Selbsterkenntnis oder eine dauerhafte Fähigkeit zur Selbstanalyse – den Versicherungsgesellschaften nie genehm sein werden, schaden uns Konfusion und das Vermeiden von Klarheit hinsichtlich unserer Ziele und Ansprüche bei den Intellektuellen und den wissenschaftlich forschenden Kreisen, die für uns von großer Bedeutung sind: der Medizin zum Beispiel oder der Psychologie, der Philosophie, Literatur oder Kunst. Wir sind nicht nur an den Mitteln interessiert, welche die Behandlung unserer Patienten sichern, sondern auch an Forschungsgeldern, und unser Ruf in der intellektuellen Gemeinschaft steht auf dem Spiel.

Die Idee, die geschichtliche Entwicklung der psychoanalytischen Ziele in Kapiteln, die jeweils ein Jahrzehnt umfassen, darzustellen, bietet ein lebendiges Panorama des sich verändernden psychoanalytischen Denkens, und man ist überrascht, wie rasch und konsequent wir bereit waren, uns zu verändern – manchmal ohne uns dessen bewußt zu werden. Uns wird nicht nur eine gründliche Übersicht geboten, wie sich Freuds Konzepte der Ziele der Analyse änderten, sondern wir bekommen auch ein Gefühl für seine Bereitschaft, die Ziele der Analyse jeweils in Einklang mit seinen sich verändernden Ansichten über die Struktur des Psychischen und des analytischen Prozesses anders zu sehen. Freud war in der Lage, unterschiedliche und manchmal gegensätzliche Ansichten über die Ziele der Analyse ohne jede sichtbare Störung seiner wissenschaftlichen Gelassenheit zu vertreten. Es ist faszinierend, wie die eine oder andere der vielfältigen Ansichten Freuds zur einzigen oder vorherrschenden Sichtweise späterer Analytikergruppen wurde, die entschlossen waren, eine Vereinheitlichung der Theorie herzustellen oder auf einen bevorzugten Standpunkt das Schwergewicht zu legen.

Jedes Jahrzehnt ist von einem oder mehreren Konflikten gekennzeichnet gewesen, die im Mittelpunkt des analytischen Diskurses dieser Periode standen. Diese Konflikte haben Fragen umfaßt wie: therapeutische Ergebnisziele versus psychoanalytische Prozeßziele; begrenzte versus ehrgeizige Ziele; auf die Beziehungen bezogene versus intrapsychische Ziele; Psychoanalyse als Behandlung versus Psychoanalyse als Forschungswerkzeug; außen-geleitete versus innen-geleitete Kriterien für Veränderung; klare therapeutische Ziele versus therapeutische

Neutralität; ideale oder theoretische versus praktische Ziele; Analyse als begrenzter versus Analyse als unendlicher Prozeß; primäre Ziele der Wahrung des analytischen Prozesses versus Einnehmen einer flexiblen (nicht-analytischen?) Haltung, um dem Patienten zu helfen; anonymer und neutraler Therapeut versus beteiligter Therapeut, der sich mehr oder weniger selbst offenbart.

Die Liste läßt sich erweitern. Es hat eine allmähliche Verschiebung vom Ziel der Symptombeseitigung zu dem der Erlangung von Einsicht, zum Erreichen einer verinnerlichten Fähigkeit zur Selbstbeobachtung und Selbstanalyse gegeben. Beständig liegt den Disputen die Diskrepanz zwischen der Idealisierung der analytischen Methode und der zunehmenden Anerkennung der Grenzen ihres Leistungsvermögens zugrunde. Diese Geschichte unserer Ziele zeigt uns, wie unterschiedliche Ansichten oft Einfluß aufeinander ausgeübt und zu neuen, kenntnisreicheren und komplexeren Synthesen der Art und Weise, wie wir Analyse verstehen, geführt haben. Die Geschichte der Psychoanalyse schließt heftige Kämpfe ebenso ein wie die regelmäßig wiederkehrenden Versuche, den Disput durch irgendeine Form von Koexistenz beizulegen. Wir gingen durch Zeiten analytischer Hybris, als wir glaubten, daß wir weit mehr wüßten, als wir tatsächlich wußten, und daß wir weit mehr erreichen könnten, als wir tatsächlich vollbrachten, und es haben sich Zeiten wahrscheinlich angemessenerer analytischer Bescheidenheit mit Zeiten von therapeutischem Pessimismus abgewechselt.

Das Buch stellt uns beiläufig auch eine Bestandsaufnahme der Soziologie des Wandels innerhalb der Psychoanalyse zur Verfügung. Überraschend werden wir daran erinnert, daß wir erst in den 60er Jahren ernsthaft begonnen haben, *Gesundheit* in Begriffen flexibler Anpassung an die Lebensumstände, einschließlich aristotelischer Ideale von Vernünftigkeit und Gleichgewicht zu sehen. Sandler und Dreher erinnern uns daran, wie bedeutsam kulturelle Normen sind, wenn man irgendeine Lesart von Normalität und die Beziehung zwischen dieser Sicht von Normalität und den Zielen der Psychoanalyse zu verstehen sucht. Die Autoren umreißen sehr schön die verschiedenen Perspektiven hinsichtlich der Ziele – historisch-konzeptuelle, soziokulturelle und klinisch-technische. Es wird auch klar, daß es immer eine doppelte Sicht der Ziele gibt: einmal die bewußten und vorbewußten Vorstellungen des Analytikers von den umfassenden Zielen psychoanalytischer Arbeit und dann die spezifischen und sich ständig verändernden Ansichten über die psychoanalytischen Ziele, die sich in den Interaktionen mit jedem spezifischen Patienten entfalten.

Eine der vielen interessanten Entdeckungen in diesem Buch ist die Erkenntnis, wie beträchtlich die Veränderungen in der Psychoanalyse sind. Sogar in ihrer »orthodoxesten« Fassung hat sich die zeitgenössische Psychoanalyse in Richtungen entwickelt, die noch vor ein paar Jahrzehnten nicht hätten vorausgesagt werden können. Das Interesse an Forschung, einschließlich der Ergebnisforschung, wächst, und was noch wichtiger ist, die Methodik solcher Forschung verbessert sich. Professor Sandler selbst hat Bedeutendes zum zeitgenössischen Forschungsklima der Psychoanalyse beigetragen.

Ich bin mir vollkommen bewußt, wie groß der Beitrag von Anna Ursula Dreher zu diesem Buch ist. Ohne ihr umfassendes Wissen und ihr Engagement in der Konzeptforschung wäre dieses Buch nie geschrieben worden. Dennoch wäre keine Einleitung angemessen ohne eine Anerkennung des ganz besonderen Beitrages von Professor Sandler zur Gestaltung der zeitgenössischen Psychoanalyse. Um hier nichts zu verbergen – eine sensible Frage hier in den Vereinigten Staaten –, will ich offen sagen, daß Anne-Marie und Joe Sandler liebe persönliche Freunde von mir sind. Das aber, so möchte ich behaupten, vergrößert nur meine Fähigkeit, den wahren Wert von Sandlers Beitrag für die Analyse einzuschätzen. Joseph Sandler ist eine dieser seltenen

Gestalten unter all denen, die innovative Beiträge zur Entwicklung der Analyse geleistet haben, deren Werk durch den Geist wirklichen Entdeckenwollens charakterisiert ist. Er ist zu einer Prüfung irgendeines bedeutsamen Aspekts der Psychoanalyse bereit, ohne eine vorgefaßte Meinung davon zu haben, wie die Antwort aussehen sollte. Einen großen Teil seines Lebens als Analytiker hat er der Aufgabe gewidmet, für gesichert gehaltene Aspekte der Psychoanalyse – unsere Grundkonzepte – zu erforschen und unsere Verschwommenheit im Denken, intellektuelle Selbstgefälligkeit und unsere oft unlogischen und widersprüchlichen Ideen in Frage zu stellen. In einem Bereich, der sich durch eher heftige ideologische Auseinandersetzungen auszeichnet, hat er die fast wundersame Fähigkeit gezeigt, Glauben und Hingabe an die Psychoanalyse als an eine bedeutsame intellektuelle, therapeutische und wissenschaftliche Tätigkeit zu bewahren, und er hat es gleichzeitig vermocht, Zweifel anzumelden hinsichtlich der Gültigkeit fast jeder analytischen Aussage – insbesondere solcher, die die meisten von uns für selbstevidente Wahrheiten halten. Er ist sogar dafür bekannt, daß er seine Meinung in psychoanalytischen Fragen ändert. Es liegt für ihn kein Widerspruch darin, einerseits ein radikaler Kritiker unserer Selbstzufriedenheit zu sein und zugleich einen Konservativismus beizubehalten, der ihn dazu geführt hat, so viel wie irgend möglich an traditionellen und anerkannten Ideen und Denkweisen zu bewahren. Er hat den Gedanken der *Elastizität* von Konzepten eingeführt, um uns bei dem Versuch beizustehen, unser Denken in Einklang mit den Anforderungen der Logik und der neueren Forschung zu bringen, ohne solche Ideen und Begriffe vollständig aufgeben zu müssen, zu denen wir lange und liebevolle Beziehungen haben, die zu beenden zu schmerzhaft wäre. Mit dem Vorteil, sowohl ein erfahrener Kliniker und findiger Forscher als auch eine international bekannte, führende Gestalt unserer Disziplin und der frühere Präsident der Internationalen Psychoanalytischen Vereinigung zu sein, ist er uns dabei behilflich gewesen, alte Ideen neu zu fassen und neue zu konzipieren. Sandler ist einer der Kreativsten bei der Bewerkstelligung dessen, was ich eine *friedliche Revolution* in der psychoanalytischen Theorie der vergangenen Jahrzehnte genannt habe. In einer Reihe außergewöhnlicher Aufsätze kann man die Entwicklung seines Denken beobachten, von einem traditionelleren Bezugssystem, das er von der analytischen Ausbildung mitbrachte, bis zur Bildung einer komplexen Mischung von Ich-Psychologie und Objektbeziehungstheorie, die zum dominanten Bezugssystem in einem großen Teil der heutigen psychoanalytischen Welt geworden ist – was zu keinem geringen Teil seiner Arbeit zu verdanken ist. Obwohl er voller Mut dem Weg gefolgt ist, auf den ihn seine Forschung führte, hat er nie die Neigung gehabt, eine neue Schule zu gründen oder eine neue Terminologie zu schaffen.

Diese intellektuelle Odyssee ist durch eine stetige methodologische Bemühung charakterisiert, unsere Theorie mit unserer klinischen Tätigkeit eng zu verknüpfen. Seine frühere Ausbildung zum Experimentalpsychologen, statistisch versiert und mit psychologischen Tests und Ratingskalen vertraut, gestattete ihm, traditionelle Konzepte mit gewandelter Einstellung anzugehen und diese Konzepte auf der Basis empirischer Forschung zu begründen und zu verändern. Er hat in der Psychoanalyse Brücken geschlagen, indem er versuchte, inhärente Verbindungen zwischen scheinbar entgegengesetzten Ideen zu finden und die Lücke zwischen amerikanischen Ich-Psychologen und britischen Kleinianern und Objektbeziehungs-Theoretikern zu schließen.

Sandler kann auf eine lange, vielleicht einzigartige Liste erfolgreichen Zusammenwirkens in seiner psychoanalytischen Arbeit mit vielen verschiedenen Co-Autoren verweisen. Der vorliegende Band mit Anna Ursula Dreher ist ein weiterer Beleg dafür, wie fruchtbar eine solche Zusammenarbeit sein kann. Diese kurze und verblüffend klare Geschichte der psychoanalytischen Ideen fordert jeden von uns zu einer Klärung dessen heraus, was wir über Psychoanalyse denken, so wie wir uns auch an dieser Darstellung des großen Abenteuers der Entwicklung psychoanalytischer Ideen erfreuen können. Der enzyklopädische Umfang dieser Arbeit scheint mit ihrer Kürze inkompatibel. Ich sage dieser Monographie einen Platz als Standardtext in den analytischen Instituten voraus. Ich kenne keinen besseren Weg, angehenden Analytikern eine Orientierung zu geben, um ihren eigenen Weg zu finden zwischen den nunmehr zahlreichen wichtigen und weniger wichtigen Sichtweisen und Bezugssystemen, die als die bessere, wahrere, neuere, klassischere oder orthodoxere Version von Psychoanalyse Gefolgschaft fordern. Es ist nicht der unbedeutendste Vorzug dieses Buches, daß es ein Vergnügen ist, es zu lesen.[2]

[2] Dieses Vorwort von Arnold M. Cooper wurde vor dem Tod von Joseph Sandler verfaßt. Joseph Sandler starb im Oktober 1998. [Anm. d. Redaktion]

Vorbemerkung

Dem Thema, mit dem sich dieses Buch beschäftigt, ist in der psychoanalytischen Literatur auf die eine oder andere Weise reichlich Aufmerksamkeit geschenkt worden; bei genauer Betrachtung werden jedoch Unklarheiten und Zweideutigkeiten sichtbar. Die Schwierigkeiten beginnen schon mit der Terminologie. Die britischen Autoren gebrauchen im großen und ganzen den Begriff *aim*, während die Autoren in den Vereinigten Staaten es vorziehen, von *goal* zu sprechen. Genaugenommen haben die beiden Begriffe verschiedene, wenngleich eng verwandte Bedeutungen. Im Webster's Dictionary (zweite Auflage) findet man für *aim* unter anderen folgende Bestimmungen vor:

> »seine Bemühungen auf etwas richten; versuchen, eine Absicht oder einen Zweck zu verfolgen oder zu vollenden; versuchen oder beabsichtigen, etwas zu sein oder zu tun«.

Die Definition von *goal* schließt ein:

> »das End- oder letzte Ziel; das Ziel, zu dem ein Entwurf tendiert oder das eine Person zu erreichen oder zu vollbringen beabsichtigt«.

Im Deutschen wird sowohl *aim* als auch *goal* mit *Ziel* wiedergegeben. Die Folge ist, daß die Wahl von *aim* oder *goal* in der englischen Übersetzung deutscher psychoanalytischer Literatur durch den jeweiligen Übersetzer getroffen wird (wie etwa in der *Standard Edition* von Freuds Werken). Ähnlich kann der französische Terminus *but* sowohl mit *aim* als auch mit *goal* übersetzt werden. Gleiches gilt für eine Reihe anderer Sprachen.

Es ist erwähnenswert, daß in der Literatur zur Therapieergebnisforschung auch zwischen *aims* und *goals* auf der einen und *objectives* auf der anderen Seite unterschieden wird. Webster definiert *objective* als »etwas, das beabsichtigt oder erstrebt wird«, d.h. als Synonym für *aim*. In der Praxis jedoch werden *objectives* manchmal von *aims* oder *goals* dadurch unterschieden, daß letztere Begriffe eher in einem allgemeineren Sinne gebraucht werden, während *objectives* spezifischer und eher operational definiert werden (z. B. kann ein *aim* der Therapie sein, »die Gesundheit des Patienten zu verbessern«, im Gegensatz zu dem *objective*, »einen größeren Erfolg bei der Arbeit zu erzielen«).

Die psychoanalytische Literatur neigte dazu, die Unterscheidung zwischen *aim* und *goal* nicht zur Kenntnis zu nehmen; die beiden Begriffe werden meistens synonym gebraucht und sind austauschbar. Der Terminus *objective* ist nicht allgemein gebräuchlich. Da wir uns in diesem Buch eingehend auf die über das Thema veröffentlichte Literatur beziehen, werden wir uns mit einigem Bedauern dem allgemeinen Gebrauch anschließen.

Um der *political correctness* Genüge zu tun, aber gleichwohl zu vermeiden, stets »er und sie« sagen zu müssen, haben wir, um festzulegen, welches der beiden Pronomen wir benutzen sollten, das Los entscheiden lassen. Auf dieser Grundlage sind wir darin übereingekommen, durchweg »er« und »sein« zu gebrauchen.

Abschließend sei erwähnt, daß wir unsere Bemühungen darauf konzentriert haben, einen Überblick über die britische und nordamerikanische psychoanalytische Literatur zu geben, sehr wohl wissend, daß es in anderen Ländern bedeutsame Publikationen zu diesem Thema gegeben hat. Dennoch glauben wir, daß es uns gelungen ist, die wichtigsten Aspekte des Problems zu würdigen.

Dieses Buch hätte ohne die Unterstützung und kritischen Urteile einer Reihe von Kollegen, allen voran Arnold Cooper, Otto Kernberg, Riccardo Steiner, Robert Wallerstein und Daniel Widlöcher, nicht geschrieben werden können. Marion Burgner, Peter Goldberg, Anne-Marie Sandler, Stephen Seligman, Sally Weintrobe und Joachim Wutke machten äußerst nützliche Vorschläge. Wir sind Paula Barkay, Martina Leber und Jane Pettit für ihre Arbeit am Manuskript zu Dank verpflichtet. Vor allem sind wir unserem verlegerischen Beistand, Elisabeth Spillius dankbar, die uns mit Geduld, Ausdauer und unvoreingenommen all die Jahre, in denen wir mit diesem Projekt beschäftigt waren, ermutigt und beraten hat. Mit Dankbarkeit weisen wir schließlich auf die vom Edith Ludowyk-Gyomroi Trust in London bereitgestellte finanzielle Unterstützung für einige Unkosten dieses Projekts hin.

London und Frankfurt
März 1995

Joseph Sandler
Anna Ursula Dreher

Einleitung

Als Freud die psychoanalytische Methode als eine Therapiemethode entwickelte, gab es zunächst bezüglich der Ziele des Prozesses keine Zweifel. Sowohl für den Arzt als auch für den Patienten war das zu erreichende Ziel die »Heilung« des Patienten. Dies bedeutete, daß die Auflösung der Symptome des Patienten, und zwar als das Ergebnis einer Aufhebung oder Korrektur derjenigen pathologischen Prozesse, die zur Krankheit geführt hatten, angestrebt wurde. Freud war sich jedoch bewußt, daß die »Heilung« nie vollständig sein konnte, und hat schon früh in der Geschichte der Psychoanalyse auf die mögliche Frage eines hypothetischen Patienten, wie die Methode helfen würde, mit einer deutlichen – wenngleich etwas pessimistischen – Erklärung seiner Sicht des Ziels der psychoanalytischen Behandlung geantwortet, daß »viel damit gewonnen ist, wenn es uns gelingt, Ihr hysterisches Elend in gemeines Unglück zu verwandeln. Gegen das letztere werden Sie sich mit einem wiedergenesenen Seelenleben besser zur Wehre setzen können« (Freud, 1895, S. 312).

Die Definition der Ziele war anfänglich kein ernsthaftes konzeptuelles Problem, wie es das später werden sollte, als Freud begann, das Ziel der Analyse als eines der wissenschaftlichen Forschung zu betrachten und verschiedene Formulierungen des Ziels hinzufügte (zum Beispiel, daß es das Ziel sei, Unbewußtes bewußtzumachen). Wie wir in den folgenden Kapiteln sehen werden, spiegelte sich in den Veränderungen in der Auffassung der Ziele während der weiteren Entwicklung der Psychoanalyse ein wichtiges Spannungsfeld wider, eine größtenteils implizite und unerkannte Spannung, die bis in die Gegenwart reicht und die sich um die Frage dreht: Ist die Analyse eine Therapie oder ein wissenschaftliches Verfahren, dessen einziges Ziel das Analysieren ist, das aber nebenbei therapeutisch sein kann?

Die Antwort auf diese Frage hat weitreichende Folgen für die Zukunft der Psychoanalyse. Unsere eigene Sicht, von der wir während der Abfassung dieses Buches immer stärker überzeugt wurden, ist, daß diejenigen, die glauben, daß Ziel der psychoanalytischen Methode sei nicht mehr und nicht weniger als zu analysieren, sich etwas vormachen und daß alle Analytiker in ihrer Arbeit durch therapeutische Ziele beeinflußt sind, ob sie um sie wissen oder nicht. Es wird deutlich werden, daß wir die häufig zu hörende Ansicht, daß wir als Analytiker in unserer Arbeit mit unseren Patienten kein anderes Ziel haben, als zu analysieren, für naiv halten. Diese Ansicht impliziert, daß sich der Analytiker von allen therapeutischen Zielen für den Patienten völlig frei machen und sich allein an das Ziel halten könne, eine »unkontaminierte« Analyse durchzuführen.

Eine größere Quelle von Schwierigkeiten bei dem Versuch, unser Verständnis der Behandlungsziele zu klären, stellte die Tatsache dar, daß Vertreter der verschiedenen psychoanalytischen Schulen, die mit sich in wichtigen Aspekten unterscheidenden psychoanalytischen Modellen arbeiten, die Ziele ihrer therapeutischen Arbeit im Lichte ihrer je eigenen theoretischen Orientierungen präsentieren. Mit dem Werden und Wachsen der Psychoanalyse entwickelte sich, besonders seit dem Zweiten Weltkrieg, eine zunehmende Vielfalt verschiedener theoretischer Formulierungen in der Arbeit solcher analytischen Gruppierungen wie den Ich-Psychologen, Selbstpsychologen, Objektbeziehungstheoretikern und Mitgliedern der Kleinianischen Schule, und selbst innerhalb jeder dieser Gruppierungen wurden verschiedene Formulierungen der analytischen Ziele vorgelegt: Ziele wie das Durcharbeiten der depressiven Position, das Herstellen eines kohärenten Selbst, das Erlangen von Ich-Autonomie, das Entwickeln von mehr Besorgnis um das Objekt und so weiter. Diese Vielfalt der theoretischen Standpunkte und Akzentsetzungen, mit ihren verschiedenen Begrifflichkeiten und Metaphern, hat dazu beigetragen, daß es unmöglich wurde, das

Ziel mit einer einzigen, einfachen Formulierung zulänglich zu beschreiben; seine Bedeutung ist in hohem Maße vom theoretischen Hintergrund des jeweiligen Autors und von der untersuchten Phase des analytischen Prozesses abhängig. Arnold Cooper (1985) hat es so formuliert:

> »Unsere psychoanalytische Literatur hat behauptet, daß psychoanalytische Theorie und psychoanalytische Praxis eng miteinander verbunden sind. Da aber die psychoanalytische Literatur oft auf einem hohen Abstraktionsniveau ausgearbeitet wurde, mag die Einheit von psychoanalytischer Theorie und psychoanalytischer Praxis nicht immer so klar sein, wie wir es wünschen würden. Theorien, die keine bedeutsamen Konsequenzen für die klinische Arbeit haben, mögen für andere Zwecke interessant sein, aber können zweifellos nicht als klinisch nützlich gelten.« (S. 5)

Aus einem anderen Blickwinkel macht Riccardo Steiner (1994) bei der Diskussion der Kommunikationsprobleme zwischen Analytikern mit verschiedenen Theorien darauf aufmerksam, daß viele dieser Probleme »schlicht auf die oft naive Ignoranz zurückzuführen sind, mit der wir außer-analytische Annahmen gebrauchen, die in unserer Arbeit unvermeidlich und ständig gegenwärtig sind«. Diese Annahmen »sind mit verschiedenen Wissensgebieten und sogar mit dem sozio-politischen Milieu, in dem wir leben, verbunden und vor allem *mit dem besonderen Zeitpunkt unserer persönlichen Entwicklung und dem der Psychoanalyse und ihres Kontexts*« (S. 4). Es fällt dennoch auf, daß Analytiker, die in den Formulierungen ihrer theoretischen Aussagen sehr divergieren, sich weniger voneinander unterscheiden, wenn sie auf ihr klinisches Verständnis und ihre psychoanalytische Praxis zu sprechen kommen. Genau dies brachte uns zu der Einsicht, daß die Antwort auf das Problem der Ziele in den Prozessen gefunden werde könnte, die während des Verlaufs der klinisch-psychoanalytischen Arbeit im Kopf des Analytikers stattfinden. Wir werden unsere Schlußfolgerungen in Kapitel 9 diskutieren, aber ein paar Vorbemerkungen könnten an dieser Stelle nützlich sein.

Man kann sagen, daß die Analytiker im Verlauf ihrer Arbeit zwei Arten von Theorien verwenden. Zur ersten gehören die theoretischen Aussagen, die dem Bewußtsein des Analytikers ohne weiteres zugänglich sind. Sie sind als *explizite Theorien* bekannt, üblicherweise »offizielle« Theorien, mit denen der Analytiker sich identifiziert und wohl fühlt. Theorien der zweiten Kategorie sind *implizit* in dem Sinne, daß sie sich, ohne dem Analytiker bewußt zu sein, im Verlauf der analytischen Arbeit und in ihrem Kontext entwickelt haben. Implizite Theorien spielen eine wichtige Rolle in der Bestimmung des Verlaufs einer Analyse. Besteht auch kein Zweifel daran, daß der Analytiker das Material des Patienten und den Verlauf einer Analyse unvermeidlich nach Maßgabe seiner eigenen bewußt verfügbaren Theorie wahrnimmt und begreift, so sind seine *unbewußten* (strenggenommen *vorbewußten*, d.h. in einem deskriptiven Sinn unbewußten) Theorien doch zumindest ebenso wichtig. Solche Theorien können durch Verdrängung oder »Zensur« davon abgehalten werden, das Bewußtsein des Analytikers zu erreichen (Freuds sogenannte »zweite Zensur«, die direkt unter dem Bewußtseinsniveau wirksam ist). Solche unbewußten Theorien sind »weitgehend Teiltheorien, Modelle oder Denkfiguren, die sozusagen in Reserve zur Verfügung stehen, um nach Bedarf abgerufen zu werden. Daß sie möglicherweise einander widersprechen, ist kein Problem. Sie existieren glücklich nebeneinander, solange sie unbewußt sind« (Sandler, 1983, S. 582f.). Daraus folgt, daß der Analytiker, während er bewußt sehr klare theoretische Ansichten über die Ziele der Analyse vertreten mag, doch auch unbewußte Vorstellungen davon haben wird, was durch den analytischen Prozeß erreicht werden kann und sollte; wir können die beiden nicht gleichsetzen.

Wir erwähnten oben die Beobachtung, daß Analytiker sich

mit verschiedenen theoretischen Orientierungen auf der klinischen Ebene näher sein können, als sie es nach ihren »öffentlichen« Theorien sind. Wahrscheinlich kommt dies daher, daß ihre impliziten Theorien einander dadurch näher sein können, daß sie viel pragmatischer als die expliziten Theorien des Analytikers sind. Überdies repräsentieren »öffentliche« Theorien Loyalitäten zu und Identifizierungen mit einer »Gruppe« oder »Schule«, wobei zwangsläufig die theoretischen Unterschiede überbetont werden.

Der Psychoanalytiker hat auch sehr persönliche unbewußte Theorien, Modelle, Pläne, Strategien, Handlungsregeln und kulturell determinierte Wertvorstellungen und Haltungen. All diese haben sich im Laufe seiner Entwicklung gebildet und sind von Beginn an stark durch sein jeweiliges gesellschaftliches Umfeld beeinflußt. Der Analytiker unterscheidet sich in dieser Hinsicht nicht von anderen Menschen. In der analytischen Situation wird er natürlich nicht nur von diesen persönlichen unbewußten Theorien, Wertvorstellungen und dergleichen affiziert, sondern auch von den Gegenübertragungen, die bestimmte Reaktionen auf bestimmte Qualitäten im Patienten darstellen.[1] Nur einige der Gegenübertragungsreaktionen (*Gegenübertragung* im weitesten Sinne gebraucht) werden dem

---

[1] Sandler, Dare und Holder (1992, dt. 1996) empfehlen »die Auffassung, die die Gegenübertragung als eine spezifische Gefühlsreaktion des Analytikers auf spezifische Qualitäten seines Patienten bezeichnet, als die brauchbarste. Sie schließt die allgemeinen Merkmale der Persönlichkeit des Analytikers und seiner innerpsychischen Struktur (die seine gesamte Arbeit mit allen Patienten färbt oder beeinflußt) aus und besagt, (1) daß es beim Analytiker Gegenübertragungsreaktionen gibt und daß diese während der gesamten Analyse existieren; (2) daß Gegenübertragung zu Schwierigkeiten in der Analyse oder zu unsachgemäßer Handhabung der Analyse führen kann. Dies geschieht, wenn es dem Analytiker nicht gelingt, sich bestimmter Aspekte seiner Gegenübertragungsreaktionen bewußt zu werden, oder wenn er sie auch dann nicht bewältigen kann; (3) daß ständige Selbstbeobachtung des Analytikers im Hinblick auf seine Gefühle und Einstellungen dem Patienten gegenüber zu vermehrten Einsichten in die Vorgänge führen kann, die im Patienten ablaufen.« (S. 114)

Analytiker zugänglich sein, andere jedoch werden auch der Zensur unterworfen, die wir erwähnt haben, als wir von impliziten Theorien sprachen. Der Analytiker kann dem Einfluß all dieser inneren Faktoren nicht entkommen: mehr noch, es ist ihm unmöglich, in seinem Kontakt zum Patienten völlig neutral zu sein. Bis zu einem gewissen Grad kann er seine subjektiven Einstellungen bewußt unter Kontrolle bringen, und ein bedeutender Teil seiner analytischen Aufgabe besteht darin zu versuchen, sich so weit wie möglich seiner eigenen seelischen Prozesse bewußt zu werden; aber gleichgültig, wie »gut analysiert« er sein mag, werden unbewußte Wertvorstellungen und Einstellungen ihren Einfluß ausüben. Freud war sich dieser Tatsache sehr wohl bewußt, als er im Jahre 1923 sagte, daß der normale Mensch »nicht nur weit unmoralischer ist, als er glaubt, sondern auch viel moralischer, als er weiß« (Freud, 1923, S. 282); und dies gilt nicht nur für normale Menschen, sondern ebenso für Psychoanalytiker. In diesem Zusammenhang kann Bions Empfehlung, der Analytiker solle in jede Sitzung »free of memory and desire« gehen, nicht wörtlich genommen werden, und wir denken, daß sie auch nicht so gemeint war.

Viele Jahre wurde den Analytikern für den Umgang mit persönlichen Vorlieben, die ihre Arbeit mit ihren Patienten beeinträchtigen könnten, empfohlen, in ihrer Arbeit eine Haltung der Neutralität anzunehmen. Moore und Fine definieren in *Psychoanalytic Terms and Concepts* (1990, S. 127) Neutralität als »die allgemein zur Förderung des psychoanalytischen Prozesses empfohlene Haltung des Analytikers. Zentral für die psychoanalytische Neutralität ist es, die Gegenübertragung unter Kontrolle zu halten wie auch zu vermeiden, daß dem Patienten die eigenen Wertvorstellungen übergestülpt werden, und sich mehr von den Fähigkeiten des Patienten als von den eigenen Wünschen leiten zu lassen«. Aber Moore und Fine weisen darauf hin, daß »zunehmend anerkannt werde, daß Wertvorstellungen des Analytikers immer wirksam sind, besonders diejenigen, die

die Suche nach Wahrheit, Wissen und Verstehen betreffen, und diejenigen, die eine Orientierung an Realität, an Reife und Veränderung betonen. Diese Haltungen beeinflussen den therapeutischen Prozeß auf komplexe Weise« (ebd.).[2]

In diesem Zusammenhang ist *Neutralität* ein idealer Zustand, der unerreichbar bleibt. Wir können nicht völlig neutral sein und in der Welt überleben, in der wir leben; denn *zu überleben* bedeutet, ständig, ja von einem Augenblick zum nächsten, bewußte und unbewußte Urteile zu fällen, die auf den Wertvorstellungen basieren, die wir verschiedenen Handlungen beigemessen haben. Gardner Murphy beschreibt in seinem faszinierenden Buch über Selbsttäuschung (1975) den Weg, auf dem wir geistige »Scheuklappen« und auch »Selektoren« erwerben, wenn wir lernen, die uns umgebende Welt wahrzunehmen und in ihr zu handeln. Um zu überleben, »bedarf es der sicheren Überzeugung, daß man die Welt so sieht, wie sie ist ... unzureichend adaptiert an die Realität als Ganze, müssen Lebewesen vieles, das nicht wirklich ist, als wirklich annehmen. Manchmal müssen sie sich etwas vormachen« (S. 4). Und er sagt: »Wir brauchen Vergrößerungsgläser, durch die wir hervorheben können, was als gut erscheint, und ... wir brauchen umgedrehte Operngläser, um das Ausmaß einer Gefahr oder eines Unglücks zu verkleinern. Wir müssen die Verzerrungen akzeptieren, die unsere Bedürfnisse erfordern; wir müssen die Lin-

[2] Chessick schreibt in *A Dictionary for Psychotherapists*: »Natürlich erfordert die Neutralität auch, daß der Analytiker hinsichtlich der religiösen, ethischen und sozialen Wertvorstellungen angemessen neutral ist; er oder sie darf die Behandlung nicht nach eigenen persönlichen Idealen ausrichten, und es wird erwartet, daß man keine idiosynkratischen Bedeutungen gemäß der eigenen theoretisch vorgefaßten Meinungen in die freien Assoziationen des Patienten hineinliest. Es wird allgemein anerkannt, daß kein Therapeut völlig neutral sein kann, aber man ist sich auch darin einig, daß Neutralität ein sehr wichtiges Ziel des Therapeuten ist, um deren Erhaltung er sich bemüht« (1993, S. 258). Das Thema ist auch von Schachter (1994) sehr umfassend diskutiert worden.

sen akzeptieren, die unsere Probleme, die wir nicht lösen können, verkleinern« (S. 4f.). Aber, wie Murphy es ausdrückt: Unsere »Scheuklappen entziehen den Blicken die Beweise, die zu einer ausgeglichenen und objektiven Sicht beitragen würden« (S. 5). Wie geschickt ein Analytiker auch sein mag, für wie neutral er sich in seinen Werturteilen auch halten mag: Scheuklappen und Selektoren sind immer am Werk. Es wäre demnach vielleicht sinnvoller, von bewußter *Kontrolle* als von Neutralität zu sprechen; eine solche Kontrolle hat jedoch ihre Grenzen und kann nur in dem Umfang ausgeübt werden, in dem sich der Analytiker der kognitiven und emotionalen Faktoren, die seine Urteile beeinflussen, bewußt ist.

Wir haben dieses Projekt in der Annahme begonnen, daß man mit der Vorstellung vom »psychoanalytischen Behandlungsziel« so umgehen könnte, als wäre sie ein Konzept, das nach Einschätzung, Diskussion und Auswertung zur Formulierung einer zusammenhängenden und plausiblen Definition dessen führen könnte, was Psychoanalytiker meinen, wenn sie sich auf die Ziele ihrer Therapie beziehen. Ursprünglich hatten wir vor, einen historischen Überblick über das Feld zu geben, innerhalb dessen wir nur wichtige und repräsentative Arbeiten aus der analytischen Literatur wiedergeben wollten, in der Hoffnung, daß wir Beiträge auswählen und kommentieren könnten, die uns zu relativer Genauigkeit auf diesem Gebiet führen würden. Nachdem wir einige Zeit an diesem Projekt gearbeitet hatten, sahen wir uns zu dem Schluß gezwungen, daß dies weder uns noch dem Leser eine umfassende Formulierung des psychoanalytischen Konzepts des Behandlungsziels würde liefern können. Wir realisierten auch, daß wir – zusätzlich zu den Arbeiten, die ganz speziell diesem Thema gewidmet waren – großen Gewinn aus einer Untersuchung der analytischen Beiträge, die sich nicht ausdrücklich mit dem Thema befaßten, ziehen konnten. Es wurde in der Tat deutlich, daß entscheidende Aspekte des Denkens über Ziele implizit in Schriften etwa zu den folgenden

Themen enthalten sind: in Schriften zum analytischen Prozeß, zur psychoanalytischen Indikation, zur »Analysierbarkeit« wie auch in Diskussionen über seelische Gesundheit, den Begriff von »Normalität«, über Kriterien für die Beendigung der Analyse und in den klinischen Beschreibungen einzelner Analysen. Dies führte uns zu dem Schluß, daß eine präzise Bestimmung *des* Ziels der Psychoanalyse unerreichbar sei. Eher haben wir es mit mannigfaltigen Zielen zu tun, formuliert von Analytikern mit verschiedenen – zuweilen sehr verschiedenen – theoretischen Perspektiven hinsichtlich der psychoanalytischen Methode und der an ihr beteiligten Prozesse. Wir beschlossen daher, nicht bereits veröffentlichte Arbeiten in ihrer ursprünglichen Form nachzudrucken, sondern haben uns erlaubt, zahlreiche längere Zitate aufzunehmen.

In einer Hinsicht kann der Prozeß der Ausarbeitung dieses Buchs mit dem analytischen Prozeß selbst verglichen werden: Wir begannen mit dem Ziel, das Problem der Behandlungsziele sozusagen dadurch zu »heilen«, daß wir Einsicht in die ihm zugrundeliegende Struktur gewannen. Im Verlauf der Arbeit allerdings merkten wir, daß wir auf Schlußfolgerungen zusteuerten, die wir nicht vorausgesehen hatten, wobei sich diese für uns erst zu dem Zeitpunkt, an dem wir unseren Literaturüberblick mehr oder weniger fertiggestellt hatten, klar abzeichneten. Wie bei den freien Assoziationen des Patienten in der Analyse, so hat viel von dem, was wir geschrieben haben, etwas eher Unzusammenhängendes – wir wollen den Leser allerdings nicht dazu anhalten, Freuds Empfehlung für die Analytiker, von der »gleichschwebenden Aufmerksamkeit« Gebrauch zu machen, beim Lesen des Literaturüberblicks zu folgen, da sich dies sicherlich als extrem schwierig erweisen würde. Trotz eines gewissen Mangels an strenger Ordnung ist unsere Methode der Darstellung und Diskussion der verschiedenen Standpunkte über die Ziele der Psychoanalyse eine historische, die versucht, die Entwicklungen im psychoanalytischen Denken auf diesem Gebiet herauszuarbeiten. Um einen geeigneten und mit einer solchen historischen Annäherung an das Thema vereinbaren Weg für die Ordnung und Darstellung unseres Materials zu finden, haben wir beschlossen, unseren Überblick, mit den 20er Jahren beginnend, nach Jahrzehnten geordnet darzustellen.

Mit der Entwicklung der Psychoanalyse zu Freuds Lebzeiten wurden mehr Erfahrung mit der psychoanalytischen Methode und ein größeres klinisches Wissen gewonnen (Kapitel 1). Zunehmende Aufmerksamkeit begann man den Fragen der psychoanalytischen Technik zu schenken sowie der Überlegung, was als Wirkfaktor für Veränderungen im Patienten anzusehen sei. Mit dem Übergang von Freuds topischem Modell der Psyche – mit seinen zentralen Konzepten, den Systemen *Unbewußt*, *Vorbewußt* und *Wahrnehmung/Bewußtsein*, wie dies in der *Traumdeutung* (1900) dargestellt ist – zur sogenannten »Strukturtheorie« – mit ihren Instanzen Es, Ich und Über-Ich, wie sie in *Das Ich und das Es* (1923) dargelegt wurde – wurde ein wichtiger Schritt getan. Mit diesem Übergang traten verschiedene Konzeptualisierungen des Behandlungsziels auf, meistens im Sinne wünschenswerter Strukturveränderungen formuliert, die die Anwendung der psychoanalytischen Methode bewirken sollte.[3] So wurde zum Beispiel das Ziel, Veränderungen des Über-Ichs beim Patienten zu bewirken, in der psychoanalytischen Literatur der späten 20er und frühen 30er Jahre in den Vordergrund gerückt (Kapitel 2). Die Psychoanalytiker waren daran interessiert, die Methode therapeutisch so wirksam wie möglich zu machen, zugleich aber waren sie sich deren Grenzen

[3] Das Konzept der Strukturveränderung bezieht sich auf Veränderungen dessen, was Merton Gill *Makrostrukturen* genannt hat (d.h. Es, Ich und Über-Ich als Entitäten verstanden). Spätere Vorstellungen beziehen sich eher auf Mikrostrukturen (Gill, 1963), d.h. auf kürzer andauernde mentale Organisationen, wie gering diese auch sein mögen (z.B. perzeptive oder kognitive Strukturen). Das Versäumnis, zwischen diesen zwei Bedeutungen von *Struktur* zu unterscheiden, ist eine häufige Quelle von Verwirrung gewesen.

bewußt. Themen wie *geistige Gesundheit* und *Normalität* begannen Berücksichtigung zu finden, zum Beispiel bei Ernest Jones im Jahre 1931 und bei Heinz Hartmann im Jahre 1939 (Kapitel 3). Veränderungen in der psychoanalytischen Theorie der Psyche und auch der psychoanalytischen Technik übten einen tiefen Einfluß auf die Formulierung von Zielen aus, und dies hatte wiederum Rückwirkungen auf die psychoanalytische Theorie und Praxis.

Nach dem Ausbruch des Krieges in Europa im Jahre 1939 und in der unmittelbaren Nachkriegszeit waren die Hauptzentren der Entwicklung der Psychoanalyse die Vereinigten Staaten und Großbritannien (Kapitel 4). In den Vereinigten Staaten war die psychoanalytische Ausbildung fast völlig auf die Psychiater beschränkt, und mehrere Ausbildungsinstitute wurden innerhalb medizinischer Fakultäten gegründet. Die Verbindung zwischen Psychoanalyse und Psychiatrie machte es unvermeidlich, daß die therapeutische Wirksamkeit der Psychoanalyse bei Analytikern wie Nichtanalytikern gleichermaßen im Zentrum des Interesses stand, besonders als Fragen nach dem Verhältnis von Wirksamkeit und Kosten der Psychoanalyse laut wurden. All dies erhöhte die Aufmerksamkeit, die Psychoanalytiker etwa der Frage zollten, wie das therapeutische Ergebnis ausgewertet bzw. gemessen werden könnte. Tatsächlich hat die Psychoanalytiker bereits viel früher eine Einschätzung der therapeutischen Ergebnisse interessiert, und sowohl das Berliner Institut (Deutsche Psychoanalytische Gesellschaft, 1930) als auch die Britische Gesellschaft (Glover, 1940) hatten statistische Untersuchungen über das analytische Verfahren und seine Wirksamkeit durchgeführt. In den Vereinigten Staaten hatte Robert Knight bereits 1941 der Amerikanischen Psychiatrischen Vereinigung eine Arbeit über die Bewertung der Resultate der Psychoanalyse vorgelegt (Knight, 1942). Ein größeres Symposium, das bei der Bostoner Psychoanalytischen Gesellschaft im Jahre 1948 abgehalten wurde, war dem gleichen Thema gewidmet (Kapitel 4). Das Bedürfnis nach und das Interesse an Ergebnisforschung *(outcome research)* ist in den Vereinigten Staaten und Europa über die Jahre größer geworden, und damit schenkte man auch Fragen nach dem Behandlungsziel eine gesteigerte Beachtung. Darüber hinaus bezogen sich die Aussagen zu diesem Thema nicht immer explizit auf Ziele oder Zwecke, sondern sind oft Diskussionen über Ergebnisse, über die Beendigung von Analysen und über die Kriterien für die Einschätzung therapeutischer Veränderung zu entnehmen.

Zahlreiche andere Faktoren trugen dazu bei, daß das Interesse an der Frage der Ziele wachgehalten wurde, und warfen Licht auf das Konzept. Zu diesen Faktoren gehören Themen wie *Indikation*, *Prognose* und »*Analysierbarkeit*«, zumal diese im Zusammenhang der Anwendung der Psychoanalyse auf andere als neurotische Zustände in den Vordergrund traten. Mit dieser sogenannten »Erweiterung des Anwendungsbereichs« *(widening scope)* der Psychoanalyse (Kapitel 5 und 6) wurde anerkannt, daß die psychoanalytische Methode auf die Behandlung von Delinquenten, auf Fälle von Borderline-Persönlichkeitsstörung und narzißtischer Persönlichkeit und auch auf Personen mit anderen »Charakter«-Störungen anwendbar war. Von besonderer Bedeutung ist die ausgedehnte Anwendung der psychoanalytischen Theorie und von Aspekten ihrer Technik bei einer großen Anzahl von Therapiemethoden, die sich von der psychoanalytischen Methode unterscheiden, die aber den Anspruch erheben, »psychoanalytisch« zu sein. Tatsächlich übersteigt heute die Zahl von Anwendern psychoanalytischer, psychodynamischer und psychoanalytisch orientierter Psychotherapie verschiedener Couleur bei weitem die Anzahl von Psychoanalytikern (siehe Wallerstein, 1995). Insoweit solche Methoden Modifikationen des psychoanalytischen Verfahrens darstellen, müssen sie – so angemessen und nützlich sie auch sein mögen – auch eine Modifikation der Behandlungsziele nach sich ziehen; somit befaßt sich die Literatur, die die Psychoanalyse mit Psychotherapie vergleicht, in starkem Maße mit den Unterschieden in ihren jeweiligen Zielen.

Mit den Jahren sind viele Versuche unternommen worden, diese Probleme zu klären. Bereits 1934 unterschied Michael Balint in seiner Arbeit »Das Endziel der psychoanalytischen Behandlung« zwischen »klassischen« und »romantischen« Beschreibungen des Endzieles der Analyse. Die »klassischen« Autoren würden Ziele in Relation zu strukturellen Veränderungen in der Seele begreifen, während die »Romantiker« »das Gewicht auf das Energetische, auf das Emotionelle des Geschehens« legten (1935; dt. 1981, S. 221). Die umfassendste frühe Aufzählung der Kriterien, die bei der Abschätzung der Wirksamkeit einer Analyse berücksichtigt werden müssen, wurde von Knight (1942) in dem oben erwähnten Aufsatz vorgelegt. Knight zählt zu den Kriterien eines zufriedenstellenden analytischen Ergebnisses zum Beispiel verbesserte zwischenmenschliche Beziehungen und den Erwerb hinreichender Einsicht, um mit psychischen Konflikten und den durch die Realität auferlegten Belastungen umzugehen. In den folgenden Jahren wandten sich, direkt oder indirekt, viele Autoren der Spezifizierung von Kriterien in der gleichen Richtung wie Knight zu, manchmal von unterschiedlichem theoretischen Hintergrund ausgehend.

In den 60er Jahren begann ein Interesse an der Differenzierung verschiedener »Zielniveaus« (Kapitel 6) deutlicher zu werden. Es wurde zunehmend anerkannt, daß Analytiker und Patient unterschiedliche Ziele haben können und daß sich diese Ziele im Verlauf einer Analyse ändern können. In dieser Zeit können wir auch eine Unterscheidung zwischen *Nahzielen* und *Fern-* oder *Endzielen* beobachten. Endziele würden demgemäß dem Patienten dazu verhelfen, ein »Verständnis von sich selbst, Selbstverwirklichung und Selbstakzeptanz« zu gewinnen, während Nahziele für den Patienten unmittelbar in der psychoanalytischen Situation zu erreichen wären und, sofern dies gelingt, den Patienten befähigen würden, ein Wissen von seinen unbewußten Motivationen und Emotionen zu gewinnen (Glueck, 1960). Aber trotz bedeutender weiterer Ansätze zur Neufassung des Zielkonzepts (Wallerstein, 1965; Ticho, 1972) blieben Probleme hinsichtlich der Unterscheidung und Integration verschiedener psychoanalytischer Denkschulen offen (siehe Kapitel 7 und 8).

Wie wir angekündigt haben, wird viel von der für die Zielfrage relevanten Literatur im folgenden detailliert referiert werden. Im letzten Kapitel werden wir ein Schema zur Einschätzung und Bewertung von Zielen auf der Grundlage dreier unterschiedlicher Perspektiven aufstellen, wie sie in der analytischen Literatur, aus Sicht der analytischen Arbeit, ausgedrückt und einander gegenübergestellt sind.

1. *Die historisch-konzeptuelle Perspektive* umfaßt die Untersuchung der Ziele aus der Perspektive der Phasen der theoretischen Entwicklung in der Psychoanalyse und der verschiedenen »Schulen« psychoanalytischen Denkens;
2. *die soziokulturelle Perspektive* thematisiert die Ziele unter dem Blickwinkel von seelischer Gesundheit und Normalität innerhalb eines spezifischen gesellschaftlichen Kontexts;
3. *die klinische und technische Perspektive* bezieht sich auf Unterscheidungen zwischen verschiedenen Typen von analytischen Zielen.

Schließlich haben wir versucht, Grundzüge eines Zugangs zum Thema zu skizzieren – nicht eine Theorie *der* Ziele, sondern eine Theorie *über* Ziele – und einige der Implikationen aus solch einer Theorie zu diskutieren. Wir werden die Frage der Ziele aus dem Blickwinkel der bewußten und unbewußten Prozesse betrachten, die im Kopf des Analytikers stattfinden, und wir werden einige Vorschläge für die Forschung auf diesem Gebiet vorlegen, in der Hoffnung, daß dieser Versuch eher klären als verwirren wird – herrscht doch in den gegenwärtigen psychoanalytischen Vorstellungen über Behandlungsziele ein Zustand relativer Verwirrung.

1.
Freuds Ansichten über die Behandlungsziele

Bevor Freud die Methode der freien Assoziation entwickelte, machte er von der Hypnose und anderen suggestiven Verfahren Gebrauch, um an die Erinnerungen heranzukommen, von denen er glaubte, daß sie infolge eines Traumas verdrängt seien; aber er gab solche Methoden auf, weil er feststellte, daß sie therapeutisch unwirksam waren. Diese früheren Behandlungsformen umfaßten verschiedene – im wesentlichen auf Suggestion beruhende – Versuche seitens des Arztes, die verdrängten Erinnerungen ins Bewußtsein zu holen und eine Katharsis oder »Affektabfuhr« herbeizuführen.

Aber dieses suggestive Verfahren gleicht, wie Freud später aufzeigte, der Malerei, in der Farbenhäufchen auf eine Leinwand aufgetragen werden – die Malerei verfährt *per via di porre*, wie Leonardo da Vinci es ausdrückte. Die analytische Therapie, so wie sie um die Jahrhundertwende aufgefaßt wurde, verfährt ihrerseits wie die Bildhauerei *per via di levare*, denn »sie nimmt nämlich vom Stein so viel weg, als die Oberfläche der in ihm enthaltenen Statue noch bedeckt« (1905, S. 17).

In der *Traumdeutung* (1900) legte Freud sein »topisches« Modell dar, das eine Differenzierung des »psychischen Apparates« in die Systeme *Wahrnehmung-Bewußtsein*, *Vorbewußt* und *Unbewußt* enthielt. Die »Heilung« durch die Psychoanalyse wurde nun nicht auf dem Weg der Katharsis, sondern vielmehr durch die Deutung der ins System *Unbewußt* verdrängten Triebwünsche und Phantasien und der damit verbundenen Konflikte erreicht. Der 1900 eröffnete Zugang zur Deutung der Träume bildete die Grundlage für die psychoanalytische Methode insgesamt. Zehn Jahre später, bei der Diskussion der

»Allgemeinwirkung« der Psychoanalyse, sagte Freud, die Psychoneurosen seien »entstellte Ersatzbefriedigungen von Trieben, deren Existenz man vor sich selbst und vor den anderen verleugnen muß. Ihre Existenzfähigkeit ruht auf dieser Entstellung und Verkennung. Mit der Lösung des Rätsels, das sie bieten, und der Annahme dieser Lösung durch die Kranken werden diese Krankheitszustände existenzunfähig« (1910, S. 112). Nach Freuds damaliger Auffassung war die Erkrankung ein maskierter Ausdruck des Triebes, dergestalt, daß der darunterliegende Wunsch unerkannt blieb. Diese Formulierung findet ihre Entsprechung in seinen Ansichten über die Bildung des Traumes als verhülltem Ausdruck eines unbewußten Triebwunsches. Das Ziel der analytischen Methode bestand darin, den »latenten« Triebwunsch ins Bewußtsein zu heben und den Widerstand gegen seine Anerkennung zu überwinden.

Es ist wichtig festzuhalten, daß Freuds Ausrichtung durchweg die eines Arztes und Naturwissenschaftlers war, der den empirischen Ansatz und das medizinische Modell des späten 19. Jahrhunderts voll internalisiert hatte. Neben der (natur-) wissenschaftlichen Perspektive der damaligen Zeit gab es sicher zahlreiche andere Einflüsse auf Freuds Denken. Er war in vieler Hinsicht ein Kind seiner Zeit, bestimmt von der sich verändernden Einstellung gegenüber den viktorianischen Wertvorstellungen des späten 19. Jahrhunderts, von seinem teils liberalen und teils orthodoxen jüdischen Hintergrund und von seinem ungeheuren Interesse an Literatur und am philosophischen Denken (siehe zum Beispiel Jones, 1957; Gay, 1988, dt. 1989; Ellenberger, 1970, dt. 1973; Sulloway, 1979, dt. 1982). Es war aber im wesentlichen sein objektivistisch-wissenschaftlicher Ansatz, der ihn im Laufe der Entwicklung der psychoanalytischen Methode dazu veranlaßte hervorzuheben, daß es sich bei ihr nicht allein um eine Therapie, sondern gleichermaßen um eine Forschungsmethode handelte – eine duale Perspektive, die in seiner berühmten »Junktim«-Aussage sichtbar wird.

> »In der Psychoanalyse bestand von Anfang an ein Junktim zwischen Heilen und Forschen, die Erkenntnis brachte den Erfolg, man konnte nicht behandeln, ohne etwas Neues zu erfahren, man gewann keine Aufklärung, ohne ihre wohltätige Wirkung zu erleben. Unser analytisches Verfahren ist das Einzige, bei dem dies kostbare Zusammentreffen gewahrt bleibt. Nur wenn wir analytische Seelsorge betreiben, vertiefen wir unsere eben dämmernde Einsicht in das menschliche Seelenleben.« (1927, S. 293f.)[1]

Freud maß dem Heilen und dem Forschen hier gleichermaßen große Bedeutung bei, aber es gibt Anzeichen dafür, daß in seinem Denken die beiden Ziele genaugenommen nicht gleichgewichtig waren und daß daraus für Psychoanalytiker eine Quelle des Konflikts entstand, die bis in unsere Tage fortwirkt. Die psychoanalytische Forschung war Erkenntnisgewinn *durch Analyse*, und das Problem des »Heilungsbemühens« (des Ziels zu heilen), das dem Forschungsbemühen (das heißt, dem Ziel zu analysieren) gegenüberstand, zog sich, soweit wir sehen können, wie ein roter Faden durch die nachfolgenden Diskussionen über die Ziele der Analyse, zu Freuds Lebzeiten und danach.

1909 stellte Freud deutlich fest: »Es ist aber nicht der therapeutische Erfolg, den wir an erster Stelle anstreben, sondern wir wollen den Patienten in den Stand setzen, seine unbewußten Wunschregungen bewußt zu erfassen« (1909, S. 284). Unausgesprochen ist darin Freuds Auffassung enthalten, daß die erfolgreiche Anwendung der psychoanalytischen Methode unvermeidlich zu positiven therapeutischen Ergebnissen beim Patienten führen werde. Die Aufgabe des Analytikers ist es zu

[1] Freuds doppelte Orientierung an Heilen und Forschen war tatsächlich von Anfang an vorhanden. Die Verbindung zwischen Therapie und Forschung können wir aufspüren in seinem Hinweis auf »die mühselige, aber vollkommen verläßliche Methode der Psychoanalyse, deren ich mich bei diesen Untersuchungen, die gleichzeitig eine Therapie darstellen, bediene« (1896, S. 379).

analysieren, und wenn er vorwiegend darum besorgt ist, eine Heilung zu vollbringen, anstatt sich darauf zu beschränken, den Patienten zu analysieren, handelt er zum Nachteil des psychoanalytischen Prozesses. Freud war ziemlich eindeutig in seiner Verurteilung des vom *furor sanandi* – der Heilungswut – beherrschten Arztes:

> »Als Arzt muß man vor allem tolerant sein gegen die Schwäche des Kranken, muß sich bescheiden, auch einem nicht Vollwertigen ein Stück Leistungs- und Genußfähigkeit[2] wiedergewonnen zu haben. Der erzieherische Ehrgeiz ist so wenig zweckmäßig wie der therapeutische.« (1912, S. 385)

Freud war es nicht ganz wohl bei der Vorstellung, daß die analytische Methode, strikt angewandt, therapeutische Ziele aufgeben sollte. In einer Schrift mit dem Titel »Ratschläge für den Arzt bei der psychoanalytischen Behandlung« (1912; eine aus einer Reihe von Schriften über psychoanalytische Technik, die er zwischen 1910 und 1915 veröffentlichte) äußerte er sich besorgt über die einander entgegengesetzten Merkmale der therapeutischen und der Forschungsorientierung. Das Bestreben, während der Analyse das Material eines Patienten für Forschungszwecke zu verwerten, kann sich, so sagt Freud, auf eine angemessene Durchführung der Behandlung störend auswirken:

> »Es ist zwar einer der Ruhmestitel der analytischen Arbeit, daß Forschung und Behandlung bei ihr zusammenfallen, aber die Technik, die der einen dient, widersetzt sich von einem gewissen Punkt an doch der anderen. Es ist nicht

---

[2] Freud ist oft so zitiert worden, daß für ihn das Ziel der psychoanalytischen Therapie sei, dem Patienten die Möglichkeit zu geben, eine größere Fähigkeit »zum Arbeiten und zum Lieben« zu erlangen. Wir sind nicht in der Lage gewesen, genau diese Formulierung in der *Standard Edition* der Freudschen Schriften oder in seinen *Gesammelten Werken* ausfindig zu machen. Allerdings hat Ilse Grubrich Simitis (persönliche Mitteilung) angemerkt, daß sie diese vielzitierte Stelle zwar nie in Freuds Werken gefunden habe, aber in einem privaten Zusammenhang in zwei Briefen an seine Verlobte, beiläufig und *absolut nicht in bezug auf ein Behandlungsziel.*

gut, einen Fall wissenschaftlich zu bearbeiten, solange eine Behandlung noch nicht abgeschlossen ist« (1912, S. 380).

Wir haben darauf hingewiesen, daß Freud einen Konflikt zwischen seinen therapeutischen Zielen auf der einen Seite und den Forschungszielen und der Anwendung der psychoanalytischen Methode auf der anderen empfunden haben muß. Es gab den natürlichen Wunsch des Arztes zu heilen, aber es gab auch das Wissen, daß die Effektivität der analytischen Methode beeinträchtigt werden könnte, wenn der Analytiker zu sehr darum bemüht ist, den Patienten von seinem Leiden zu heilen. Der Ausweg aus diesem Dilemma lag in der Idee des »Junktim« und dem Glauben, daß Heilung allein durch die Anwendung »der strengen, der tendenzlosen Psychoanalyse« (1919, S. 194), wie Freud es nannte, zustande kommen könnte. In diesem Ansatz wird eine leichte Akzentverschiebung in der Freudschen Fassung der analytischen Ziele deutlich, die eigentlich von früh an erkennbar war. Eine immer geringere Bedeutung wurde der Idee der »Heilung« beigemessen, eine immer größere dem *Prozeß* der Analyse *per se* und dem Ziel, das Unbewußte bewußt zu machen. In einem Aufsatz mit dem Titel »Die Freudsche psychoanalytische Methode« sagte er:

> »Die Aufgabe, welche die psychoanalytische Methode zu lösen bestrebt ist, läßt sich in verschiedenen Formeln ausdrücken, die aber ihrem Wesen nach äquivalent sind. Man kann sagen: Aufgabe der Kur sei, die Amnesien aufzuheben. ... Man kann die Bedingung anders fassen: es seien alle Verdrängungen rückgängig zu machen; der psychische Zustand ist dann derselbe, in dem alle Amnesien ausgefüllt sind. Weittragender ist eine andere Fassung: es handle sich darum, das Unbewußte dem Bewußtsein zugänglich zu machen, was durch die Überwindung der Widerstände geschieht.« (1904, S. 8)

Nachdem Freud die analytische Aufgabe auf diese Weise bestimmt hat, läßt er dennoch seine Sorge um die Genesung des

Patienten von seiner Krankheit erkennen. So lesen wir einige Zeilen weiter:

> »... so wird man sich auch nie etwas anderes zum Ziel der Behandlung setzen als die praktische Genesung des Kranken, die Herstellung seiner Leistungs- und Genußfähigkeit. Bei unvollständiger Kur oder unvollkommenem Erfolge derselben erreicht man vor allem eine bedeutende Hebung des psychischen Allgemeinzustandes, während die Symptome, aber mit geminderter Bedeutung für den Kranken, fortbestehen können, ohne ihn zu einem Kranken zu stempeln.« (S. 8)

Das Ziel, das Unbewußte bewußt zu machen, war nicht ohne Hindernisse erreichbar. Der Analytiker muß nämlich den *Widerstand* erkennen, »mit dem die Kranken an ihrer Krankheit festhalten, mit dem sie sich also auch gegen die Genesung sträuben, und der doch allein das Verständnis ihres Benehmens im Leben ermöglicht« (1905, S. 18). Als Freud seine Theorien des menschlichen Seelenlebens (Metapsychologie) weiter ausarbeitete, führte er die Idee, durch Überwindung des Widerstands des Patienten »das Unbewußte bewußt zu machen« – als ein Ziel der Methode –, näher aus. Im Jahre 1906 bemerkt er: »Die Aufgabe der Psychoanalyse lautete ganz uniform für alle Fälle, es seien Komplexe aufzudecken, die infolge von Unlustgefühlen verdrängt sind und beim Versuch der Einführung ins Bewußtsein Anzeichen des Widerstandes von sich geben« (1906, S. 13). Einige Jahre später schreibt Freud: »Der Widerstand begleitet die Behandlung auf jedem Schritt; jeder einzelne Einfall, jeder Akt des Behandelten muß dem Widerstand Rechnung tragen, stellt sich als ein Kompromiß aus den zur Genesung zielenden Kräften und den angeführten, ihr widerstrebenden, dar« (1912, S. 368f.).[3]

---

[3] Die Neurose des Patienten wurde als ein Ergebnis des Konflikts zwischen den infantilen Wünschen und Trieben und ihrer Abwehr gesehen. Die Analyse

Interessanterweise macht Freud in seinen Schriften ausgiebigen Gebrauch von Metaphern dieser Art, die der Militärsprache entlehnt sind; ihr Einfluß auf die Konzeptualisierung der Ziele der Psychoanalyse war unvermeidlich. Nicht nur zeigt der Patient »Widerstand« und hat »gegen seine eigene Genesung zu kämpfen«, sondern erfährt auch »Konflikt«, macht von der »Abwehr« Gebrauch, die er benötigt, um »sich besser gegen das Unglück zur Wehre setzen zu können«, und so weiter. Die Vorstellung, daß der Patient gegen eine Art »inneren Feind« zu kämpfen hat, scheint einige Psychoanalytiker dazu verleitet zu haben, ihre Arbeit mit ihren Patienten als eine Art »Schlacht« zu sehen, in der der Analytiker gegen den Feind im Patienten kämpfen muß. Trotz der militärischen Metaphern achtete Freud allerdings darauf, der Versuchung einer moralisierenden Diskriminierung des Patienten zu entgehen, aber einigen seiner Nachfolger ist dies nicht immer gelungen. So folgten Freuds liberaler Haltung gegenüber solchen Fragen wie der der Homosexualität (Freud, 1935, 233f.) diejenigen Analytiker nicht, die entschlossen waren, Homosexualität bei ihren Patienten zu heilen (Hinweis von R. Steiner).

Die Veröffentlichung der *Vorlesungen zur Einführung in die Psychoanalyse* (1916–17) markierte einen wichtigen Schritt in Freuds Denken. Die Vorlesungen wurden zu einer Zeit abgefaßt, als seine theoretischen Ansichten eine bedeutsame Entwicklung durchmachten, wie seine Arbeiten über den Narzißmus (1914), über Metapsychologie (1915a, 1915b, 1915c), über »Trauer und Melancholie« (1917) bezeugen. In seinen *Vorlesungen* stellt Freud dem Leser eine Übersicht über die psychoanalytische Theorie zur Verfügung, so wie er sie über zwei

---

stellte eine an solche Wünsche gerichtete Einladung dar, sich auszudrücken, und weil dies den Konflikt des Patienten verschärfte, widerstand der Patient der Bemühung des Analytikers, solche Wünsche an die Oberfläche zu bringen. In *Hemmung, Symptom und Angst* (1926a) arbeitete Freud verschiedene andere Quellen des Widerstands aus.

Jahrzehnte entwickelt hatte. In zahlreichen Bemerkungen über das Ziel der Methode hat er viele seiner bisherigen Aussagen erweitert, neugefaßt und in einigen Fällen modifiziert.

Freud führt nun die Idee, das Unbewußte bewußtzumachen, weiter aus mit der Überlegung, daß das Ergebnis dieses Prozesses die Verwandlung des pathogenen Konflikts in einen normalen ist, »der irgendwie eine Entscheidung finden muß« (1916–17, S. 451). Er merkt an, daß der Patient, infolge der Analyse,

> »weniger Unbewußtes und etwas mehr Bewußtes in sich hat als vorher. Nun, Sie unterschätzen wahrscheinlich die Bedeutung einer solchen inneren Veränderung. Der geheilte Nervöse ist wirklich ein anderer Mensch geworden, im Grunde ist er aber natürlich derselbe geblieben, d. h. er ist so geworden, wie er bestenfalls unter den günstigsten Bedingungen hätte werden können. ... Damals war das Ich schwächlich, infantil, und hatte vielleicht Grund, die Libidoforderungen als Gefahr zu ächten. Heute ist es erstarkt und erfahren und hat überdies in dem Arzt einen Helfer zur Seite.« (Ebd., S. 452 und 455)

Obwohl Freud oft darauf bestanden hatte, das Ziel der Psychoanalyse sei, das Unbewußte bewußtzumachen, fuhr er fort, seine Sicht in einer Weise zu präzisieren, die von größter Bedeutung für die psychoanalytische Methode war. Er wies darauf hin, daß die Vorstellung, *allein* die Übersetzung des Unbewußten durch den Analytiker veranlasse schon die psychische Änderung und habe eine Heilung zur Folge, ein kurzsichtiger Irrtum sei. Wenn der Analytiker sein Verständnis dessen, was unbewußt ist, einfach an den Patienten weitergibt, wird das neue Wissen das unbewußte Material im Patienten nicht ersetzen, sondern neben ihm existieren und sehr geringe Veränderungen zeitigen. Der Analytiker muß demnach das unbewußte Material in der Erinnerung des Patienten »dort aufsuchen, wo es durch eine Verdrängung zustande gekommen ist« (ebd.,

S. 453). Wichtig geworden ist die Beseitigung des *Widerstands*, der auf die Verdrängung folgt, und diese Beseitigung erfolgt dadurch, daß man den Widerstand errät und dem Patienten zeigt. Dieser Widerstand gegen »das Bewußtwerden« wurde von Freud als der nämliche betrachtet, der früher als Folge des Konflikts auftrat; der Analytiker muß ihn nun entdecken, verstehen und dem Patienten mitteilen. Der Analytiker muß dies jedoch an der richtigen Stelle tun und in seinen Deutungen bis auf den Punkt in der Entwicklung zurückkommen, an dem der Konflikt entstand. Er muß an dem Widerstand arbeiten, der jetzt erregt wird durch die Wiederholung des unbewußten konflikthaften Wunsches in der Gegenwart (besonders in der Beziehung des Patienten zum Analytiker) und der sich gegen diesen Wunsch richtenden Verdrängung.

Ein wichtiger konzeptueller Schritt in den *Vorlesungen* ist die Ausarbeitung der Gedanken über die Übertragungsneurose. Man hat es im Verlauf der Behandlung »nicht mehr mit der früheren Krankheit des Patienten zu tun ..., sondern mit einer neugeschaffenen und umgeschaffenen Neurose, welche die erstere ersetzt« (ebd., S. 462). Es findet eine Übertragung des wesentlichen neurotischen Konflikts des Patienten auf den Schauplatz der Analyse statt, der Analytiker steht im Mittelpunkt der Beschäftigung des Patienten. Es ist »eine Neuauflage der alten Affektion«, und die Bewältigung dieser neuen und künstlichen (Übertragungs-)Neurose fällt mit der Heilung zusammen. »Der Mensch, der im Verhältnis zum Arzt normal und frei von der Wirkung verdrängter Triebregungen geworden ist, bleibt auch so in seinem Eigenleben, wenn der Arzt sich wieder ausgeschaltet hat« (ebd.). Wir können an Freuds Hervorhebung der Notwendigkeit, eine Übertragungsneurose zu entwickeln und zu überwinden, erkennen, wie sehr es ihm bei der Analyse um ein Verfahren mit therapeutischen Zielen ging; ein zentrales Ziel in diesem Zusammenhang war die Auflösung des neurotischen Konflikts, der den Patienten zur Analyse gebracht hatte.

So hat Freud zum einen das Ziel der Analyse, das Unbewußte bewußtzumachen, beibehalten und zugleich in den *Vorlesungen* seine Ansichten darüber, was zur Erreichung desselben notwendig sei, weiterentwickelt. Dort begann er, den Details der *intrapsychischen* Veränderungen, die im Patienten als eine Folge der Analyse eintreten, mehr Aufmerksamkeit zu schenken. Dies geht aus seiner Bemerkung hervor, daß man die therapeutische Wirkung der Psychoanalyse nicht daraus erklären könne, daß sie es dem Patienten ermögliche, sich sexuell auszuleben. Eher

> »gewöhnen wir sie [die Patienten] an vorurteilsfreie Erwägung der sexuellen Angelegenheiten wie aller anderen, und wenn sie, nach Vollendung ihrer Kur selbständig geworden, sich aus eigenem Ermessen zu irgend einer mittleren Position zwischen dem vollen Ausleben und der unbedingten Askese entschließen, fühlen wir unser Gewissen durch keinen dieser Ausgänge belastet« (ebd., S. 451).

Freud merkt dann an, daß, wer die Wahrheit über sich kenne, gegen die Gefahren der Unsittlichkeit dauernd geschützt sei, möge sein Maßstab der Sittlichkeit auch von dem in der Gesellschaft gebräuchlichen abweichen. Freud bezieht die Erweiterung des intellektuellen Horizonts des Patienten auf »die überraschenden und befreienden Eröffnungen, die die Kur mit sich bringt« (ebd., S. 457), die ihrerseits auch die Fähigkeit des Patienten, eine Wahl zu treffen, erhöht.

In der letzten der *Vorlesungen* (Vorlesung 28) faßt Freud das Wesen der therapeutischen Arbeit zusammen, die sich, wie er sagt, in zwei Phasen zerlegen lasse. Die Schritte, die er für jede der beiden Phasen beschrieb, reflektieren, so kann man annehmen, seine damalige Sicht der Ziele der psychoanalytischen Methode.

> »... in der ersten [Phase] wird alle Libido von den Symptomen her in die Übertragung gedrängt und dort konzentriert, in der zweiten der Kampf um dies neue Objekt durchgeführt und die Libido von ihm freigemacht. Die für den

guten Ausgang entscheidende Veränderung ist die Ausschaltung der Verdrängung bei diesem erneuerten Konflikt, so daß sich die Libido nicht durch die Flucht ins Unbewußte wiederum dem Ich entziehen kann. Ermöglicht wird sie durch die Ichveränderung[4], welche sich unter dem Einfluß der ärztlichen Suggestion vollzieht. Das Ich wird durch die Deutungsarbeit, welche Unbewußtes in Bewußtes umsetzt, auf Kosten dieses Unbewußten vergrößert.« (Ebd., S. 473).

Freud drückt diesen Punkt auch etwas anders aus:

»Wir wollen jetzt unsere Darstellung vom Mechanismus der Heilung vervollständigen, indem wir sie in die Formeln der Libidotheorie kleiden. Der Neurotiker ist genuß- und leistungsunfähig, das erstere, weil seine Libido auf kein reales Objekt gerichtet ist, das letztere, weil er sehr viel von seiner sonstigen Energie aufwenden muß, um die Libido in der Verdrängung zu erhalten und sich ihres Ansturmes zu erwehren. Er würde gesund, wenn der Konflikt zwischen seinem Ich und seiner Libido ein Ende hätte und sein Ich wieder die Verfügung über seine Libido besäße. Die therapeutische Aufgabe besteht also darin, die Libido aus ihren derzeitigen, dem Ich entzogenen Bindungen zu lösen und sie wieder dem Ich dienstbar zu machen. Wo steckt nun die Libido des Neurotikers? Leicht zu finden; sie ist an die Symptome gebunden, die ihr die derzeit einzig mögliche Ersatzbefriedigung gewähren. Man muß also der Symptome Herr werden, sie auflösen, gerade dasselbe, was der

---

[4] Bis 1923 war Freuds Begriff des *Ichs* nicht der des *Ichs* seiner Strukturtheorie von 1923. In früheren Jahren stand der Begriff für *Person* oder für *Selbst* oder für *Bewußtsein* (Rapaport, 1958). Später, im ersten Teil der von der Topik beherrschten Phase, waren sowohl die Vorstellung von einem Ich als einer Ansammlung von Kräften (die Selbsterhaltungstriebe) als auch die Begriffe des *Lust-Ichs* und des ihm entgegengesetzten *Realitäts-Ichs* eingeführt worden.

Kranke von uns fordert. Zur Lösung der Symptome wird es nötig, bis auf deren Entstehung zurückzugehen, den Konflikt, aus dem sie hervorgegangen sind, zu erneuern und ihn mit Hilfe solcher Triebkräfte, die seinerzeit nicht verfügbar waren, zu einem anderen Ausgang zu lenken. Diese Revision des Verdrängungsprozesses läßt sich nur zum Teil an den Erinnerungsspuren der Vorgänge vollziehen, welche zur Verdrängung geführt haben. Das entscheidende Stück der Arbeit wird geleistet, indem man im Verhältnis zum Arzt, in der ›Übertragung‹, Neuauflagen jener alten Konflikte schafft, in denen sich der Kranke benehmen möchte, wie er sich seinerzeit benommen hat, während man ihn durch das Aufgebot aller verfügbaren seelischen Kräfte zu einer anderen Entscheidung nötigt. Die Übertragung wird also das Schlachtfeld, auf welchem sich alle miteinander ringenden Kräfte treffen sollen.« (Ebd., S. 472)

Folglich führt der Ausgang »des Kampfes auf dem Schlachtfeld der Übertragung« idealerweise zum Ziel der »Auflösung der Übertragung«. Dies gilt seit den frühesten Schriften Freuds über analytische Technik (siehe Freud, 1912, S. 384) – trotz der vielen Veränderungen, die es seither in der psychoanalytischen Theorie gegeben hat – als ein bedeutendes technisches Ziel.

In den Schriften, die auf die *Vorlesungen* folgen, findet man in Freuds Ansichten über die Ziele der Psychoanalyse sowohl Variationen früherer Themen als auch neue Fassungen. In den beiden Enzyklopädieartikeln (1923a) zum Beispiel bemerkt er: »Die Beseitigung der Leidenssymptome wird nicht als besonderes Ziel angestrebt, sondern ergibt sich bei regelrechter Ausführung der Analyse gleichsam als Nebengewinn« (S. 226f.).

1923 machte Freud in *Das Ich und das Es* mit seiner Darlegung des »Strukturmodells« von *Es*, *Ich* und *Über-Ich* einen bedeutenden theoretischen Schritt. Diese neue Theorie sollte das frühere »topische« Modell von 1900 ersetzen. Das Ich wurde jetzt als eine Organisation, als eine *Instanz*, begriffen, die zwischen den Forderungen des Es, des Über-Ichs und der äußeren Welt vermitteln sollte. Freud sah das Ziel der Analyse in der Herbeiführung von Änderungen im Ich des Patienten (*Ich* wurde im neuen, *strukturellen* Sinn gebraucht). Zum Beispiel bemerkt Freud, daß die Analyse »ja die krankhaften Reaktionen nicht unmöglich macht, sondern dem Ich des Kranken die *Freiheit* schaffen soll, sich so oder anders zu entscheiden« (1923, S. 280, Fn. 1). Und in »Die Frage der Laienanalyse« (1926b) sagt Freud, daß durch den Kampf gegen die Widerstände und durch ihre Überwindung das Ich des Patienten hinreichend verändert und gestärkt werde, so daß wir uns um sein Verhalten nach Beendigung der Kur keine Sorgen zu machen brauchten. Mit der Einführung der Strukturtheorie wurde der Fokus der analytischen Arbeit, ausgehend vom Ziel der Befreiung des verdrängten Materials, dahingehend erweitert, dieses dem Individuum zugänglich und annehmbar zu machen. Ein Hauptziel der analytischen Arbeit lag demnach in der Herstellung einer größeren Freiheit des Ichs von seinen »drei Herren«, d.h. dem Es, dem Über-Ich und der äußeren Welt.

Freud entwickelt diese Auffassung in der *Neuen Folge der Vorlesungen zur Einführung in die Psychoanalyse* (1933) weiter, wenn er im Zusammenhang der therapeutischen Bemühungen der Psychoanalyse sagt: »Ihre Absicht ist ja, das Ich zu stärken, es vom Über-Ich unabhängiger zu machen, sein Wahrnehmungsfeld zu erweitern und seine Organisation auszubauen, so daß es sich neue Stücke des Es aneignen kann. Wo Es war, soll Ich werden.[5] Es ist Kulturarbeit etwa wie die Trockenlegung der Zuydersee« (S. 86).

Allerdings zeigt sich in diesen Vorlesungen noch einmal Freuds Interesse an den therapeutischen Zielen der Analyse. Er

[5] Nach Loewald (1970) sollte der Satz in dem Sinn verstanden werden, daß das Es (oder Teile von ihm) sich in Ich verwandeln, und nicht so sehr so, daß sich dieses Ich ein Territorium erobert, das vorher zum Es gehörte.

macht auf die unvermeidlichen therapeutischen Grenzen der Psychoanalyse aufmerksam und stellt die Behauptung auf (die in späteren Jahren eine äußerst wichtige Streitfrage werden sollte), »daß man Erfolg erst haben kann, wenn man die Therapie den Charakteren des Leidens angepaßt hat« (ebd., S. 169). Hier erweitert er die Auffassung, die er einige Jahre zuvor in »Wege der psychoanalytischen Therapie« (1919) vertrat, wo er von der »allmählich wachsende(n) Einsicht« spricht, »daß die verschiedenen Krankheitsformen, die wir behandeln, nicht durch die nämliche Technik erledigt werden können« (ebd., S. 191), und er weist darauf hin, daß die psychoanalytische Technik noch den Stempel ihrer Entstehung im Kontext der Hysteriebehandlung trage. Darin kündigen sich Vorstellungen an, die später in »Die endliche und die unendliche Analyse« (1937a) formuliert werden sollten.

In »Konstruktionen in der Analyse« (1937b) zieht Freud seinen berühmten Vergleich zwischen Analyse und Archäologie und sagt, »der Hauptunterschied der beiden« liege darin, »daß für die Archäologie die Rekonstruktion das Ziel und das Ende der Bemühung ist, für die Analyse aber ist die Konstruktion nur eine Vorarbeit« (S. 47). Er fügt allerdings hinzu:

> »Oft genug gelingt es nicht, den Patienten zur Erinnerung des Verdrängten zu bringen. Anstatt dessen erreicht man bei ihm durch korrekte Ausführung der Analyse eine sichere Überzeugung von der Wahrheit der Konstruktion, die therapeutisch dasselbe leistet wie eine wiedergewonnene Erinnerung.« (Ebd., S. 53)[6]

In dieser Schrift befaßt sich Freud mit dem weiteren Thema, daß die Analyse auf die Auflösung der aus der frühen Entwick-

---

[6] Freuds Gebrauch des Begriffs *Konstruktion* in dieser Arbeit ist nicht ganz eindeutig, weil er meist die Begriffe *Konstruktion* und *Rekonstruktion* synonym gebraucht. Die Frage nach der Rolle der Rekonstruktion im analytischen Prozeß hat in den letzten Jahren zunehmend an Bedeutung gewonnen (siehe Blum, 1994).

lung des Patienten stammenden Verdrängungen zielt, um an ihre Stelle psychisch reife Reaktionen zu setzen. Hier stellt sich die Frage, ob das Konzept der *Reife* dem der *Normalität* entspricht. Daß Freud dies im Sinn gehabt haben könnte, wird durch seine Vermutung in »Die endliche und die unendliche Analyse« (1937a) nahegelegt, daß nämlich das, was die Analyse für Neurotiker vollbringt, nicht mehr ist als das, was normale Leute allein und ohne analytische Hilfe vollbracht haben. Allerdings bleibt noch das Problem zu klären, was *Normalität* überhaupt besagen soll. Meint Freud mit psychischer Reife eine ideale Entwicklungsstufe, die Patienten mit psychischen Störungen nicht erreicht haben? Jede Antwort auf diese Frage wird zwangsläufig durch die Tatsache kompliziert, daß in das Konzept der *Reife* soziale Wertvorstellungen eingehen, und in der Tat macht sich Freud auch die Ansicht zu eigen, daß es unmöglich sei, *Gesundheit* anders als in metapsychologischen Begriffen zu definieren, d.h. mit Verweis auf die dynamischen Beziehungen zwischen den Instanzen des seelischen Apparats. Freud bezieht sich auch auf das normale Ich als »Idealfiktion«. Gleichwohl überlegt er, indem er die Frage des Endes einer Analyse diskutiert,

> »ob man die Beeinflussung des Patienten soweit getrieben hat, daß eine Fortsetzung der Analyse keine weitere Veränderung versprechen kann. Also als ob man durch Analyse ein Niveau von absoluter psychischer Normalität erreichen könnte, dem man auch die Fähigkeit zutrauen dürfte, sich stabil zu erhalten, etwa wenn es gelungen wäre, alle vorgefallenen Verdrängungen aufzulösen und alle Lücken der Erinnerung auszufüllen.« (Ebd., S. 63)

Freud fragt, ob dergleichen überhaupt möglich sei. Tatsächlich könne das in manchen Fällen vorkommen, und die neurotische Störung werde, einmal beseitigt, weder zurückkommen noch durch eine andere ersetzt werden. Bei solchen Störungen hätte es keine Änderung des Ichs gegeben, und die Ätiologie der Störung sei im wesentlichen traumatisch gewesen. Es ist ganz klar, daß Freud ein Konzept von *Normalität* im Kopf hat, wenn er über die Behandlungsziele nachdenkt, auch wenn er schwerwiegende Zweifel daran hegt, ob solche Ziele erreicht werden können, außer in einer kleineren Zahl von Fällen. Schon 1904 hatte Freud bemerkt:

> »Man darf aber dabei nicht vergessen, daß ein solcher Idealzustand auch beim normalen Menschen nicht besteht, und daß man nur selten in die Lage kommen kann, die Behandlung annähernd so weit zu treiben. So wie Gesundheit und Krankheit nicht prinzipiell geschieden sind, sondern nur durch eine praktisch bestimmbare Summationsgrenze gesondert sind.« (S. 8)

»Die endliche und die unendliche Analyse« ist eine bemerkenswerte Arbeit über die Bedingungen, die das Ergebnis analytischer Therapie beeinflussen, und eine Arbeit, die die Veränderungsmöglichkeiten in Abhängigkeit von diesen Bedingungen erforscht (zu einer ausführlichen Diskussion der Freudschen Schrift siehe Sandler, 1991, dt. 1996). In »Die endliche und die unendliche Analyse« konzentrierte Freud seine Aufmerksamkeit auf die *Widerstände* dagegen, sich in der Analyse und durch die Analyse zu verändern, und war in seiner Formulierung deutlich beeinflußt von Anna Freuds Werk über den inneren psychischen Konflikt und über die vorrangige Aufgabe, Widerstand und Abwehr zu analysieren (A. Freud, 1936). Freud war bestrebt, seine Meinungen über die Ziele und Grenzen der psychoanalytischen Methode darzulegen und sie Konzeptionen der analytischen Heilung entgegenzusetzen, die er als unangemessen betrachtete, wie etwa den Vorschlag Otto Ranks; dieser hatte in seinem Buch *Das Trauma der Geburt* (1924) die Idee verteidigt, daß die Neurose des Patienten völlig geheilt werden könnte, wenn nur das ursprüngliche Geburtstrauma mitbehandelt werde. Freud gab dazu den beißenden Kommentar:

> »Man hat nicht viel davon gehört, was die Ausführung des Rankschen Planes für Krankheitsfälle geleistet hat. Wahrscheinlich nicht mehr, als die Feuerwehr leisten würde, wenn sie im Falle eines Hausbrandes durch eine umgestürzte Petroleumlampe sich damit begnügte, die Lampe aus dem Zimmer zu entfernen, in dem der Brand entstanden war. Eine erhebliche Abkürzung der Löschaktion wäre allerdings auf diese Weise zu erreichen.« (1937a, S. 60)

Freud fragt, ob von einem praktischen Standpunkt aus eine Analyse beendet sei, wenn Analytiker und Patient aufhören zusammenzukommen, und behauptet, daß eine angemessene Beendigung vorliege, wenn zwei Bedingungen mehr oder weniger erfüllt seien. Erstens – und dies sei besonders erwähnt – soll der Patient nicht mehr an seinen Symptomen leiden, und er soll seine Ängste und Hemmungen überwunden haben; zweitens soll der Analytiker zu dem Urteil gekommen sein, daß so viel verdrängtes Material bewußtgemacht, so viel Unverständliches geklärt und so viel innerer Widerstand besiegt worden ist, daß es keinen Grund dafür gibt, eine Wiederholung der entsprechenden pathologischen Prozesse zu befürchten. Freud wirft dann die Frage auf, ob die Analyse etwas herbeiführen kann, »was nicht unter günstigen, normalen Verhältnissen von selbst geschieht«. Er antwortet, in bester jüdischer Tradition, mit einer Gegenfrage:

> »Aber ist das wirklich so? Erhebt nicht gerade unsere Theorie den Anspruch, einen Zustand herzustellen, der im Ich spontan nicht vorhanden ist und dessen Neuschöpfung den wesentlichen Unterschied zwischen dem analysierten und dem nicht analysierten Menschen ausmacht?« (1937a, S. 71)

Während in Freuds Aufsatz als ein Ziel der Analyse die Befreiung des Patienten von Symptomen, Hemmungen und Charakterabnormitäten (ebd., S. 59) aufgefaßt wird, bleibt der Hauptakzent auf Veränderungen im Ich. Freud sieht die therapeutische Änderung des Ichs als Aufhebung der schon vorhandenen Veränderungen, die ein Ergebnis des Abwehrprozesses sind (siehe die editorische Anmerkung von James Strachey in Freud, 1937a, *Standard Edition*, Bd. 23, S. 211). Diese Aufhebung ermöglicht den nicht erfolgreich verdrängten Trieben, Ausdruck im Ich zu finden und Gegenstand zuverlässiger ich-syntoner Kontrolle zu werden. Demnach ist für Freud das Ziel der Analyse etwas, das als »Bändigung« des Triebes bezeichnet werden kann; das meint, daß der Trieb in völlige Harmonie mit dem Ich gebracht wird, allen Einflüssen der anderen Strebungen im Ich zugänglich wird und nicht länger seinen eigenen Befriedigungsweg zu gehen versucht.

Freud betrachtet die analytische Aufgabe (und damit ihr Ziel) ebenfalls vom Standpunkt der Abwehrmechanismen des Ich aus:

> »Das Wesentliche daran ist, daß der Analysierte diese Reaktionsweisen auch während der analytischen Arbeit wiederholt, uns gleichsam vor Augen führt; eigentlich kennen wir sie nur daher. Damit ist nicht gesagt, daß sie die Analyse unmöglich machen. Sie legen vielmehr die eine Hälfte unserer analytischen Aufgabe fest. Die andere, die in der Frühzeit der Analyse zuerst in Angriff genommen wurde, ist die Aufdeckung des im Es Verborgenen. Unsere therapeutische Bemühung pendelt während der Behandlung beständig von einem Stückchen Esanalyse zu einem Stückchen Ichanalyse. Im einen Fall wollen wir etwas vom Es bewußt machen, im anderen etwas am Ich korrigieren.« (1937a, S. 83f.)

Und Freud stellt schließlich fest:

> »Man wird sich nicht zum Ziel setzen, alle menschlichen Eigenarten zugunsten einer schematischen Normalität abzuschleifen oder gar zu fordern, daß der gründlich Analysierte keine Leidenschaften verspüren und keine inneren Konflikte entwickeln dürfe. Die Analyse soll die für die

Ichfunktionen günstigsten psychologischen Bedingungen herstellen; damit wäre ihre Aufgabe erledigt.« (Ebd., S. 96)

Zum Schluß …

Wenn man auf Freuds Vorschläge bezüglich der Behandlungsziele zurückblickt, kann man nicht anders, als überrascht sein, wie sehr er, explizit oder implizit, mit dem Thema beschäftigt war und wie er, wenn nötig, von einer Konzeptualisierung zu einer anderen überging. Während er sich mit Fragen der Heilung, der seelischen Gesundheit und Normalität als Zielen der Analyse beschäftigte, schenkte er ebenso den Zielen auf der Ebene der analytischen Technik Beachtung, das heißt den Zielen des analytischen Prozesses selbst. Freud gab das therapeutische Ziel der Analyse nie auf, obwohl er Schwierigkeiten damit hatte und davor warnte, daß der Analytiker nicht ausschließlich mit dem Ziel, den Patienten zu heilen, beschäftigt sein sollte; der Analytiker sollte bestrebt sein, die Methode der Psychoanalyse anzuwenden. Gerade dies würde psychische Veränderungen beim Patienten mit sich bringen und, als einen Nebeneffekt, auch ein zufriedenstellendes therapeutisches Ergebnis. Die weiteren mit der Anwendung der psychoanalytischen Methode verbundenen ergänzenden Ziele werden fortwährend weiterentwickelt, ausgehend von der einfachen Formel »das Unbewußte bewußtmachen«; diese Entwicklung trägt dem zunehmenden Wissen über die Funktionsweise des Ichs und über die Wirkungen der analytischen Interventionen auf die Wirkungs- und Interaktionsweise der verschiedenen Instanzen des psychischen Apparates Rechnung.

Wir haben auf die Spannung Bezug genommen, die überall in Freuds Schriften zwischen dem Heilungsziel und dem Forschungsziel zu finden ist, und haben über Freuds (manchmal widersprüchliche) Versuche, diesen Konflikt zu lösen, nachgedacht. Es gab aber eine weitere und ebenso dynamische Spannung zwischen zwei entgegengesetzten und mehr oder weniger konkurrierenden Tendenzen in seinem Denken. Die erste ist eine optimistische, manchmal sogar idealisierende Auffassung davon, was Analyse vollbringen kann; die andere ist eine realistischere (man kann sagen pessimistische) Haltung, die sich vielleicht am deutlichsten in »Die endliche und die unendliche Analyse« (1937a) zeigt. Bis zu einem gewissen Grad war Freuds Pessimismus mit seiner Ansicht über die Macht des Todestriebes (1920) verbunden, einem Konzept, das bald nach dem Ende des Ersten Weltkriegs formuliert wurde und das tiefgreifende Auswirkungen auf Freuds Vorstellungen gehabt hat, wieweit die Analyse das Individuum von seinen neurotischen Konflikten überhaupt befreien kann. Die Spannung zwischen Optimismus und Pessimismus zieht sich durch die gesamte spätere psychoanalytische Literatur über Ziele.

Freuds Tod im Jahre 1939 fiel mit dem Beginn des Zweiten Weltkriegs zusammen. Die Literatur umfaßte bis dahin wichtige Beiträge zahlreicher Analytiker, die nicht alle ganz mit Freud übereinstimmten. Die folgenden zwei Kapitel sind einigen dieser frühen Beiträge gewidmet – Meilensteine in der Konzeptualisierung der psychoanalytischen Ziele und der psychoanalytischen Vorstellung von seelischer Gesundheit.

2. Die frühen Freudianer in den 20er Jahren

Die 20er Jahre waren in vielerlei Hinsicht für die Psychoanalyse von besonderer Bedeutung. Freud ersetzte 1923 sein topisches Modell durch eine neue Theorie des psychischen Apparats und überarbeitete 1926 seine Angsttheorie in *Hemmung, Symptom und Angst*. In diesem Werk wurde die Vorstellung, daß die Angst umgewandelte Libido sei, durch ein Konzept der Angst ersetzt, in dem diese als ein Signal verstanden wird, das an das Ich gerichtet ist und dieses vor einer drohenden Gefahr warnt. Diese theoretischen Veränderungen haben weitreichende Konsequenzen für die psychoanalytische Technik und für die Beziehung zwischen Theorie und Praxis gehabt. Während in der Zeit vor 1920 Freuds Psychoanalytiker-Kollegen sich seine Ansichten über die Ziele der Psychoanalyse weitgehend zu eigen machten (auch wenn einige Analytiker, z. B. Jung, Adler oder Stekel, bezüglich anderer theoretischer Fragen größere Meinungsverschiedenheiten mit Freud hatten), war die Situation in den 20er Jahren deutlich anders. Einige bedeutende Analytiker leisteten substantielle Beiträge zur Lösung der Frage, wie Freuds neue theoretische Vorstellungen für die Konzeptualisierung des Behandlungsziels dauerhafter psychischer Veränderungen fruchtbar gemacht werden konnten. Besonders beeindruckend war, daß sie übereinstimmend den Gedanken hervorhoben, dieses Ziel könne allein durch eine Veränderung des Über-Ichs erreicht werden und solche Veränderungen kämen als Folge der Übertragungsdeutung zustande. Ein grausames, auf die Introjektion strenger elterlicher Haltungen aufbauendes Über-Ich wurde als ein entscheidendes Element bei der Neurosenentstehung gesehen. Elterliche Aspekte des Über-Ichs werden dem Analytiker als Bestandteil der Übertragungsentwicklung zugeschrieben, und eine angemessene Deutung sollte zu einer Abschwächung der Strenge des Über-Ichs und folglich zu einem höheren Maß an Gesundheit des Patienten führen.

Fenichel (1941) charakterisierte die Situation der analytischen Technik in den frühen 20er Jahren als eine zwischen Scylla und Charybdis: Zuviel-Reden versus Zuviel-Fühlen:

> »In den Anfängen der Psychoanalyse herrschte die (topische) Formel, nach der in der Psychoanalyse ›das Unbewußte bewußtgemacht wird‹. Diese Formel war besser bekannt als die bis dahin nicht verstandene dynamische, daß die Analyse ›Widerstände beseitigen‹ müsse. Die größte Gefahr in dieser Zeit war deshalb die Scylla des ›Zuviel-Redens‹ bzw. der Intellektualisierung: der Analytiker erriet Komplexe, benannte sie und verließ sich darauf, daß das Heilung bedeutete. Dies konnte gelingen, wenn es keinen besonderen Widerstand gab, der das, worüber man redete, vom aktuellen Punkt des dynamischen Abwehrkonflikts isolierte. Wenn ein solcher Widerstand vorlag, vertraute der Analytiker vergeblich auf die Gültigkeit des Vergleichs mit den vielen miteinander verknüpften Seilen, welche eins nach dem anderen entwirrt werden sollten. Solange das wichtigste Geheimnis – der Widerstand – ungelöst blieb, mochte er [der Analytiker] intellektuell über Kindheit und Entwicklung so viel verstehen, wie er wollte, es half nicht.« (Fenichel, 1941, S. 99 f.)

1924 veröffentlichten Sándor Ferenczi und Otto Rank ein Buch mit dem Titel *Entwicklungsziele der Psychoanalyse*. In einem Kapitel mit der Überschrift »Zur Wechselwirkung von Theorie und Praxis« stellen sie fest, wie fehlerhaft es sei, an der Symptomanalyse beim Patienten festzuhalten, und kritisieren die Vorstellung, die Heilung könne über die intellektuelle »Aufklärung« des Patienten durch die Erklärung seiner Widerstände herbeigeführt werden.

> »Es war ein begreiflicher, aber verhängnisvoller Irrtum mancher Anhänger, zu glauben, daß in der Analyse das bloße

> Finden eines Fehlers (in der Entwicklung) zugleich therapeutische Wirkung habe; vielmehr ist im Gegensatz zu dieser einseitig ›sokratischen‹ Auffassung das eigentlich wirksame Medikament erst in der richtigen Verknüpfung der Affektivität mit der intellektuellen Sphäre zu suchen.« (Ebd., S. 62)

In einem Kommentar zu dem Buch von Ferenczi und Rank, das seiner Meinung nach eine Reaktion gegen die »Scylla des Zu-viel-Redens oder Intellektualisierens« war, sagte Fenichel (1941):

> »Sie betonten immer wieder, daß die Analyse kein intellektueller, sondern ein affektiver Prozeß sei ... in dem emotionale Erfahrungen in der Übertragung noch einmal durchlebt werden und zuvor verborgenes Material somit wiederbelebt wird und so in die Verfügungsgewalt des Ich fällt. Die Autoren fielen sicherlich zu weit ins andere Extrem. In ihrer Betonung des Erlebens wurden sie zu Bewunderern von Abreaktion, vom Agieren, und folglich wurde das Durcharbeiten zum Verlierer.« (Ebd., S. 100)

Die von Ferenczi und Rank aufgeworfene Frage war dann Anlaß eines Symposiums über »Theorie und Praxis in der Psychoanalyse«, das 1924 auf dem VIII. Kongreß der Internationalen Psychoanalytischen Gesellschaft in Salzburg veranstaltet wurde. Auf dem Symposium fanden wichtige Diskussionen über Vorträge statt, auch über die von Hanns Sachs, Franz Alexander und Sándor Radó. Es ist erwähnenswert, daß dieses das erste Symposium nach Freuds Einführung der Strukturtheorie in *Das Ich und das Es* (Freud, 1923b) war, die Freud eigentlich jedoch bereits in einer Arbeit für den Internationalen Kongreß in Berlin 1922 in Umrissen dargestellt hatte. Einer Zusammenfassung dieser Arbeit (erschienen in der *Internationalen Zeitschrift für Psychoanalyse*, 1922) zufolge hat Freud gesagt, das *Unbewußte* sei wesentlich eine deskriptive Kategorie, die also das einschließe, was als das *Vorbewußte* bekannt ist, d.h. ein latenter aber nicht verdrängter Inhalt. Nach Freud bereitet die doppelte Bedeutung des Terminus *unbewußt* – d. i. das Unbewußte der topischen Theorie und *unbewußt* in seiner breiteren, deskriptiven Bedeutung – Schwierigkeiten. Weder solle das Verdrängte mit dem Unbewußten identifiziert werden noch das Ich mit den Systemen *Vorbewußt* und *Bewußt*. Freud wird zitiert: »Der Vortragende erörtert die beiden Tatsachen, welche beweisen, daß es auch im Ich ein Unbewußtes gibt, das sich dynamisch wie das verdrängte Unbewußte benimmt, nämlich den vom Ich ausgehenden Widerstand in der Analyse und das unbewußte Schuldgefühl« (Freud, 1922, S. 730). Freud versuchte diese konzeptuellen Probleme mit seiner neuen Strukturtheorie mit ihren drei Instanzen Es, Ich und Über-Ich zu bewältigen. Dies hatte weitreichende Folgen für das Thema des Symposiums auf dem Salzburger Kongreß; die dort von Sachs, Alexander und Radó vertretenen Ansichten verdienen, im einzelnen betrachtet zu werden.

Sachs geht in seiner Arbeit »Metapsychologische Gesichtspunkte zur Wechselbeziehung zwischen Theorie und Technik in der Psychoanalyse« (1925) auf den Einfluß der analytischen Technik auf das Ichideal des Patienten ein (Sachs bezieht sich hier auf Freuds neues Konzept des Über-Ichs).

> »Das erwünschte Ziel ist selbstverständlich, daß der Patient sich so weit wie möglich das Ideal der Analyse als sein Ichideal zu eigen macht, zuallererst und vor allem vollkommene Aufrichtigkeit gegen sich selbst, Beseitigung der Verdrängungen; auf diese Weise ungestört durch Eigenheiten und Defekte in der Persönlichkeit des Analytikers, und zwar in dessen Ich wie auch in seinem Über-Ich, sollte sich der Patient das Ideal des Analytikers von Analyse zu eigen machen.«[1] (S. 11)

---

[1] Diese und die folgende Stelle wurden in die deutsche Fassung des Vortrages nicht aufgenommen. (A. d. Ü.)

Die Übertragung schließt sich an die persönlichen Eigenschaften des Analytikers an, und dies beeinträchtigt die Bildung des Ichideals. Dennoch führt der analytische Prozeß, wenn er gut verläuft, zu folgendem:

> »Das Ichideal, das allmählich aus dem Schmelztiegel der Übertragung auftaucht, wird freundlicher und nachsichtiger dem Ich gegenüber und gewöhnt sich daran, selbst die Eigenheiten und Schwächen des Ichs anzuerkennen und diesen Rechnung zu tragen, anstatt sie einfach wie bisher zu ignorieren oder auch Gebote und Verbote zu erlassen, denen es nicht folgen kann. Es muß kaum gesagt werden, daß dieser Prozeß von großem therapeutischen Wert ist.« (Ebd., S. 12)

Franz Alexander macht in »Metapsychologische Darstellung des Heilungsvorganges« (1925) darauf aufmerksam, daß die Veränderung, die wir durch die analytische Behandlung herbeizuführen versuchen, die Gesundung durch Veränderungen im Ich ist:

> »Die Aufgabe der Kur besteht ja offenbar darin, daß wir die vom Ich abgelehnte Symptombefriedigung rückgängig machen und die ursprüngliche Triebspannung wiederherstellen und so den seelischen Apparat zu einem neuen, nunmehr ichgerechten Triebbefriedigungsversuch drängen. Gegen diese Konsequenz des Symptomabbaues sträubt sich die neurotische Psyche, indem sie gegen die Kur Widerstand leistet.« (S. 161)

Das psychische System im allgemeinen kann entweder von autoplastischen oder alloplastischen Mechanismen Gebrauch machen; in der Neurose finden wir »einen Protest gegen diese alloplastisch gerichtete Tendenz der Entwicklung« (ebd., S. 160). *Alloplastisch* meint hier die adaptiven Veränderungen der Umwelt durch den Menschen und *autoplastisch* die adaptiven inneren Veränderungen, die dem Zweck der Anpassung an die Forderungen der Außenwelt dienen (Freud, 1924).

Alexanders Diskussion der Ziele der Analyse und des Heilungsprozesses betont – im Einklang mit Sachs' Ansichten – jedoch auch die Rolle des Über-Ichs im Konflikt und beim Widerstand:

> »Sie sehen bereits, daß sich unsere therapeutischen Bestrebungen gegen dieses doppelzüngige Schalten und Walten des Über-Ichs richten werden.« (Alexander, 1925, S. 167)
>
> »So bedeutet das Über-Ich einen Anachronismus in der Seele. Es ist hinter der schnellen Entwicklung der kulturellen Verhältnisse derart zurückgeblieben, daß es durch seine automatische, starre Funktionsweise das psychische System immer wieder mit der Außenwelt in Konflikte geraten läßt. Dies ist der teleologische Grund für die Entwicklung einer neuen Wissenschaft der Psychoanalyse, welche diesmal nicht die Außenwelt verändern soll, sondern das psychische System selbst, um es für neue Anpassungen seiner Triebe fähiger zu machen. Diese Aufgabe löst sie, wenn es ihr gelingt, den Wirkungskreis des automatisch arbeitenden Über-Ichs einzuschränken und seine Rolle dem bewußten Ich zu übertragen. Keine geringe Aufgabe, sie bedeutet das bewußte Schaffen einer neuen Funktion.« (Ebd., S. 169)

Der Prozeß der Heilung wurde von Alexander in der Überwindung der Widerstände gegen die Übernahme der *Funktion* des Über-Ichs durch das Ich gesehen. Er bezieht sich auf Freuds Ansicht, daß das »Ziel der Kur« im »Ersetzen der Verdrängung durch Verurteilung« besteht, und kommentiert:

> »Die allmähliche Ausschaltung der verdrängenden Instanz des Über-Ichs ist die Aufgabe der Kur. Aus den beiden Teilsystemen Ich und Über-Ich soll ein homogenes System entstehen, nach außen gegen die Realität und nach innen gegen das Es. Nur so kann eine konfliktlose, eindeutige Triebbewältigung stattfinden.« (Ebd., S. 170)

Alexander weist darauf hin, daß der Analytiker von der Übertragung Gebrauch macht, indem er die Rolle des Über-Ichs übernimmt, nur um sie wieder auf den Patienten abzuwälzen, wenn der Prozeß der Deutung und des Durcharbeitens erledigt ist. Das Über-Ich ist in erster Linie durch die Introjektion der Beziehung zu den Personen entstanden, die die Anpassung erzwangen. Es wird demnach im hohen Maße aus elterlichen Geboten und Verboten gebildet. Die Beziehungen zwischen Es und Über-Ich stellen somit einen fortwährenden Niederschlag der ehemaligen Beziehungen zwischen dem Kind und seinen Eltern dar. Interessanterweise bezieht Alexander sich auf das »Es-Kind«, dessen Methoden immer dieselben bleiben: »die Eltern, das Über-Ich, zu ungerechten und überstrengen Strafen zu provozieren, um so ohne Schuldgefühl das Verbotene begehen zu können« (ebd., S. 171). Der Analytiker ist bestrebt, die Rolle des Aufsehers über das Triebleben des Patienten zu übernehmen, um allmählich die Kontrolle dem bewußten Ich des Patienten zurückzugeben. Das Wesen der Übertragung besteht darin, die intrapsychischen Beziehungen zwischen dem Es und dem Über-Ich zu Beziehungen zwischen dem Es und dem Analytiker werden zu lassen. Dies ist ein neuer Erziehungsprozeß in der Analyse.

> »Die Anforderungen der Realität werden aber nicht durch Gebote und Verbote vermittelt, wie in der Vergangenheit, und unter der Herrschaft des Über-Ichs, sondern durch etwas Überpersönliches, durch die logische Einsicht, durch die unverfälschte Realitätsprüfung. Dadurch wird das Wiedererleben der Vergangenheit vom Patienten selbst aufgegeben, und der ursprüngliche Triebanspruch, der in dem Übertragungserlebnis wegen der eigenen Verurteilung nicht mehr abgeleitet werden kann, erscheint in der Seele als Erinnerung.« (Ebd., S. 172)

Die ganze Abfolge von Übertragungssituationen wird als eine gesehen, in welcher der Analytiker immer neue Rollen spielt, die er vom Über-Ich übernommen hat. Bei der Beendigung der Behandlung muß das Bewußtsein des Patienten, das bisher nur für die Realitätsprüfung geeignet war, neuen Aufgaben gegenübertreten.

> »Nachdem er in der Kur die Sprache der Triebwelt gelernt hat, muß er die verantwortliche Leitung der Triebe übernehmen, was bis jetzt sein automatisch arbeitendes Über-Ich besorgt hat. In der Kur hat der Analytiker anstatt seiner gedacht, gedeutet, ja sogar indem er seine Vergangenheit rekonstruiert hat, oft sogar anstatt seiner sich erinnert. Das alles muß jetzt seine eigene Leistung werden. Indem er von seinem Über-Ich Abschied nimmt, muß er nun endgültig auf seine Eltern verzichten, die er durch Introjektion gerettet und in seinem Über-Ich aufbewahrt hat.« (Ebd., S. 175)

Der dritte Referent beim Salzburger Symposium, Radó, betont in seinem Aufsatz »Das ökonomische Prinzip der Technik« (1926) die Wichtigkeit der Auflösung der Übertragungsneurose. Er ist ziemlich deutlich, wenn er davon spricht, daß »sich unsere Therapie« um »die Herstellung [des Neurotikers] ... bemüht« (Radó, 1925, dt. 1926, S. 21).

Interessant ist, daß Radó sich in seinem Aufsatz mit einer Theorie der Hypnose beschäftigt und der Frage nachgeht, wie sie eine Heilung im Patienten bewirken kann. Eine solche Heilung durch Hypnose kann zustande kommen, weil der Hypnotiseur als »parasitisches Über-Ich« introjiziert wird und dadurch den Funktionsbereich des Über-Ichs beeinflußt. Laut Fenichel (1941) meinte Radó, daß der Patient zu Beginn der Analyse einen der hypnotischen Beziehung ähnlichen Zustand erlebt, in der der Analytiker ein temporärer »Parasit« am Über-Ich des Patienten ist (d.h. die Rolle des Über-Ichs im Verhältnis zum Ich übernimmt), bis die Übertragung schließlich aufgelöst wird.

Die starke Betonung der Bedeutung der Transformationen des Über-Ichs als ein Ziel der psychoanalytischen Therapie bei Radó, Sachs und noch mehr bei Alexander war eine bedeutende

Gewichtsverlagerung im psychoanalytischen Denken in den späten 20er und frühen 30er Jahren. Ihre Beiträge in diesem Zusammenhang sind nicht in dem Maße anerkannt worden wie die von James Strachey, der in seiner Arbeit »Die Grundlagen der therapeutischen Wirkung der Psychoanalyse« (1934, dt. 1935) – die im wesentlichen auf jenen Beiträgen gründete – den Begriff der »mutativen Deutung« einführte, das ist die Deutung der Übertragung, die eine Über-Ich-Veränderung bewirkt (siehe Kapitel 3). Abgesehen von dem Begriff, der breite Beliebtheit erlangt hat, spiegelt Stracheys Konzept die ein Jahrzehnt zuvor in Salzburg vorgetragenen Ideen wider.

Nicht alle Symposiumsbeiträge haben die Bedeutung der Veränderung des Über-Ichs als Ziel der Analyse hervorgehoben. So wiederholte Wilhelm Reich (1924a) – zu dieser Zeit eine führende Figur in der psychoanalytischen Bewegung – die Ansicht, die er kurz zuvor in einem Aufsatz »Über Genitalität« (1924b) zum Ausdruck gebrachte hatte: Das Ziel der Analyse solle die Befreiung der Libido von Fixierungspunkten und Verdrängungen sein, was zum Primat der Genitalzone führe. Etwas später (1933), als er sich mit der Frage auseinandersetzte, inwieweit Änderungen im Charakter des Patienten als eine Folge der Analyse auftreten können, sagte er:

> »Es hängt in jedem Falle von einer Fülle von Faktoren ab, wie sehr sich der reale Erfolg dem erwünschten nähert. Mit den heutigen Mitteln der Psychoanalyse sind qualitative Änderungen des Charakters direkt nicht zu erzielen ... Wohl aber lassen sich quantitative Änderungen erzielen, die qualitativen gleichkommen, wenn sie ein gewisses Maß erreichen. ... Dadurch wird der ganze Mensch in seinem Wesen ›anders‹, was oft von Außenstehenden, die den Patienten selten sehen, eher bemerkt wird als vom Analytiker. Der Befangene wurde freier, der Ängstliche mutiger, der allzu Gewissenhafte wurde relativ skrupelloser, der Skrupellose gewissenhafter; aber die gewisse undefinier-

bare ›persönliche Note‹ geht nie verloren, sie schimmert durch alle Veränderungen hindurch.« (1970, S. 137f.)

Das Salzburger Symposium wirft dadurch, daß es einen starken Akzent auf die Änderungen im Über-Ich und seiner Funktion setzte, Fragen über die Rolle des Wertsystems des Analytikers für den analytischen Prozeß auf. Zum Beispiel weist Sachs darauf hin, daß sich der Patient in einer erfolgreichen Analyse »das Ideal des Analytikers von Analyse zu eigen machen« sollte,[2] d.h. das Ideal des Analytikers von einem »normalen«, »psychisch gesunden« Patienten. Man kann wohl fragen, inwiefern dieses Ideal eine Spiegelung der eigenen Werte des Analytikers ist, der Werte, die in seinen eigenen sozialen, kulturellen und ethischen Hintergrund eingebettet sind. In welchem Ausmaß wirken sich die vom Analytiker introjizierten elterlichen Standards, die die Kultur der Zeit und die elterlichen Ansichten vom »Richtigen« und »Falschen«, »Guten« und »Schlechten« doch auf vielfältige Weise widerspiegeln, auf die »analytischen« Werte aus, die der Analytiker im Kopf hat? Wir können noch hinzufügen, daß solche Werte, sofern sie nicht konflikthaft und in die Persönlichkeit des Analytikers integriert sind, normalerweise nicht in Frage gestellt werden, jedoch die Ziele der Analyse beeinflussen müssen.

Auch nach dem Salzburger Kongreß wurde die Strukturveränderung von Sándor Ferenczi, einer sehr wichtigen Persönlichkeit in den frühen Tagen der Psychoanalyse, hervorgehoben. Er weist in »Das Problem der Beendigung der Analysen« (1928a) darauf hin, daß ihn seine analytische Erfahrung zur Aufgabe der Ansicht bewogen habe, dieses Aufdecken der hinter einem Symptom liegenden Phantasie reiche aus, um eine analytische Heilung zu erreichen. Notwendig sei eine Rekonstruktion im Sinne einer strengen Sonderung von Realität und Phantasie. Der Patient gebe die phantasierte Befriedigungsquelle in der

[2] Siehe Fn. 1. (A. d. Ü.)

Analyse auf und sehe sich nach anderen, realeren Quellen der Befriedigung um. Ferenczi spricht von der Analyse als einer »wirklichen Reedukation«, in der die ganze Charakterbildung des Patienten bis zu ihren Triebgrundlagen zurückverfolgt werden müsse. Er sagt, etwas lyrisch:

> »Kann es uns nicht passieren, daß der Patient, seines alten Charakters bereits entkleidet, ausreißt und in charakterloser Nacktheit von uns zieht, bevor die neue Hülle fertig ist? Freud hat uns schon gezeigt, wie unberechtigt diese Bedenken sind, wie der Psychoanalyse automatisch die Synthese folgt. In der Tat ist die Auflösung der kristallinischen Struktur eines Charakters eigentlich nur die Überleitung zu einer allerdings zweckmäßigeren neuen Struktur, mit anderen Worten, eine Umkristallisierung. Im einzelnen vorhersagen läßt sich das Aussehen des neuen Kleides allerdings nicht, mit der einzigen Ausnahme vielleicht, daß es gewiß passender, d. h. zweckmäßiger sein wird ... Die um so viel schärfere Sonderung der Phantasiewelt von der Realität, wie sie die Analyse bewerkstelligt, verhilft den Menschen zu einer fast grenzenlosen inneren Freiheit, doch gleichzeitig zu einer viel sichereren Beherrschung der Handlungen und Entscheidungen; mit anderen Worten, zu einer ökonomischeren und wirkungsvolleren Kontrolle.« (1928a, S. 230f.)

Darauf folgt die wohlbekannte Aussage: »Die richtige Beendigung einer Analyse ist wohl die, bei der weder der Arzt noch der Patient kündigt; die Analyse soll sozusagen an Erschöpfung sterben.« (Ebd., S. 234f.)

Ferenczi macht eine interessante Unterscheidung von Zielen in bezug auf männliche und weibliche Analysanden, die heute als ein Musterbeispiel kulturell determinierter männlich-chauvinistischer Werte angesehen werden kann.

> »Jeder männliche Patient muß dem Arzt gegenüber als Zeichen der Überwindung der Kastrationsangst ein Gefühl

> der Gleichberechtigung erlangen; alle weiblichen Kranken müssen, soll ihre Neurose als eine vollständig erledigte gelten, mit ihrem Männlichkeitskomplex fertig werden und sich ohne Rankūne den Denkmöglichkeiten der weiblichen Rolle hingeben.« (Ebd., S. 234)

In einem weiteren Aufsatz über »Die Elastizität der psychoanalytischen Technik« (1928b) schlägt Ferenczi vor, daß der Analytiker einem zukünftigen Patienten versprechen kann, daß er, »wenn er sich dem analytischen Prozeß unterwirft, schließlich viel mehr von sich wissen, und wenn er bis zum Schluß ausharrt, sich in erhöhtem Maße und mit richtigerer Energieverteilung den unvermeidlichen Schwierigkeiten des Lebens anpassen können wird« (1928b, S. 240). Im Gegensatz zu der Betonung der Über-Ich-Veränderung hält Ferenczi die Vorstellung für ungenügend, »daß der Heilungsvorgang zu einem großen Teil darin besteht, daß der Patient den Analytiker (den neuen Vater) an die Stelle des in seinem Über-Ich so breiten Raum einnehmenden wirklichen Vaters setzt und nunmehr mit diesem analytischen Über-Ich weiterlebt« (ebd., S. 247). Er stellt dann die bemerkenswerte Behauptung auf:

> »Ich ... möchte aber hinzufügen, daß eine wirkliche Charakteranalyse, wenigstens vorübergehend, mit jeder Art von Über-Ich, also auch mit dem des Analytikers, aufzuräumen hat. Schließlich muß ja der Patient von aller gefühlsmäßigen Bindung, soweit sie über die Vernunft und die eigenen libidinösen Tendenzen hinausgeht, frei werden. Nur diese Art Abbau des Über-Ichs überhaupt kann eine radikale Heilung herbeiführen; Erfolge, die nur in der Substitution des einen Über-Ichs durch ein anderes bestehen, müssen noch als Übertragungserfolge bezeichnet werden; dem Endzweck der Therapie, auch die Übertragung loszuwerden, werden sie gewiß nicht gerecht.« (Ebd., S. 247f.)

Allerdings überdenkt Ferenczi dies noch einmal. Er weist am Ende seines Aufsatzes darauf hin, daß seine Technik nicht darauf zielt, den Patienten ganz von jeglicher Art von Über-Ich zu befreien: »In Wirklichkeit richtet sich mein Kampf nur gegen den unbewußt gewordenen und daher unbeeinflußbaren Teil des Über-Ichs.« Er habe nichts dagegen einzuwenden, »daß der normale Mensch in seinem Vorbewußten auch weiterhin eine Summe von positiven und negativen Vorbildern beibehält. Allerdings wird er diesem vorbewußten Über-Ich nicht so sklavisch gehorchen müssen wie vorher der unbewußten Elternimago« (ebd., S. 250).

Zum Schluß ...

Der Hauptakzent lag in den 20er Jahren zwar darauf, daß die Analyse eine Änderung im Über-Ich des Patienten veranlassen müsse. Hermann Nunberg hat jedoch in seiner Schrift über »Probleme der Therapie« (1928) verschiedene Aussagen zusammengetragen, die seit Freuds Ausarbeitung der Strukturtheorie aufgestellt worden sind, und er faßte die Situation am Ende der 20er Jahre in bezug auf das Ziel der Analyse folgendermaßen zusammen: »Die Veränderungen, die durch diese Heilkräfte im idealen Falle erzielt werden, beziehen sich auf die gesamte Persönlichkeit und sind daher folgende: *Die Energien des Es werden mobiler, das Über-Ich toleranter, das Ich angstfreier, und seine synthetische Funktion wird wiederhergestellt.*« (1928, S. 456) Mit *synthetischer Funktion* meint Nunberg die Fähigkeit des Ichs zur Konstruktion und Synthese, die »den Menschen zur harmonischen Vereinheitlichung aller seiner Strebungen, zur Vereinfachung und zur Produktivität im weitesten Sinne des Worts antreiben« (1930, S. 318). Diese Aussage spiegelt auch einen in den 20er Jahren herrschenden Trend wider, der in der Art und Weise, wie die Ziele der Analyse durch die Freudianischen Analytiker formuliert wurden, wahrgenommen werden kann. Diese Analytiker besaßen größtenteils ein hohes Maß an sozialem Bewußtsein und wurden von sozialen Bewegungen beeinflußt, die ein ideales Individuum in einer idealen Gesellschaft erstrebten. Analytiker wie Reich, Bernfeld, Aichhorn (und später Fenichel) waren von marxistischen Idealen beeinflußt und neigten in ihren späteren Schriften dazu, das, was Psychoanalyse und Marxismus vollbringen könnten, zu idealisieren.

Die zweite Hälfte des Jahrzehnts brachte eine Konsolidierung der Freudschen Strukturtheorie, in der begonnen wurde, die Rolle des Ichs als einer Struktur, die zwischen Triebanforderungen, Über-Ich und äußerer Welt vermittelt, darzulegen. Diese Entwicklung führte zum Beispiel zu den Formulierungen in Anna Freuds *Das Ich und die Abwehrmechanismen* (1936) und in Heinz Hartmanns *Ich-Psychologie und Anpassungsproblem* (1939b): zwei Werke, die (wie im nächsten Kapitel nachzulesen) den Boden bereiteten für das Aufblühen der Ich-Psychologie, vor allem in den Vereinigten Staaten in der Zeit nach dem Zweiten Weltkrieg.

3.
Konsolidierung im Vorkriegsjahrzehnt

In den 20er und frühen 30er Jahren war das Interesse an der Psychoanalyse außerhalb der wichtigsten analytischen Gruppen, die sich auf Wien, Berlin und Budapest konzentrierten, gewachsen, und es zog eine Reihe von Leuten mit der Absicht in diese Städte, sich dort für eine gewisse Zeit einer Analyse zu unterziehen. Dies führte zu einer Verbreitung der Ideen und der Praxis der Psychoanalyse auch in anderen Ländern Europas sowie Nord- und Südamerikas, wenngleich Europa bis 1939 das Zentrum der Entwicklung der Psychoanalyse blieb.

Freud hatte, wie wir gesehen haben, seine radikale Revision der psychoanalytischen Theorie 1923 mit der Strukturtheorie vorgelegt, der er 1926 bedeutsame Modifikationen hinzufügte. Viele Analytiker, die daran gewöhnt waren, mit dem topischen Modell zu arbeiten, brauchten einige Jahre, bis sie die volle Tragweite und all die damit verbundenen Fragen und Probleme der Strukturtheorie realisierten. Eine Ausnahme davon bildete die rasche Annahme des Konzepts des Über-Ichs (obwohl es noch einige Zeit als *Ichideal* bezeichnet wurde) – ein Konzept, das unmittelbar Wirkungen zeitigte. Die theoretische Bedeutung des Über-Ichs zeigte sich schon 1924 auf dem Symposium in Salzburg. Zugleich machten viele Analytiker jedoch – auch nach der Einführung der Strukturtheorie – weiterhin Gebrauch von vorstrukturellen Konzepten; sie fanden es schwierig, ihr topisches Bezugssystem aufzugeben. Dies hatte eine gewisse theoretische Konfusion zur Folge. So überlebte die Vorstellung eines Ichideals, als vom Über-Ich unterschieden, obwohl Freud 1923 beide Begriffe in *Das Ich und das Es* definitiv gleichgesetzt hatte. *Ichideal* wurde nun tendenziell dann verwendet, wenn man sich auf das vom Individuum angestrebte Ideal von sich beziehen wollte (siehe Sandler, Holder und Meers, 1963). Darüber hinaus war das *System Vorbewußt* (Vbw) des topischen Modells (das, deskriptiv gesprochen, unbewußt ist) zuvor vom *System Unbewußt* (Ubw) genau unterschieden worden, aber diese Unterscheidung verlor nach der Einführung der Strukturtheorie etwas von ihrer Kraft: Es bestand die Tendenz, den Begriff *das Unbewußte* für alles zu verwenden, was, deskriptiv gesprochen, unbewußt ist, und dies führte viele Analytiker wiederum dazu, alles, was unbewußt ist, mit dem *System Unbewußt* gleichzusetzen. Daneben blieb man weiterhin bei dem Begriff *vorbewußt* (bis heute), um jenen seelischen Inhalt zu bezeichnen, der mühelos ins Bewußtsein gerufen werden kann. Weitere Verwirrung stiftete auch der Begriff *Ich*, nach der neuen Theorie eine Struktur oder Instanz mit bestimmten Funktionen, die auf das bezogen sind, was nun das *Selbst* heißen würde, also auf die eigene Person als ein Objekt,[1] in dem von Freud in seinem Aufsatz »Zur Einführung des Narzißmus« (1914) verwendeten Sinne.[2] Trotz all dieser theoretischen Probleme zeigte die

---

[1] Elisabeth Spillius merkt an, daß es, obwohl Melanie Klein *Ich* (*ego*) und *Selbst (self)* austauschbar gebraucht, so scheint, als tendiere sie dazu, *Ich* zu gebrauchen, wenn sie das *Selbst-das-handelt (self-who-acts)* meint, das *I* von George Herbert Mead, im Gegensatz zum *me* (Spillius, persönliche Mitteilung).

[2] Freud unterschied tatsächlich nie zwischen diesen zwei Bedeutungen von *Ich*, und eine systematische Unterscheidung wurde erst später durch die Ich-Psychologen in den Vereinigten Staaten eingeführt. Trotz dieser wie auch anderer bedeutender Beiträge hielten die Ich-Psychologen an der Strukturtheorie Freuds (Arlow und Brenner, 1964) ganz strikt fest, aber in neuerer Zeit werden auch wichtige Grenzen dieses Modells des Seelischen gesehen (Sandler, 1974; Brenner, 1994).

Es war Anna Freud wohl bewußt, daß sie, anders als die amerikanischen Ich-Psychologen, die topische Theorie noch nützlich fand. Sie stellte einmal fest: »Ich muß gestehen, daß ich in meinen Schriften nie die scharfe Unterscheidung zwischen den beiden Modellen gemacht habe, die spätere Autoren trafen, sondern meinen Bedürfnissen entsprechend den einen oder den anderen Bezugsrahmen benützte. Ich rechne mich entschieden zu denjenigen, die sich dafür offenhalten, je nach Bedarf auf die topischen Aspekte zurückzugreifen, oder aber sie beiseite lassen und rein strukturell sprechen.« (Sandler und A. Freud, 1985, dt. 1989, S. 32)

Psychoanalyse in den 30er Jahren eine größere Präzision und Differenzierung in bezug auf die Theorie der Funktionsweise des Seelischen und ihre Anwendung bei der Behandlung.

Wir haben gesehen, daß Radó, Sachs und insbesondere Alexander (Kapitel 2) in den 20er Jahren die Ansicht vertreten hatten, die Umwandlung des Über-Ichs des Patienten könne als Hauptziel einer analytischen Behandlung angesehen werden. Wie bereits erwähnt, führt Stracheys Aufsatz »The nature of the therapeutic action of psycho-analysis« (»Die Grundlagen der therapeutischen Wirkung der Psychoanalyse«, 1934, dt. 1935) – der dasselbe Thema aufgreift – den Begriff der »mutativen Deutungen« ein. Diese waren auf das »Hier und Jetzt« der Analyse bezogene Übertragungsdeutungen und sollten eine Modifikation des Über-Ichs des Patienten veranlassen. Und Strachey sah, wie andere vor ihm, das zentrale Ziel der Psychoanalyse in der Hervorbringung einer solchen inneren Änderung des Über-Ichs. Strachey entwickelte diese Ideen in einem Referat für das inzwischen berühmte Symposium über »Die Theorie der therapeutischen Resultate der Psychoanalyse« allerdings weiter. Gehalten wurde dieses Referat auf dem Marienbader Kongreß im Jahre 1936.

Strachey eröffnet seinen Beitrag zum Symposium mit den Fragen: »Welchen Charakter haben die therapeutischen Ergebnisse der Psychoanalyse? Und wie werden solche Resultate zustande gebracht?« Seine Antwort ist, das charakteristische Merkmal der Psychoanalyse im Vergleich zu anderen Methoden liege darin, daß die Ergebnisse der Analyse *Tiefe* und *Dauerhaftigkeit* besäßen. Die Psychoanalyse führt zu *wirklichen* Veränderungen in der seelischen Funktionsweise des Patienten, und diese Änderungen rufen, wenn die Analyse erfolgreich ist, einen Fortschritt, hin zu der von Freud so genannten *genitalen Stufe*, der Endstufe der Libidoentwicklung, hervor. (Das Erlangen des sogenannten »Genitalprimats« ist über die Jahre von vielen Analytikern als ein Hauptziel der psychoanalytischen Behandlung betrachtet worden und wurde nicht nur mit Reife im Bereich des Sexuellen, sondern auch mit Reife in *allen* zentralen Bereichen des psychischen Lebens gleichgesetzt.) Zweifellos sind deutliche Werturteile beteiligt.

> »Eine neurotische Erkrankung kann als das Produkt einer Störung des normalen individuellen Entwicklungsprozesses aufgefaßt werden. Demnach wird der normale Entwicklungsprozeß nachgeholt werden, sobald der störende Einfluß beseitigt ist. Mit anderen Worten: die Analyse befähigt die halb infantile, halb verkümmerte Psyche des Neurotikers, sich zur Struktur des Erwachsenen hinzuentwickeln. Diese Behauptung läßt sich noch detaillierter ausführen. Es scheint, als würde, sobald das normale Individuum die volle genitale Stufe der Libidoentwicklung erreicht, der destruktive Charakter seiner Es-Impulse schwächer, sein Über-Ich entsprechend milder werden und die Beziehungen zwischen seinem Über-Ich und seinem Ich in ein erträgliches Gleichgewicht kommen. Die libidinöse Entwicklung des Neurotikers ist auf einer früheren Stufe aufgehalten worden, und daher besteht eine ständige Disharmonie unter den drei Anteilen seiner Psyche. Es mag möglich sein, eine solche Situation in verschiedener Weise zu *mildern*, aber eine *wirkliche* Besserung wird nur dann eintreten, wenn die Stockung in der Triebentwicklung des Patienten aufgehoben werden kann. Geschieht dies, so wird er die Entwicklung zur genitalen Stufe nachholen, und auf dieser wird sich automatisch seine gesamte Neigung zu inneren Konflikten vermindern.« (Strachey, 1937, dt. 1937, S. 68f.)

Die Änderungen, auf die Strachey verweist, implizieren im wesentlichen die ständige Modifikation des Über-Ichs. Im weiteren Verlauf seines Referats diskutiert er die »entscheidende Bedeutung« der Übertragungsdeutungen, die – durch die Wirkung der Introjektions- und Projektionsprozesse, so wie sie in der Übertragung vorkommen – eine solche Modifikation bewirken. Strachey behält den von den frühen Freudianern im vorausgegangenen Jahrzehnt eingenommenen Standpunkt explizit bei und macht deutlich, daß für ihn die Introjektion des Analytikers als ein »neues« Über-Ich zentral ist.

> »Es ist richtig, daß der Analytiker sich gleichfalls seinem Patienten als Objekt anbietet und hofft, von ihm als Über-Ich introjiziert zu werden. Aber es ist von Anfang an sein einziges Bestreben, sich von den archaischen Objekten des Patienten zu differenzieren und, soweit er irgend kann, dahin zu wirken, daß der Patient ihn nicht als eine archaische Imago mehr introjiziere, die dem übrigen primitiven Über-Ich angereiht wird, sondern als den Kern eines gesonderten und neuen Über-Ichs. Und er hofft, daß im Verlauf der Analyse dieses neue Über-Ich sich schrittweise ausbreiten, das ursprüngliche Über-Ich durchdringen und dessen anpassungsunfähige Starrheit durch eine Haltung ersetzen wird, die mit der Welt der Erwachsenen und mit der äußeren Realität in engerer Beziehung steht. Er hofft, kurz gesagt, daß er selbst von seinem Patienten als Über-Ich introjiziert wird – aber nicht auf einen Bissen und als ein archaisches Objekt, sei es nun gut oder böse, sondern nach und nach und als eine reale Person.« (Ebd., S. 73)

Das Marienbader Symposium war, über den Vortrag von Strachey hinaus, auch deswegen wichtig, weil dort einige der maßgeblichen Ansichten über die wesentlichen Elemente des analytischen Therapieprozesses dargestellt wurden. Wir können weitere Perspektiven in bezug auf die Behandlungsziele aus den Beiträgen der anderen Beteiligten gewinnen, besonders aus denen von Edward Glover, Hermann Nunberg, Otto Fenichel, Edmund Bergler und Edward Bibring. Ihre Aufsätze wurden 1937 im *International Journal of Psycho-Analysis* veröffentlicht.

Aus Glovers Beitrag zum Symposium können wir ein spezifisches analytisches Ziel erschließen, nämlich die Freisetzung von abgewehrten Triebabkömmlingen, die anschließend analysiert und modifiziert werden können. Die entscheidenden Faktoren im analytischen Prozeß sind nach Glover die folgenden: allmähliche psychische Beruhigung, schrittweise neue Introjektionen, allmähliche Erweiterung des Bereichs der Verschiebungen, welche langsam zu neuen Anpassungen und Teilprojektionen führen, die vom Ich Zustimmung erhalten.[3]

Nunbergs Marienbader Vortrag arbeitet sorgfältig seinen Begriff der *synthetischen Funktion* des Ichs (siehe Kapitel 2) heraus. Fenichel dagegen betont in seinem Beitrag das analytische Ziel, die schlecht angepaßte Abwehr des Ichs gegen Triebkräfte zu modifizieren und diese Abwehr durch eine besser angepaßte zu ersetzen. Er weist auch auf folgendes hin: »Die alte Formel: Wir heilen durch Bewußtmachung des Unbewußten, die sich *topisch* ausdrückt, enthält die Gefahr, daß der *dynamische* und *ökonomische* Gesichtspunkt in der Technik zu kurz kommen könnten« (1937, S. 42). Bergler schlägt vor, daß die Analyse darauf zielen sollte, das magische Denken des Patienten zu zerstören. Nach seiner Ansicht liegt das Agens der therapeutischen Änderung im analytischen Prozeß in der Modifikation des Schuldgefühls des Patienten durch die Reintrojektion eines modifizierten, wohlwollenderen Über-Ichs.[4] Abgesehen davon erschienen ihm auch andere Änderungen notwendig:

> »Man vergesse aber nicht, daß die durch die Analyse erzielte relative Toleranz und Milderung des Über-Ichs *cum*

---

[3] Die Einbeziehung von »Teilprojektionen« als ein impliziertes wünschenswertes Ergebnis der Analyse wird in einer Fußnote von Glover kommentiert: »Ich habe nie einsehen können, warum eine breitere Verteilung der projektiven Prozesse keine genauso nützliche Wirkung wie die Korrektur der archaischen Introjektionen haben sollte. Es gibt eine ungerechtfertigte Neigung, die Projektion zu mißbilligen, als ob sie ein Buhmann eher als ein seelischer Mechanismus wäre.« (1937, S. 131) Es ist sicherlich wahr, daß immer noch viele Leute introjektive Prozesse für »gut«, und Projektionen für »schlecht« halten. (A. d. Ü.: Die Fußnote fehlt in der deutschen Übersetzung des Aufsatzes.)

[4] Sogar nach 1923 benutzen viele Autoren den Terminus *Ichideal* im Sinne von *Über-Ich* weiter. Wo es angemessen schien, haben wir *Über-Ich* durch *Ichideal* in der Diskussion ihrer Arbeiten ersetzt, jedoch nicht in direkten Zitaten aus ihren Schriften.

grano salis aufzufassen ist, wie folgender Gedankengang beweist: *vor* der Analyse gestattete das strenge Über-Ich dem Neurotiker die Erfüllung der präödipalen und ödipalen Wünsche in *maskierter* Form in den Symptomen um den Preis des Leidens, *nach* der Analyse erlaubt das tolerantere Über-Ich dem Geheilten diesen Ausweg *nicht*. Das Über-Ich wird also milder, aber bloß um den Preis des Verzichtes auf die alten Wünsche und des Einlenkens in die Normalität.« (Bergler, 1937, S. 15)

Von besonderem Interesse ist Bibrings Darstellung. Er weist darauf hin, daß eine Theorie der therapeutischen Resultate einer zusätzlichen Theorie des therapeutischen *Verfahrens* bedarf. Auch wenn beide eng verbunden sind, ist es wichtig, zwischen ihnen zu unterscheiden.

»Dennoch möchte ich an dieser Trennung mit einer gewissen Absicht festhalten. Danach hätte die Theorie des therapeutischen Verfahrens die Fragen nach den wesentlichen Methoden und Grundlagen des Verfahrens zu behandeln; die Theorie der therapeutischen Resultate aber die Frage, wie die die Heilung ausmachenden Veränderungen zustande kommen und worauf sie sich aufbauen. Je nachdem, ob man die allgemeinen, bei allen Fällen prinzipiell vorauszusetzenden Bedingungen untersucht oder die speziellen, wie sie bei verschiedenen Krankheitstypen innerhalb der allgemeinen variieren, ergibt sich eine allgemeine oder spezielle Theorie der Heilung.« (Bibring, 1937, S. 19)

Bibrings Unterscheidung zwischen allgemeinen und speziellen Theorien der Heilung impliziert, daß eine weitere Unterscheidung zwischen allgemeinen und speziellen Zielen vorgenommen werden kann. Die letztgenannten Ziele beziehen sich auf die spezielle diagnostische Kategorie, unter die der Patient fällt. In bezug auf die *allgemeinen* Ziele der Therapie merkt Bibring an, daß er sie »vorläufig umschreiben [will] als eine Veränderung in den wechselseitigen Beziehungen zwischen Instanzen, was eine Veränderung innerhalb der einzelnen Instanzen selbst, also des Es, des Über-Ichs, und vor allem eine entscheidende Veränderung des Ichs voraussetzt« (S. 19). Er erörtert dann mit bemerkenswerter Ausführlichkeit die Veränderungen, die im Patienten hervorgerufen werden müssen, damit eine analytische Heilung eintritt. In seiner Darstellung betont er die Notwendigkeit, das schwache Ich zu stärken:

> »Das Ich des Kranken, das hauptsächlich Gegenstand des therapeutischen Einflusses der Analyse ist, ist nun das schwache Ich, das in der Kindheit den drohenden Gefahren erlegen ist, während die Stärke des von der Krankheit verschont gebliebenen Ichs als unterstützender Heilfaktor in Betracht kommen mag. Dieser Teil erfährt durch die Wirkungen der Analyse eine fortlaufende Verstärkung. Das Ich ist offenbar besser imstande, den Gefahrensituationen zu begegnen, wenn es in sich einheitlich, also unwidersprochen ist. Indem wir schrittweise dem Ich seine Einheitlichkeit wiedergeben, steigern wir seine Fähigkeiten, sich der von seinen drei Abhängigkeits-Bereichen drohenden Gefahren in adäquater Weise zu erwehren.« (Ebd., S. 36)

Es ist interessant, daß Bibring es sich nicht gestatten konnte, den Gedanken einer Modifikation der Heilungstheorie in dem Sinne auszuweiten, daß er den Unterschieden zwischen den Patienten innerhalb einer einzelnen spezifischen diagnostischen Kategorie Rechnung getragen hätte.

Das Symposium von Marienbad demonstrierte deutlich die Umorientierung hin auf eine psychoanalytische Technik, wie sie Freuds Strukturtheorie mit sich gebracht hatte, und zeigte die daraus resultierende Reformulierung der Ziele der Psychoanalyse eher in Begriffen einer inneren Strukturveränderung als in einer bloßen »Bewußtmachung des Unbewußten«. Während Strachey die Modifikation des Über-Ichs betonte, hoben andere Referenten das Ziel hervor, Veränderungen ebenso *innerhalb* der anderen psychischen Instanzen und in den Beziehungen des Ichs zum Es, zum Über-Ich und zur äußeren Welt zu erreichen.

Die Bedeutung der Beziehung zwischen Individuum und äußerer Welt war bereits einige Jahre zuvor in der Arbeit von Michael Balint deutlich geworden. In einem auf dem XII. Internationalen Kongreß in Wiesbaden 1932 vorgetragenen Referat über »Charakteranalyse und Neubeginn« hatte Balint den Standpunkt vertreten, daß eine Charaktereigenschaft als »eine geregelte, erstarrte Reaktionsform« angesehen werden kann, die die Beziehungen des Patienten zu anderen in Mitleidenschaft zieht. Er sagte:

> »In der psychoanalytischen Kur wird er nicht nur mit der Genese dieser Eigenschaften bekannt, sondern er lernt sie auch als Schutzmaßnahmen betrachten. So wird er fähig, einige dieser Maßnahmen, welche nunmehr unnütz geworden sind und nur ein historisch berechtigtes Hindernis für die arglose Freude bedeuten, abzubauen. Dies ist die Antwort auf die Fragen, ob und inwieweit die analytische Kur den Charakter zu ändern vermag ... Es ist ihre Aufgabe, den Menschen von den vielen, ihm aufgezwungenen, starren Liebes- und Haßbedingungen zu befreien ... Unser Ziel ist also eine elastische, praktische Anpassung an die äußere Realität, bei möglichst vollständiger Wahrung der inneren Freiheit.« (Balint, 1932, dt. 1939, S. 199f.)

Balint führt dann das Konzept des »Neubeginns« ein, den er als eine Änderung im Verhalten des Patienten (d. h. in seinem Charakter) sieht. Das Ziel der Analyse besteht dann nicht einfach darin, den Patienten dahin zu bringen, das Verdrängte zu erinnern, weil er sich, auch wenn die Symptome verschwinden, möglicherweise nicht geheilt fühlen wird:

> »Was hier noch fehlt, ist, daß er die vielen Bedingungen, die er noch immer stellen muß, um angstfrei lieben zu können, endlich fallen lasse. Es ist also nicht genug, wenn der Patient weiß, daß diese Bedingungen eigentlich nur den Zweck

> hatten, ihn vor der Hingabe, vor dieser für ihn zu großen Erregung zu schützen – wenn er auch das Trauma kennt, von welchem diese Bedingungen herstammen –, er muß noch lernen, wiederum *arglos, bedingungslos* lieben zu können, wie nur Kinder lieben können. Dieses Fallenlassen der Bedingungen nenne ich *Neubeginn.*« (Ebd., S. 193)

Das Konzept des *Neubeginns* wurde in einem Referat über »Das Endziel der psychoanalytischen Behandlung«, das Balint zwei Jahre später auf dem XIII. Kongreß im Jahre 1934 in Luzern vorgelegt hat, weiter ausgearbeitet. Dort werden insbesondere die Änderungen im Patienten diskutiert, die seine Objektbeziehungen betreffen. Der *Neubeginn* wird als eine Periode gesehen, die kurz vor Ende der Analyse anfängt; sein Auftreten bildet ein wichtiges Kriterium für die Beendigung der Behandlung.[5] Balint weist darauf hin, daß in dieser Periode lange unterdrückte infantile Wünsche allmählich zum Vorschein kommen und offen akzeptiert werden können, nachdem die Widerstände gegen sie und die Ängste, die die infantilen Wünsche hervorrufen, durchgearbeitet sind.

> »Erst nach Überwindung mancher Schwierigkeiten, sehr langsam, werden sie offen eingestanden, noch später ihre Befriedigung lustvoll erlebt. Ich nannte dieses Phänomen *Neubeginn* und glaube festgestellt zu haben, daß er in allen genügend tiefgehenden Analysen, und zwar gerade vor der Beendigung vorkommt und sogar einen wesentlichen Mechanismus der Heilung bildet.« (Ebd., S. 223)

> »Falls aber Patient und Analytiker durchhalten, so flaut dieses leidenschaftliche Stadium ab, und an seiner Stelle entwickelt sich vor unseren Augen eine wahre, der Realität angepaßte Objektbeziehung.« (Ebd., S. 225)

---

[5] Das Konzept des »Analytikers als eines neuen Objekts« ist eines von bleibender Bedeutung in der Psychoanalyse. Siehe, zum Beispiel, die Arbeiten von Baker (1993) und Pfeffer (1993).

> Auch später muß man diese neubegonnenen Beziehungen schonend behandeln, damit sie den Weg zur Realität, zur aktiven Liebe finden.« (Ebd., S. 230)

Es kann kaum ein Zweifel daran bestehen, daß Balint mit der besonderen Betonung, die er auf die Verbesserung der Beziehungen als einem zentralen Ziel der Analyse legte, ein Pionier war. Diese Betonung sollte ihren vollsten Ausdruck bei den Objektsbeziehungstheoretikern in Großbritannien und in anderen zeitgenössischen Objektbeziehungstheorien finden.

Auf eine ganz andere Weise spiegelt sich die Betonung der Interaktion des Individuums mit der äußeren Welt in zwei Werken wider, die einen großen Einfluß auf die Entwicklung der Psychoanalyse haben sollten – in Anna Freuds *Das Ich und die Abwehrmechanismen* (1936) und Heinz Hartmanns *Ich-Psychologie und Anpassungsproblem* (1939b). Anna Freuds Buch zog die Aufmerksamkeit auf ein ganzes Spektrum von Abwehrmaßnahmen, die das Ich bei seinen Versuchen anwendet, sich mit dem inneren Konflikt auseinanderzusetzen, der nicht nur von den inneren Instanzen des Es und Über-Ichs herrührt, sondern auch als Folge der Interaktion des Individuums mit der äußeren Welt entsteht. Das Ziel der Analyse wird als Aufbau harmonischer Beziehungen zwischen dem Es, Ich, Über-Ich und der äußeren Welt gesehen; für das Erlangen solcher Harmonie ist es nötig, daß das Ich und seine Abwehrmechanismen der Analyse unterzogen werden:

> »Der analytische Vorgang macht die Abwehr rückgängig, erzwingt den abgewehrten Triebregungen oder Affekten von neuem den Zutritt zum Bewußtsein und überläßt es dann Ich und Über-Ich, sich auf einer besseren Basis mit ihnen zu verständigen.« (A. Freud, 1936, S. 253)

Zweifellos unterscheidet sich Anna Freuds Einschätzung der Rolle der Veränderung des Über-Ichs, die durch die Analyse hervorgerufen wird, von der Einschätzung Stracheys. Für ihn lag der Akzent bei der zentralen analytischen Aufgabe auf der

Herbeiführung von Veränderungen *innerhalb* des Über-Ichs mittels »mutativer« Übertragungsdeutungen; für Anna Freud bestand die zentrale Aufgabe darin, die *Abwehrmechanismen* des Ichs gegen den Konflikt – einschließlich des Konflikts, der das Über-Ich miteinbezieht – zu analysieren, um harmonischere Beziehungen zwischen den psychischen Instanzen und zwischen ihnen und der äußeren Welt zu erreichen:

> »Seitdem wir also wissen, daß auch ganze Stücke der Ich-Instanzen unbewußt sind und auf ihre Bewußtmachung mit Hilfe der analytischen Technik warten, ist die analytische Arbeit am Ich sehr in unserer Achtung gestiegen. Alles, was sich von der Ich-Seite her in die Analyse einmischt, ist ebenso gutes Material wie irgendein Es-Abkömmling. Wir haben kein Recht, es nur als Störung der Es-Analyse aufzufassen. Nun ist natürlich alles, was von dieser Seite des Ichs kommt, auch Widerstand, in jeder Bedeutung des Wortes: eine Kraft, die gegen das Auftauchen aus dem Unbewußten und damit gegen die Arbeit des Analytikers gerichtet ist.« (Ebd., S. 217)

Auch Hartmanns Monographie hat einen starken Einfluß ausgeübt, besonders auf die Entwicklung der Schule der Ich-Psychologie in den Vereinigten Staaten. Die Arbeit wurde zuerst der Wiener Psychoanalytischen Gesellschaft im Jahre 1937 vorgelegt und 1939 in der *Internationalen Zeitschrift für Psychoanalyse und Imago* auf deutsch veröffentlicht. Erst nach dem Krieg wurde sie ins Englische übersetzt. Die erste Übersetzung war eine Kurzfassung von David Rapaport und wurde von ihm in seinem Buch *Organization and Pathology of Thought*, mit Kommentaren versehen, im Jahre 1951 veröffentlicht. Eine spätere vollständige und verbesserte Übersetzung, auch von Rapaport, erschien als eine eigenständige Monographie 1958. Obwohl eine ganze Reihe deutschsprachiger Psychoanalytiker, die vor dem Krieg aus den Staaten des europäischen Festlands emigrieren mußten, mit Hartmanns Werk vertraut war, war sein

Einfluß am stärksten in den Vereinigten Staaten nach dem Krieg. Dennoch wird es hier vorgestellt, weil sich darin eine wichtige Vorkriegsentwicklung im psychoanalytischen Denken zeigt, und sicherlich hatte das Werk, vermittelt durch die Arbeit von Theoretikern der Psychoanalyse wie Anna Freud, Rapaport, Fenichel, Kris und vielen anderen, einen Einfluß im Ausland, bevor es übersetzt wurde.

Hartmann wies darauf hin, daß das zunehmende Wissen über die Ich-Funktionen zu dem Schluß geführt hat, daß nicht alle als Abkömmlinge des unbewußten Konflikts gesehen werden können, d. h. daß einige von ihnen »Apparate« der primären Autonomie sind. Ferner sagt er, daß einige Ich-Funktionen, die aus dem Konflikt geboren sein können, einen unabhängigen Status übernehmen – diese haben dann eine sekundäre Autonomie. Die autonomen Ich-Funktionen stellen die konfliktfreie Ich-Sphäre dar. Von traditionellen psychoanalytischen Formulierungen stark abweichend, legt er großen Wert auf die Bedeutung der Ich-Funktionen im Hinblick auf die erfolgreiche bzw. erfolglose Anpassung, einschließlich der Anpassung an die äußere soziale Umgebung wie auch der an den inneren Konflikt. Hartmanns Ansichten sind in bezug auf die Ziele der psychoanalytischen Therapie von solcher Bedeutung, daß es sich lohnt, sie *in extenso* zu betrachten:

> »Der Vorgang der Anpassung kann durch Veränderung der Umgebung geschehen, in der das Individuum lebt …
> oder durch zweckmäßige Veränderungen im psychophysischen System. Hier bieten sich uns die Freudschen Begriffe Alloplastik und Autoplastik als geeignete Wegweiser an.[6] Wir finden aktive, zweckmäßige Veränderungen der Umwelt auch bei Tieren: nehmen Sie den Nest- oder den Höhlenbau als Beispiel. Dennoch bleibt die Anwendungsbreite der Alloplastik für den Menschen charakteri-

[6] Zu diesen Begriffen vgl. Kapitel 2, S. 60.

stisch. Wir haben es hier zumeist mit zwei Vorgängen zu tun: die Umgebung wird, durch menschliches Handeln, den menschlichen Funktionen angepaßt – und der Mensch paßt sich (sekundär) einer durch ihn selbst mitgeschaffenen Umgebung an. Das Erlernen des alloplastischen Handelns ist gewiß eine der wichtigsten Aufgaben menschlicher Entwicklung; aber natürlich ist damit nicht gesagt, daß alloplastisches Handeln nun auch tatsächlich immer im Sinne der Anpassung geschieht – auch muß die Autoplastik nicht immer zu ihr im Gegensatz stehen. Die Entscheidung darüber, wann alloplastisches (oder autoplastisches) Handeln und welche Umwelt- (oder Selbst-)Veränderung situationsgemäß ist, gehört oft einer höheren Ich-Funktion an. ... Ein dritter Weg (nicht ganz unabhängig von Allo- und Autoplastik, aber doch auch wieder nicht ganz mit ihnen zusammenfallend) ist die Wahl einer neuen Umwelt, die ein günstigeres Funktionieren ermöglicht.« (1939b, S. 102)

Die von Hartmann vorgebrachte Sicht der Anpassung ist insofern komplex, als sie sowohl intrapsychische Anpassung als auch Anpassung an die soziale und interpersonale Welt umfaßt; sie sollte nicht als eine bloße passive Akzeptanz der Forderungen der sozialen Welt angesehen werden. Die nützliche Anpassung an die soziale Gruppe mag zudem vielleicht nicht mit einer nützlichen individuellen Anpassung zusammenfallen, und umgekehrt.

»Vom Standpunkt der therapeutischen Zielsetzung wird zwar im allgemeinen der individuelle Nutzen dem sozialen übergeordnet – aber das stimmt sofort nicht mehr, wenn wir unseren Gesichtspunkt nach der Richtung der Bedürfnisse menschlicher Gesellschaft erweitern. Für die Gesellschaft können aber natürlich Wesensmerkmale eines Individuums bedeutsam sein, die nicht mit seinem individuellen Nutzen usw. zusammenfallen.« (Ebd., S. 103)

Das Thema der Anpassung verlangt eine Berücksichtigung möglicher Kriterien für das Konzept der seelischen Gesundheit:

> »Die Frage ist einfach zu beantworten überall dort, wo man Symptomfreiheit und Gesundheit zusammenfallen lassen darf. Man bleibt auch noch auf einem empirisch – freilich nicht prognostisch – leicht zugänglichen Gebiet, wenn man das Moment der Dauerhaftigkeit, der Symptomfreiheit und ihrer Resistenz gegen Erschütterungen hinzunimmt. Was man jenseits des Anwendungsbereichs dieser Kriterien als Grad der Gesundheit bezeichnet und wie jene Gesundheit zu definieren wäre, zu der wir unsere Kranken mit den Mitteln der Analyse hinführen wollen, ist wissenschaftlich sehr schwer zu umschreiben. All die Zusammenhänge, in welchen uns der Gesundheitsbegriff begegnet ist, geben uns Hinweise; keiner, und auch nicht alle zusammen, ergeben eine eindeutige Definition, die wir nicht als zu eng, als zu petrifiziert, sofort wieder verwerfen müßten. Wir werden auch daran denken, daß Gesundheit zum Teil sehr individuell gekennzeichnet ist. Schließlich ist es offensichtlich so, daß alle diese Gesundheitskriterien von Weltanschauungen, von ›Gesundheitsmoral‹, von sozialen und auch politischen Zielen gefärbt sind.« (S. 141 f.)

Die Frage von Gesundheit und Normalität wurde in der Tat schon einige Jahre zuvor von Ernest Jones in dem Aufsatz »The concept of a normal mind« (»Der Begriff der normalen Psyche«) aufgegriffen – zuerst 1931 in Schmalhausens *The Neurotic Age* veröffentlicht und 1942 im *International Journal of Psycho-Analysis* nachgedruckt. Jones' Aufsatz ist insofern bedeutsam, als er der erste psychoanalytische Aufsatz ist, der in erster Linie Überlegungen zur »*Normalität*« gewidmet ist, die unlösbar verbunden sind mit Überlegungen zu Zielen analytischer Arbeit. Einige der Ideen dieses Aufsatzes kündigten sich bereits Jahre zuvor in einer kurzen Darstellung von Jones mit dem Titel »The attitude of the psychoanalytic physician toward current conflicts« (»Die Stellungnahme des psychoanalytischen Arztes zu den aktuellen Konflikten«), vorgetragen 1913 auf dem IV. Internationalen Psychoanalytischen Kongreß in München und veröffentlicht in Jones' *Papers on Psychoanalysis*. Der Analytiker arbeitet mit

> »dem einzigen Ziele, daß der Patient eine vollständigere Selbsterkenntnis, welche eine bessere Anpassungsfähigkeit und Selbstbeherrschung mit sich bringt, und eine möglichst große Selbständigkeit erlangt. Geht der Arzt über dieses Ziel hinaus, indem er seine eigene, vom subjektiven Urteil abhängige Lösung eines Konfliktes vorschlägt und sich als Ethiker, Lehrer oder Führer ausgibt, so überschreitet er damit die Grenzen der Psychoanalyse, verkennt ihre Wirkungsart und macht ihre Absichten unmöglich.« (1913, dt. 1914, S. 9)

Obwohl Jones vor den subjektiven Faktoren warnte, war er sich ihres ständigen Einflusses auf den Analytiker sicherlich bewußt, was sich auf sein Konzept von seelischer Gesundheit und von »normaler« Psyche ausgewirkt hat. In seinem Aufsatz von 1931 zu diesem Thema wies Jones auch darauf hin, daß die verhältnismäßig ungenauen Definitionen, die die Analytiker von Normalität geben, in zwei Hauptgruppen fallen: da sind die, die vom Kriterium »Glück« abhängen, und die, die auf die Anpassung an die Realität bezogen sind. Er führt den Begriff der *Effizienz* ein, die auf halbem Wege zwischen den beiden stehe, und bemerkt, daß man im Gedächtnis behalten solle, »wie wichtig es ist, findet ein Begriff von Effizienz als Kriterium für Normalität Verwendung, zwischen bloß äußerem Erfolg im Leben, wo glückliche Umstände eine so große Rolle spielen, und innerem Erfolg – d. h. dem größtmöglichen Gebrauch der Kräfte und Talente, die einem Individuum verliehen sind, zu unterscheiden« (1931; dt. 1978, S. 248).

Jones stellt sich ein psychisches Gleichgewicht des Individuums vor, das anfällig für Brüche ist. Die innere Freiheit gegenüber Gefühlen kann inneres Vertrauen und Sicherheit schaffen und damit einen Zustand, der sehr verschieden ist von dem des Neurotikers. Das psychologische Problem der Normalität liegt letztlich in der Fähigkeit, einen Aufschub der Wunscherfüllung zu ertragen, ohne auf die Wünsche zu verzichten oder abwehrend auf sie zu reagieren. »Wir kommen zu dem Ergebnis, daß das am leichtesten greifbare Kriterium für Normalität Angstlosigkeit ist.« (S. 259) 1936 legte er in »The criteria of success in treatment« seine Sichtweise noch einmal dar, indem er (optimistisch) sagte, daß man »eine selbstsichere Gemütsruhe, Freiheit von Angst und die Herrschaft über alle Reichtümer der Persönlichkeit [erwarten könne], die auf keinem anderen Weg als durch die möglichst vollständige Analyse erreicht werden können« (1936 [1948], S. 382).

Am Ende des Jahrzehnts finden wir eine viel klarere und differenziertere Formulierung eines psychoanalytischen Konzepts von seelischer Gesundheit in einem Aufsatz von Hartmann über »Psychoanalysis and the concept of health« (»Psychoanalyse und Gesundheitsbegriff«) (1939a; dt. 1972). Aus seiner Sicht üben die Konzepte *Gesundheit* und *Krankheit* ständig einen latenten Einfluß auf unsere analytischen Denkgewohnheiten aus. Es sei ein Irrtum zu glauben, daß diese Begriffe keine praktische Bedeutung hätten, denn je nach unserem Konzept von Gesundheit empfehlen wir eine Analyse und treffen Entscheidungen über deren Beendigung. Da Unterschiede in der Einstellung in diesem Bereich zu Unterschieden in der Technik führen, ist es notwendig, die Konzepte *Gesundheit* und *Krankheit* zu klären. Früher schien es einfacher zu sein, seelische Gesundheit und Krankheit zu definieren; das Vorhandensein pathogener Konflikte, die zur Neurose führen, war eine Grundlage für die psychoanalytische Unterscheidung zwischen den beiden Zuständen. Später sah man, daß solche Konflikte sich auch bei gesunden Menschen nachweisen ließen und daß »die Wahl zwischen Gesundheit und Krankheit vielmehr durch zeitliche und quantitative Faktoren bestimmt war ... Aber je mehr wir das Ich und seine Taktiken und Leistungen im Umgang mit der Außenwelt zu verstehen beginnen, desto mehr neigen wir dazu, diese Funktionen der Anpassung, der Leistung, usw. zum Prüfstein des Gesundheitsbegriffs zu machen« (ebd., S. 19f.). Weder ist Gesundheit bloß ein statistischer Durchschnitt, noch sollte *abnorm*, im Sinne einer Abweichung vom Durchschnitt, als Synonym von *pathologisch* angesehen werden.

Hartmann fährt fort:

> »Solange wir zum Beispiel die Symptomfreiheit zum Kriterium der geistigen Gesundheit machen, ist es vergleichsweise einfach, in der Praxis zu einer Entscheidung zu kommen. Aber selbst nach diesem Maßstab gibt es keine absolut objektive Grundlage für unser Urteil; denn auf die Frage, ob eine gegebene seelische Manifestation dem Wesen nach als ein Symptom oder ob sie im Gegenteil als eine ›Leistung‹ anzusehen ist, ergibt sich nicht leicht eine einfache Antwort. Es ist oft schwierig zu entscheiden, ob die Pedanterie oder der Ehrgeiz eines Individuums oder die Art seiner Objektwahl Symptome im neurotischen Sinn sind oder Charakterzüge, die einen positiven Wert für die Gesundheit besitzen. Trotzdem bietet uns dieser Maßstab, wenn nicht eine Grundlage für ein objektives Urteil, so auf alle Fälle einen Consensus der Meinung, der gewöhnlich für alle praktischen Zwecke ausreicht. Aber Gesundheit, wie sie die Psychoanalyse versteht, ist etwas, das viel mehr bedeutet als nur dies. Unserer Ansicht nach genügt die Freiheit von Symptomen nicht, um Gesundheit zu bedeuten, und wir hegen höhere Erwartungen hinsichtlich der therapeutischen Auswirkungen der Psychoanalyse.« (Ebd., S. 21)

Hartmann stellt fest, daß »ein gesunder Mensch ... die Fähigkeit haben [müsse], zu leiden und deprimiert zu sein«, und fügt hinzu:

»Unsere klinische Erfahrung hat uns die Konsequenzen erkennen lassen, die sich ergeben, wenn man über Krankheit und Leiden hinwegsieht, wenn man unfähig ist, sich selbst die Möglichkeit der Krankheit und des Leidens einzugestehen. Es ist sogar zu vermuten, daß ein begrenzter Betrag an Leiden und Krankheit sozusagen einen integralen Teil des Gesundheitsschemas bildet, oder eigentlich, daß Gesundheit nur auf indirekten Wegen erreicht wird. Wir wissen, daß erfolgreiche Anpassung zu Fehlanpassung führen kann – die Entwicklung des Über-Ichs ist ein hierher gehörender Fall. ... Aber umgekehrt kann Fehlanpassung zu erfolgreicher Anpassung werden. Typische Konflikte sind ein wesentlicher Bestandteil der ›normalen‹ Entwicklung, und Anpassungsstörungen gehören in ihren Rahmen. In bezug auf den therapeutischen Prozeß der Analyse entdecken wir einen ähnlichen Sachverhalt. Hier schließt die Gesundheit deutlich pathologische Reaktionen als Mittel ihrer Verwirklichung mit ein.« (Ebd., S. 22)

Hartmanns Ansicht, daß das gut analysierte Individuum fähig ist, Leiden und Depression und andere Störungen des inneren Gleichgewichts zu tolerieren, taucht in der späteren Literatur über die Ziele der Behandlung häufig auf.

Hartmann ruft zur Vorsicht bei der Verwendung von allgemeinen theoretischen Formulierungen bezüglich seelischer Gesundheit auf, von Formulierungen wie etwa Freuds »Wo Es war, soll Ich werden«. Solche Formulierungen können nicht leicht in Übereinstimmung gebracht werden mit dem, was Analytiker »gesund« nennen, besonders da »theoretische Maßstäbe von Gesundheit gewöhnlich zu eng [sind], insofern sie die große Verschiedenartigkeit der Typen, die in der Praxis als gesund hingenommen werden, unterschätzen« (ebd., S. 23f.). In einer Weise, die an die Warnungen von Jones bezüglich des Einflusses subjektiver Faktoren im Analytiker (Jones, 1931) erinnert, bemerkt Hartmann:

> »Außerdem bekommt man den Eindruck, daß unter den Analytikern selber die individuellen Auffassungen von der Gesundheit sich weit unterscheiden, je nach den Zielen, die jeder sich auf der Grundlage seiner Ansichten über menschliche Entwicklung und natürlich auch seiner Weltanschauung, seiner politischen Sympathien usw. gesetzt hat. ... Diese Darstellungen eines gesunden oder ›biologisch angepaßten‹ Individuums zeigen, wenn wir uns ganz auf ihre deutlichsten allgemeinen Umrisse beschränken, eine ausgesprochene Entwicklung in zwei Richtungen. Es braucht kaum gesagt zu werden, daß es sich in keiner Richtung nur um die Frage irgendeines subjektiven Faktors, um irgendeine persönliche Vorliebe, die zum Ausdruck kommt, handelt; es sind die Ergebnisse einer reichen Ernte an klinischer Erfahrung und an vielen wertvollen Erkenntnissen über den analytischen Heilungsprozeß. Die beiden Richtungen heben als Ziel der Entwicklung und der Gesundheit auf der einen Seite das rationale Verhalten hervor, auf der anderen das Triebleben.« (Hartmann, 1939a, dt. 1972, S. 23 f.)

Hartmann kritisiert die Vorstellung der »Glorifizierung des Triebmenschen« und, am anderen Ende der Skala, das Ideal »des vollkommen rationalen Menschen« als psychoanalytisches Modell von Gesundheit. Auch wenn eine Beziehung zwischen Vernunft und erfolgreicher Anpassung besteht, sollten wir es nicht als gegeben nehmen, daß das Erkennen der Realität das Äquivalent zur Anpassung an die Realität ist: »Das Rationale muß das Irrationale als ein Element in seinen Plan mit aufnehmen.« (S. 25) Ferner ist die psychoanalytische Sicht von einer »Freiheit des Ichs«, d.h. einer »Freiheit von Angst und Affekten, oder Freiheit, eine Aufgabe zu erfüllen ... nicht mehr als mittels des bewußten und vorbewußten Ichs ausgeübte Kontrolle«:

»Die Erscheinung, an die ich denke, ist bei den Personen sogar noch deutlicher ausgeprägt, die aus Angst, ihr Ich zu verlieren, unfähig sind, den Orgasmus zu erreichen. Diese pathologischen Manifestationen lehren uns, daß ein gesundes Ich offenbar in der Lage sein muß zu gestatten, daß einige seiner wesentlichsten Funktionen, einschließlich seiner ›Freiheit‹, gelegentlich außer Aktion gesetzt werden, so daß es sich dem ›Zwang‹ (der zentralen Kontrolle) überlassen kann.« (Ebd., S. 26)

Auch die Gleichsetzung von Konflikt und seelischer Krankheit ist von Hartmann kritisiert worden. Er merkt an: »Konflikte sind wichtige Bestandteile der menschlichen Entwicklung, für die sie den nötigen Anreiz liefern«. Außerdem sei klar, daß

»eine Maßnahme, die in Beziehung auf defensive Erfordernungen erfolgreich ist, vom Standpunkt der positiven Leistung ein Versagen sein kann und umgekehrt. ... Die Theorie der Neurosen hat den Mechanismus der Abwendung von der Realität immer nur im Sinn pathologischer Prozesse dargestellt: aber ein Zugang vom Standpunkt der Anpassungsprobleme her lehrt uns, daß solche Mechanismen einen positiven Wert für die Gesundheit haben.« (Ebd., S. 27f.)

Hartmann kommt zu dem Schluß: Die üblichen psychoanalytischen Konzeptionen von seelischer Gesundheit »gehen das Problem ausschließlich vom Gesichtspunkt der Neurosen an, oder vielmehr, sie sind in Hinsicht auf den Gegensatz mit den Neurosen formuliert« (ebd., S. 28f.).

Weiter sagt er:

»Mechanismen, Entwicklungsstufen, Reaktionsweisen, mit denen wir wegen der Rolle, die sie bei der Entwicklung von Neurosen spielen, vertraut geworden sind, werden automatisch dem Bereich des Pathologischen zugewiesen – Gesundheit wird als ein Zustand charakterisiert, bei dem diese Elemente fehlen. Aber der festgelegte Kontrast mit

> den Neurosen kann keinen Sinn haben, solange wir versäumen, richtig abzuschätzen, wieviel von diesen Mechanismen, Entwicklungsstadien, Reaktionsweisen in gesunden Individuen oder in der Entwicklung derjenigen, die später gesund werden, aktiv ist, das heißt, solange eine analytische ›Normalpsychologie‹ sehr weitgehend noch nicht existiert. Das ist einer der Gründe, warum heute gerade die Analyse des realitätsangepaßten Verhaltens für so wichtig gilt.« (Ebd., S. 29)

Hartmanns Sicht von seelischer Gesundheit steht in Einklang mit seiner Auffassung von Anpassung, so wie sie in seiner Arbeit (1939b) beschrieben wird. Dort führte er das Konzept der Anpassung an »die typische durchschnittliche Umgebung« ein, und dieses Konzept liegt seinem Schluß in »Psychoanalyse und Gesundheitsbegriff« zugrunde, daß »Anpassungsprozesse immer nur einer beschränkten Reihe von Umweltbedingungen angemessen sind; und daß erfolgreiche Bemühungen um Anpassung an spezifische äußere Situationen auf indirekte Weise gleichzeitig zu Anpassungshemmungen führen können, die den Organismus beeinträchtigen« (1939a, dt. 1972, S. 30f.). Gesundheit oder Krankheit sind nach Hartmann eng verbunden mit der Anpassung der Person an die Realität und mit ihrem Sinn für Selbsterhaltung. Er sagt, daß Anpassung sich nur »in Beziehung auf etwas anderes definieren läßt, mit der Bezugnahme auf spezifische Umweltmilieus. Der tatsächliche Gleichgewichtszustand, den ein bestimmtes Individuum erreicht, sagt nichts über seine Anpassungsfähigkeit aus, solange wir nicht seine Beziehungen zur Außenwelt erforscht haben« (ebd., S. 30).

Zum Schluß …

Die seit 1933 zunehmende Verfolgung der Psychoanalyse, einer »jüdischen Wissenschaft«, führte zur Emigration der meisten Analytiker vom europäischen Festland während der späten 30er Jahre. Dies markierte, zusammen mit Freuds Emigration nach London 1938 sowie seinem Tod im darauffolgenden Jahr, das Ende einer wichtigen Phase in der Geschichte der Psychoanalyse und verlagerte die Zentren der analytischen Theorie und Praxis nach England und in die Vereinigten Staaten.

Die 30er Jahre erlebten eine Reihe theoretischer Entwicklungen, indem es eine präzisere Ausarbeitung jener Änderungen in der psychischen Struktur gab, die durch eine psychoanalytische Behandlung eintreten sollten. Während in den 20er Jahren die Betonung auf der Über-Ich-Veränderung als einem Ergebnis der Analyse lag, wurde jetzt der Rolle des Ichs ein größeres Gewicht zugemessen. In dieser Hinsicht wurde der Beziehung des Ichs zur äußeren Welt, besonders zur sozialen Welt, in erhöhtem Maße Rechnung getragen, und damit traten Fragen nach seelischer Gesundheit und Normalität ausdrücklicher in den Vordergrund. Mit der Arbeit von Anna Freud und insbesondere der von Hartmann wurde das Fundament gelegt für die Nachkriegsentwicklung der Ich-Psychologie. Gleichzeitig können die Wurzeln der späteren Objektbeziehungstheorien in der Arbeit solcher Analytiker wie Balint erkannt werden, der in seinem Konzept des »Neubeginns« dahin kam, psychische Veränderung als Veränderung in den Objektbeziehungen des Patienten aufzufassen. Im allgemeinen führte die größere Erfahrung mit analytischer Arbeit zu einem erhöhten Bewußtsein von dem, was Strachey 1934 »die Grundlagen der therapeutischen Wirkung der Psychoanalyse« nannte, und somit auch zu einem erhöhten Bewußtsein von den Zielen dieser therapeutischen Wirkung.

4.
Die Emigration und eine Zeit des Übergangs

Die 40er Jahre können als eine Zeit des Übergangs betrachtet werden, im wesentlichen als Nachwirkung der durch den Krieg bedingten Unterbrechung der Entwicklung der psychoanalytischen Bewegung. Es ist sinnvoll, sich zuerst Otto Fenichel zuzuwenden, dessen Arbeit als nützlicher Brückenschlag zur Vorkriegszeit dienen kann. Fenichel hatte mehrere frühe Beiträge zur psychoanalytischen Technik (z.B. 1934 und 1935) beigesteuert und einen Vortrag auf dem Symposium von Marienbad gehalten (1937), seine zwei wichtigsten Werke jedoch, *Problems of Psychoanalytic Technique* (1941) und *The Psychoanalytic theory of Neurosis* (1945) (*Psychoanalytische Neurosenlehre*), hat er während des Krieges geschrieben, als er wie so viele andere Flüchtlinge in die Vereinigten Staaten ausgewandert war. Fenichel war ein Meister darin, die Entwicklungen der psychoanalytischen Theorie und Technik des Vorkriegsjahrzehnts zu verbinden. In seinen Schriften gab er den Nachdruck nicht auf, den Freud (z.B. 1937a, 1940) und andere in den 30er Jahren auf die Notwendigkeit gelegt hatten, durch analytische Behandlung Veränderungen im Ich zu bewirken.

> »Die therapeutische Aufgabe ist dann, die Inhalte (sowohl Triebanteile als auch unbewußte Ängste des Ichs), die dem Bewußtsein und der gesamten Persönlichkeit durch Gegenbesetzung des Ichs vorenthalten worden sind, mit dem bewußten Ich zu vereinigen und die Wirksamkeit der Gegenbesetzung abzuschaffen.« (1941, S. 17f.)
>
> »Wenn die Energie, die im Abwehrkampf gebunden war, wieder mit der Persönlichkeit verbunden wird, paßt die Energie sich der Persönlichkeit und dem Genitalprimat ein, das genau dadurch erreicht wird. Die prägenitale Sexua-

> lität, von der Verstrickung im Abwehrkampf befreit, wird dadurch in eine zum Orgasmus fähige genitale Sexualität verändert.« (1941, S. 21)

Fenichel äußert sich weiter über die Psychoanalyse:

> »Sie konfrontiert das Ich allmählich mit Inhalten, die zuvor abgewehrt wurden, und schafft die Spaltung zwischen diesen isolierten Inhalten und der Gesamtpersönlichkeit ab. Sie erlaubt den abgewehrten Trieben, die Entwicklung einzuholen, die das Ich inzwischen durchgemacht hat, verändert dabei die infantile Sexualität in erwachsene und ermöglicht eine gut regulierte Sexualökonomie. Sie führt zur ›Mißbilligung‹ bestimmter Triebbefriedigungen durch das vernünftige Ich und schließlich zu Sublimierungen. Alles Übrige ist Nebensache.« (Ebd., S. 23)

Später, im Jahre 1945, bemerkt er, daß die Psychoanalyse »nicht ein einzelner Vorgang sein [kann], in dem der Patient sich mit einem Schlag abreagiert; es ist vielmehr ein langwieriger Prozeß des Durcharbeitens, der dem Patienten unter verschiedenen Aspekten und in wechselnden Zusammenhängen immer wieder die gleichen Konflikte zeigt und seine Art, auf sie zu reagieren« (Fenichel 1945, dt. 1983, Bd. 1, S. 51). Außerdem:

> »Im Gegensatz zu allen anderen Arten von Psychotherapie versucht die Psychoanalyse, die pathogene Abwehr wirklich aufzulösen. Sie sieht darin das einzige Mittel, um die Patienten definitiv von den schädlichen Folgen ihrer pathogenen Konflikte zu befreien und ihnen wieder Zugang zu den Energien zu verschaffen, die zuvor in diesen Konflikten gebunden gewesen waren. Die Psychoanalyse ist daher die einzige kausal vorgehende Therapie von Neurosen. Ihr Ziel besteht darin, das Ich eines Patienten mit dem zu konfrontieren, was er zuvor abgewehrt hat. Die Übertragung wird nicht unmittelbar für therapeutische Zwecke nutzbar gemacht, sondern sie wird zunächst analysiert, um sie dem Patienten vorzuführen.« (Ebd., Bd. 3, S. 169)

Fenichels Diskussion der Ziele der Analyse stand in der Tradition einer Theorie, die auf der Grundlage der Erfahrung einzelner Analytiker in ihren Sprechzimmern entstanden war. Einen etwas anderen Ansatz konnte man in einer von Robert Knight im Jahre 1941 vor der Amerikanischen Psychiatrischen Vereinigung vorgetragenen Arbeit (Knight, 1942) sehen, in der er die Schwierigkeiten aufzeigte, die bei der Aufstellung der Kriterien zur Einschätzung des Ergebnisses der psychoanalytischen Behandlung entstehen. Seine Bemerkungen über diese Kriterien und die entsprechenden Ziele der Psychoanalyse sind wert, ausführlicher zitiert zu werden, weil sie die Tatsache widerspiegeln, daß die Psychoanalyse als Profession in gewisser Hinsicht Teil einer allgemeinen Psychiatrie geworden war. Die amerikanische Psychiatrie war sicherlich vom Pragmatismus solcher Pioniere wie Adolf Meyer beeinflußt, dessen psychobiologischer, an der Psychohygiene orientierter Ansatz die Beziehung des Individuums zur Gemeinschaft hervorhob. Zweifellos können wir in Knights Aufsatz die Wirkung der Interessen und des Drucks des damaligen medizinischen Establishments in den USA deutlich wahrnehmen; die Wirkung zeigte sich darin, daß er ein Schema erstellte, das sich aus auf Verhalten bezogenen und intrapsychischen Kriterien der Veränderung zusammensetzt: Und es ist genau diese Art und Weise, in der Knight eine formale Liste von Kriterien aufstellt, die als Ausdruck einer ganz bestimmten wissenschaftlichen Haltung gelesen werden kann.

Nach Knight muß jegliche allgemeine Aussage über die Ziele der psychoanalytischen Therapie folgendes umfassen (vgl. S. 436):

1. Die Auflösung bestehender Symptome.
2. Eine wirkliche Verbesserung des psychischen Funktionierens:
   (a) das Erlangen von intellektueller und emotionaler Einsicht in die infantilen Quellen des Konflikts, in die Rolle, die akzidentelle und andere Realitätsfaktoren spielen, und in die Abwehrmethoden gegen die Angst, die die Art

der Persönlichkeit und den spezifischen Charakter des pathologischen Prozesses erzeugt haben;

(b) Entwicklung einer angstfreien Toleranz gegenüber Triebregungen;

(c) Entwicklung der Fähigkeit, sein Selbst realistisch zu akzeptieren und Stärken und Schwächen richtig einzuschätzen;

(d) Erlangen einer relativen Freiheit von zermürbenden Spannungen und Hemmungen, die die Begabungen lähmen;

(e) Entbindung der aggressiven Energien, die zur Selbsterhaltung, für Leistung, Wettstreit und den Schutz der eigenen Rechte benötigt werden.

3. Verbesserte Realitätsanpassung:

(a) konsistentere und loyalere interpersonale Beziehungen zu ausgesuchten Objekten;

(b) freie Entfaltung von Fähigkeiten zur produktiven Arbeit;

(c) verbesserte Sublimierung in Freizeit und Beruf;

(d) vollwertige Heterosexualität mit Potenz und Lust.

Trotz des optimistischen Bildes von dem, was die Psychoanalyse leisten kann – wie es sich in den Zielen, die hier aufgeführt werden, darstellt –, zeigte Knight, daß er sich der Grenzen der Analyse bewußt war. Er gibt dem ganzen eine realistische Note, wenn er sagt:

> »Es ist eine ganz unlogische und ungerechte Erwartung für den Patienten, seine Freunde, Verwandten und den überweisenden Arzt zu erhoffen, daß der Patient, nachdem er mit der Methode der Psychoanalyse behandelt worden ist, ein Muster aller Tugenden sein wird, vervollkommnet und ohne Makel, Fehler oder Angst und in der Lage, sich in jeder möglichen Situation wie ein Übermensch zu verhalten. Die psychoanalytische Therapie wird dennoch oft nach diesen Kriterien beurteilt. Man kann ebenso erwarten, daß die Psychoanalyse auch Sommersprossen, einen

schlechten Treibschlag im Golfspiel oder auch eine Abneigung gegen Rüben heilen wird. Nein, der Patient wird auch nach der besten Analyse im wesentlichen die gleiche Person bleiben – vielleicht wird er seine ihn beeinträchtigenden Symptome losgeworden oder fähig sein, mit den verbliebenen umzugehen, anpassungsfähiger, produktiver, glücklicher in seinen Beziehungen, aber immer noch dieselbe Person, was angeborene Begabung, Erscheinung und Grundtemperament angeht.« (Ebd., S. 437)

Er schlägt fünf »vernünftige Kriterien« vor, um den Erfolg einer Analyse zu messen, wobei aber den eigenen Beschränkungen des Patienten, der Schwere seiner Krankheit und der Dauer der Analyse Rechnung zu tragen ist. Diese Kriterien sind:

1. Genesung von Symptomen, das heißt relative Freiheit des Patienten von ihn behindernden Ängsten, Nöten, Hemmungen, Funktionsstörungen usw. oder auch deren signifikante Verminderung;
2. vermehrte Produktivität mit verbesserter Steuerung seiner aggressiven Energien in seiner Arbeit;
3. verbesserte Einstellung zu und Freude an seinem sexuellen Leben;
4. verbesserte, weniger ambivalente, konsequentere und loyalere interpersonale Beziehungen;
5. Erlangen von hinreichender Einsicht, um normale psychische Konflikte und angemessene Realitätsanforderungen zu bewältigen.

Knights Darstellung »realistischer Kriterien« kann als eine Art und Weise, die Ziele psychoanalytischer Therapie zu konzipieren, betrachtet werden, die sehr verschieden ist von den *intrapsychischen* Veränderungen, die in den Vorjahren als wünschenswerte Ergebnisse der Analyse herausgestellt wurden. Obwohl behauptet werden könnte, daß Knights »vernünftige Kriterien« oberflächlich seien – insofern sie mit dem beobachtbaren Verhalten im Zusammenhang stehen –, sind sie doch ein

Versuch, eine Grundlage für eine relativ objektive Einschätzung des Ergebnisses der psychoanalytischen Behandlung zu schaffen; sie tragen jedoch nicht zu einer Theorie – im Sinne einer psychoanalytischen Psychologie (»Metapsychologie«) – der erwünschten *inneren* Veränderung bei. Hier ist der Einfluß des Objektivismus in der amerikanischen Psychiatrie erkennbar und die damals übliche kulturelle Betonung der Angepaßtheit an die außen-geleiteten Tendenzen in der amerikanischen Kultur, die im scharfen Gegensatz etwa zur innen-geleiteten Orientierung der Europäer stehen (siehe Riesman et al., 1950).

Unmittelbar nach dem Krieg entwickelte sich die Psychoanalyse in den Vereinigten Staaten im Rahmen der ich-psychologischen Version der Freudschen Strukturtheorie rasch, und der nächste wichtige Schritt in der Bewertung der therapeutischen Ergebnisse fand im Jahre 1948 auf einem Symposium in der Bostoner Psychoanalytischen Gesellschaft statt (Oberndorf et al., 1948).

Auf diesem Symposium bezog sich Clarence Oberndorf auf einen Fragebogen, den er einige Jahre zuvor an erfahrene psychoanalytische Ärzte verteilt und über den er bei einer Versammlung der amerikanischen psychoanalytischen Vereinigung im Jahre 1943 berichtet hatte (Oberndorf, 1948).[1] Von unmittelbarer Relevanz für die Ziele der Psychoanalyse ist Oberndorfs Frage, ob die Linderung eines Symptoms oder eine Rekonstruktion der Persönlichkeit ein erfolgreiches Ergebnis darstellt. Er gibt das Beispiel von Impotenz, die so weit geheilt war, daß ein Mann mit einer Prostituierten Verkehr haben konnte, aber mit niemandem sonst. Gemäß einiger Kriterien könnte man in diesem Fall von einer analytischen Heilung spre-

[1] Vor dem Krieg wurde am Berliner Institut ein Versuch unternommen, die Ergebnisse der psychoanalytischen Therapie systematisch zu evaluieren. Obwohl diese Studie eine Einschätzung der verschiedenen Grade der Besserung von Patienten in Analyse umfaßte, war sie nicht ausdrücklich mit Formulierungen hinsichtlich der Ziele der analytischen Behandlung verbunden.

chen. Weiter zitiert Oberndorf den Fall eines homosexuellen Patienten, den ein Analytiker als erfolgreich behandelt ansehen könnte, sofern der Patient mit seiner Homosexualität zufrieden wäre; ein anderer Analytiker jedoch könnte der Ansicht sein, daß ein zufriedenstellendes Ergebnis davon abhänge, ob der Patient zu einer heterosexuellen Bindung fähig ist. Nebenbei ist erwähnenswert, daß das Erlangen von Heterosexualität bei Homosexuellen bis vor kurzem von vielen Analytikern noch als ein Ziel der Analyse betrachtet wurde und, überraschenderweise, von einigen Analytikern immer noch als ein solches betrachtet wird. Was von einem Analytiker als ein erfolgreiches Ergebnis angesehen wird, kann für einen anderen unbefriedigend sein. Folgerichtig wurde die Frage aufgeworfen, ob die analytische Heilung vom Patienten oder vom Arzt beurteilt werden solle.

Oberndorfs Bemerkungen zeigen ein in den 30er Jahren erkanntes Problem auf, nämlich daß es einen Unterschied zwischen der Vorstellung von einem idealen und einem erreichbaren seelischen Gesundheitszustand gibt. Die Weltanschauung des Analytikers und sein Vermögen, in bezug auf die Möglichkeiten der Analyse realistisch zu sein, erwiesen sich immer deutlicher als bedeutende Einflußfaktoren bei den Überlegungen zu den Zielen.

Lawrence Kubies Bemerkungen auf diesem Symposium erweitern diesen Gesichtspunkt durch Verweis auf Faktoren im Patienten. Er erläutert:

> »Jeder einzelne Patient in Behandlung steht nicht bloß für einen Krankheitsprozeß, sondern auch für eine komplizierte Konstellation sozialer Kräfte. Er ist ein Mensch mit einer ganz bestimmten Art von Neurose und Persönlichkeit. Zugleich lebt er auch in einem ganz bestimmten Milieu, ist einer Vielzahl unterschiedlicher äußerer Kräfte ausgesetzt (d. h. sozialen, erzieherischen, kulturellen, ökonomischen und familiären). Er kommt auch nicht allein

> in die Behandlung, sondern schleppt hinter sich all die Gefühle und Einstellungen, Ängste und Lasten, Ressentiments und Feindseligkeiten, Hoffnungen und Bitten derer her, die den menschlichen Hintergrund seines Leben bilden. Und obendrein bringt er seine eigenen komplizierten Krankheitsverläufe mit, mit dem Gemisch ineinander verflochtener Symptome. Jedes von diesen unterschiedlichen Elementen trägt zu dem Konglomerat bei, das wir Patient nennen, und jede Variable übt einen Einfluß auf die Wirksamkeit jeglicher therapeutischen Technik aus.« (Oberndorf et al., 1948, S. 16f.)

Auch Phyllis Greenacre hebt die Vielfalt von Faktoren hervor, die Einfluß auf das ausüben, was die Psychoanalyse leisten kann, und betont dabei die konstitutionellen Elemente. Sie sieht diese als »die genetischen, neurotischen Elemente, die in jedem Individuum vorhanden sein müssen aufgrund der Diskrepanzen zwischen den langsamen Prozessen innerer biologischer Veränderung und den manchmal rascheren Veränderungen der Umweltanforderungen«. Sie fügt hinzu: »Ich neige dazu zu glauben, daß der Analytiker, wenn er dies übersieht, nicht nur in die naive Laienhaltung zurückfällt, sondern daß dies dann auch Teil eines narzißtischen Bedürfnisses ist, Omnipotenz zu suchen oder zu haben« (Oberndorf, Greenacre und Kubie, 1948, S. 12).

Trotz solcher persönlichen Bedürfnisse auf der Seite der Analytiker war es wahrscheinlich unvermeidlich, daß der Druck, das Ergebnis der Analyse »objektiv« einzuschätzen, um ihren Wert im Vergleich mit anderen Behandlungsformen zu zeigen, zu einer gewissen Entidealisierung und zu einer realistischeren Bewertung dessen führte, was die Analyse leisten konnte. In dieser pragmatischen Tendenz sehen wir eine Verstärkung von Freuds eigenen, manchmal vorsichtigen Äußerungen zu den Zielen der Psychoanalyse (im scharfen Kontrast zu den zu anderen Zeiten von ihm geäußerten, hochidealisierten und optimistischen Ansichten über das, was die Analyse erreichen kann).

In England war damals die Situation etwas anders als in den Vereinigten Staaten. Im Jahre 1938 war Freud mit seiner Familie aus Österreich nach London emigriert, und bald bildeten Anna Freud und eine Anzahl vorwiegend vom europäischen Kontinent stammender Kollegen eine analytische Gruppe innerhalb der Britischen Psychoanalytischen Gesellschaft. Unvermeidlich entstanden Spannungen zwischen ihnen und der Gruppe der britischen Kollegen, die mit Melanie Klein – die 1926 nach England gekommen war – verbunden oder stark von ihr beeinflußt waren. Nicht alle Analytiker in der Gesellschaft gehörten einer dieser beiden Gruppen an, einige gehörten zur sogenannten *Middle Group*. Die Differenzen zwischen den von Melanie Klein und Anna Freud geführten Gruppen waren substantiell hinsichtlich der Theorie der Kinderentwicklung und der Verwendung von Deutungen in der Analyse. Für Klein wurzelten Pathologien in der Entwicklung während der ersten Monate des Lebens. Sie setzte den Akzent auf die Fortdauer sehr früher unbewußter Phantasien im späteren Leben, auf die Bewegung von der – später (1946) von ihr so bezeichneten – *paranoid-schizoiden* Position zur *depressiven* Position und auf das konsequente Durcharbeiten der letztgenannten. Kleins Betonung des positiven therapeutischen Wertes von Trauerprozessen und der »Wiederherstellung« des beschädigten inneren Objekts spiegelt sich wahrscheinlich in ihrer psychoanalytischen Technik. Anna Freud hielt weit mehr an der klassischen psychoanalytischen Sicht von Entwicklung fest, die im Rahmen von Freuds Strukturtheorie die Rolle des Ichs und die Analyse der Abwehrmechanismen besonders betont. Hier, wie in ihrer gesamten Arbeit, war ihre frühere Ausbildung zur Lehrerin erkennbar.

Die radikalen Unterschiede zwischen den Ansätzen von Anna Freud und Melanie Klein, besonders in bezug auf die Theorie der Kinderentwicklung und die Natur der unbewußten Phantasie, hatten weitreichende Konsequenzen für die analytische Technik und warfen folglich Probleme hinsichtlich der Ausbildung der analytischen Kandidaten auf. Kompromisse in bezug auf Ausbildungsverfahren und -curriculum ergaben sich aus den »Controversial Discussions«, die in den frühen 40er Jahren stattfanden. (Einen umfassenden Überblick über die Situation zu jener Zeit und die Diskussionen, die folgten, haben King und Steiner, 1991, gegeben.) Seitdem ist ein *modus vivendi* als Folge eines »gentlemen's agreement« zwischen den drei Gruppen, die jetzt als *Contemporary Freudians*, *Independents* und *Klein group* bekannt sind, erreicht worden.

Viele der Mitglieder der Britischen Psychoanalytischen Gesellschaft waren keine Ärzte, nicht einmal Psychologen, und hatten sowohl beruflich wie kulturell sehr unterschiedliche Hintergründe, so daß die Bindung an das medizinische Establishment und das Bedürfnis, das Ergebnis psychoanalytischer Behandlungen zu evaluieren, nicht so dringlich waren. Bis vor kurzem hatte die Britische Psychoanalytische Gesellschaft merkliche Vorurteile gegen jegliche psychoanalytische Forschung, die nicht mit dem Patienten im Behandlungsraum des Analytikers durchgeführt wurde. Trotzdem gingen einige das Ergebnis psychoanalytischer Behandlung betreffende Probleme, die die Analytiker in Amerika so sehr beschäftigten, auch ihren Kollegen in England durch den Kopf. Allerdings verfolgte man in England solche Fragen nach den Ergebnissen nicht in dem Wunsch, systematische Forschungen zu unternehmen, sondern man war offensichtlich in Sorge um analytische Verfahrensweisen. Dies ist gut belegt in einer Reihe von kurzen Aufsätzen über Probleme der Beendigung der Analyse, die 1949 der Britischen Psychoanalytischen Gesellschaft vorgelegt wurden. Zu den Autoren gehörten Michael Balint, Harold Bridger, Willi Hoffer, Melanie Klein, Sylvia Payne, John Rickman und Marion Milner, deren Beiträge alle 1950 veröffentlicht wurden. Beiträge zur Beendigung der Analyse sind besonders nützlich für die Klärung der analytischen Ziele, da sie eng an die aktuelle klinische Erfahrung der Analytiker gebunden sind und zumeist nicht so stark durch idealistische Vorstellungen von dem, was Analyse leisten kann, verzerrt sind.

Alle Autoren der Reihe steuern von ihren verschiedenen Standpunkten aus eine Aussage über die Ziele der Analyse bei. Melanie Klein (1950) gibt an, ein Kriterium für die Beendigung einer Analyse (und somit das implizite analytische Ziel) sei es, daß die depressiven Ängste und Verfolgungsängste hinreichend abgebaut (das heißt der Einfluß von verfolgenden inneren Objekten vermindert) und die Beziehung des Patienten zur äußeren Welt genügend gestärkt würde, um ihm zu gestatten, sich zufriedenstellend mit der an diesem Punkt entstehenden Trauersituation auseinanderzusetzen. Diese neue Perspektive verbindet sich mit Kriterien der heterosexuellen Potenz und auch der Fähigkeit zu lieben, Objektbeziehungen zu haben und zu arbeiten. Klein betont aber, daß eine Verbesserung in diesen Fähigkeiten von einer Verminderung der Verfolgungs- und depressiven Ängste abhängig ist.

Hoffer, ein Mitglied der Gruppe um Anna Freud, ist der Ansicht, die Analyse strebe danach, den Grad des Gewahrwerdens unbewußter seelischer Prozesse zu steigern (Hoffer, 1950). Widerstände müßten wahrgenommen und gedeutet werden, Verdrängung und Widerstand gegen das Verdrängte müssen vermindert werden, und die vorbewußten und Wahrnehmungsaktivitäten sollten zunehmen. Es solle eine Veränderung vom Agieren, wie es in der Übertragungssituation auftritt, hin zum Erinnern stattfinden. Das Ziel der Analyse ist dann, die Reichweite der Übertragungsneurose durch eine Erweiterung des Wissens über die Vergangenheit des Patienten zu beschränken sowie durch eine Verringerung des Bedürfnisses, die Vergangenheit in der Gegenwart zu wiederholen. Hoffer bezieht sich auch auf das, was man »die Substitution des infantilen Über-Ichs des Patienten durch das Über-Ich des Analytikers« genannt hat; diese begreift er aber eher als Veränderung des Ichs des Patienten durch Identifizierung, die zu einer Modifikation der Idealbilder des Patienten von sich selbst führt, denn als eine unmittelbare Beeinflussung des Über-Ichs.[2] Er hebt allerdings hervor, daß der beteiligte Mechanismus in einer Identifizierung mit den Funktionen des Analytikers besteht. Der Patient identifiziert sich mit den Deutungsfähigkeiten des Analytikers, wenn dieser Widerstände analysiert und das Agieren in Erinnerungen verwandelt. Hoffer sagt schließlich, daß »die individuelle Analyse die Erforschung individueller Geschichten ist. Die Geschichte kann nie ausgeschöpft werden, aber ihre Erforschung benötigt nicht immer zwei Leute. Die Behandlung kann beendigt werden, wenn der analytische Prozeß dem Lehrling hoffnungsvoll anvertraut werden kann« (1950, S. 195).

Die Ansichten Balints, der von Budapest nach London emigriert war und eine der hervorragenden Persönlichkeiten der Middle Group war, sind hier von besonderem Interesse, weil sie mit dem Aufsatz in Zusammenhang stehen, den er 1932 in Wiesbaden vorgetragen hatte (Balint, 1934), als er sein Konzept des *Neubeginns* ausarbeitete. Sie zeigen auch die wachsende Betonung der Objektbeziehungstheorie in der Britischen Psychoanalytischen Gesellschaft. Für Balint gehören zu den psychoanalytischen Zielen ein sicher errichtetes Genitalprimat und die Fähigkeit, genitale Befriedigung zu genießen. Diese Fähigkeit wird als eine Funktion gesehen, die sich normalerweise um die Pubertätszeit bildet; in der Analyse meint das Erlangen dieser Fähigkeit die Veränderung eines gleichgültigen oder geradezu widerwilligen Objekts (der Patient) in einen liebevollen und kooperativen Genitalpartner. Der Patient gewährt seinen Objekten vermehrt Rechte, wenn er seine Fähigkeit entwickelt, die Realität im Verhältnis zu seinen Objekten zu prüfen, und auf diese Art und Weise versucht, einen annehmbaren Kompromiß

[2] Hoffer unterscheidet richtig das Ichideal (das wir jetzt *Idealselbst* nennen würden) vom Über-Ich, obwohl einige Analytiker die beiden gleichsetzen (siehe Sandler, Holder und Meers, 1963).

zwischen seinen eigenen und ihren Forderungen zu finden. Der Neubeginn ist eine Art Wiedergeburt in ein neues Leben, wenn der Patient das Ende eines dunklen Tunnels erreicht und nach langer Wanderung wieder Licht sieht.

Balint stellt dann eine wichtige Frage. Er fragt, ob der Zustand der Gesundheit das Ergebnis natürlicher Prozesse sei, die die Heilung bewirkten, wenn nur die von der Person und von sozialen Traumata errichteten Hindernisse auf dem Weg beseitigt werden könnten:

> »Wir besitzen ausgezeichnete theoretische Kriterien, die uns sagen, ob eine Analyse ordnungsgemäß beendet ist oder nicht. Wir müssen jedoch zugeben, daß diese Normen ziemlich perfektionistisch sind und wir nicht imstande sind zu definieren, welche Abweichungen noch zulässig sind. ... Wenn wir aber von der Praxis ausgingen und die Endphasen der bei mir wirklich beendeten Analysen betrachteten, landeten wir in dem Dilemma, ob Gesundheit ein ›natürlicher‹ Zustand oder nur ein äußerster Glücksfall und ein seltenes Ereignis sei. Wir mußten gestehen, daß wir keine Lösung wußten.« (1934, zit. nach 1981, S. 278f.)

Zum Schluß ...

In der Übergangszeit der 40er Jahre hatte das Interesse an den Zielen der Psychoanalyse bis zu einem gewissen Grad zweifellos mit der Beschäftigung mit den Ergebnissen der psychoanalytischen Behandlung zu tun. Wir können allerdings auch sehen, besonders in den Arbeiten über die Beendigung, daß sich der Druck, Ziele zu formulieren, auch aus dem Konflikt zwischen verschiedenen theoretischen Positionen und technischen Verfahrensweisen ergibt und dem daraus folgenden Bedürfnis, für sie eine entsprechende Begründung zu liefern.

5.
Die 50er Jahre und die Diskussion um den »wachsenden Indikationsbereich«

In den 50er Jahren gedieh die psychoanalytische Theorie und Praxis in zahlreichen Ländern. Nach der Unterbrechung durch den Krieg boten die unmittelbaren Nachkriegsjahre die Möglichkeit zur Ausbildung vieler Psychoanalytiker und zur Gründung und Entwicklung vieler psychoanalytischer Gesellschaften und Institute. Die Psychiatrie war in den verschiedenen Ländern in unterschiedlichem Maße von der Psychoanalyse beeinflußt worden, besonders aber, wie wir im vorausgegangenen Kapitel gesehen haben, in den Vereinigten Staaten und in England, wo mehrere Psychiater, die bei den Streitkräften gedient hatten, nach Ende des Krieges eine psychoanalytische Ausbildung abschlossen (siehe Gitelson, 1951, der die Beziehung von Psychoanalyse und »dynamischer Psychiatrie« in den USA diskutiert). Das Wachsen der psychoanalytischen Bewegung regte auch die Entwicklung einer analytisch orientierten Psychotherapie an, und es war unvermeidlich, daß sich das Interesse auf die Unterschiede zwischen solchen Therapien und der Psychoanalyse selbst konzentrierte. Wie wir noch sehen werden, führte die Anwendung der Psychoanalyse auf Bereiche jenseits der Neurosen zu einem stärkeren Gewahrwerden der Grenzen der analytischen Methode und zu einer zunehmend offeneren Betrachtung dieser Grenzen auf seiten der Psychoanalytiker, begleitet von einer gewissen »Entidealisierung« hinsichtlich des von der Psychoanalyse Leistbaren. Es ist erwähnenswert, daß Edith Buxbaum 1950 die Aufmerksamkeit auf die »Unendlichkeit« der Analyse von Patienten mit einer Charakterneurose lenkte und darauf hinwies, daß wir uns bei solchen Patienten mit bestimmten begrenzten Erfolgen abfinden müßten.

Sie unterschied zwischen einer *therapeutisch* und einer *analytisch* befriedigenden Beendigung der Analyse und bekräftigte damit eine von anderen – zuletzt von Oberndorf (Oberndorf, 1950) – bereits früher getroffene Unterscheidung, auf die wir im vorausgegangenen Kapitel hingewiesen haben. Und in der Tat spielte eine solche Unterscheidung, die ein Klima von zunehmendem Pragmatismus anzeigte, eine immer wichtigere Rolle in späteren Diskussionen über die Ziele der Psychoanalyse.

Wir haben gesehen, wie sich während der 40er Jahre die Analytiker in den USA für die Ziele der psychoanalytischen Therapie interessierten, auch aufgrund des Drucks durch das Interesse des medizinischen Establishments an den Behandlungsergebnissen. Im darauffolgenden Jahrzehnt setzte sich die Beschäftigung mit den therapeutischen Zielen fort und wurde mit Fragen der analytischen Technik verknüpft. Eine wichtige Einflußgröße im analytischen Denken dieser Zeit bildete die Entwicklung der analytischen Ich-Psychologie, die unter der Führung von Heinz Hartmann, Ernst Kris und Rudolph Loewenstein begonnen hatte, die amerikanische Psychoanalyse zu dominieren. Die Ich-Psychologie läßt sich – gemäß den von der Amerikanischen Psychoanalytischen Vereinigung veröffentlichten *Psychoanalytic Terms and Concepts* – so beschreiben:

> Sie »deckt alle Bereiche der Untersuchung, Forschung, Theoriebildung und klinischen Anwendung ab, die einen stärkeren Akzent auf das Ich als Ausgangspunkt legen und zugleich von da aus dargestellt werden. Die frühe Psychoanalyse konzentrierte sich hauptsächlich auf die Trieb- oder Es-Psychologie, auf das Unbewußte und auf den Konflikt, mit mehr oder weniger gleichmäßiger Betonung des Ichs als Persönlichkeit, Selbst oder Abwehr (Verdrängung). In den frühen 20er Jahren etablierten Freuds Strukturtheorie und seine Beschreibung der Widerstände die Ich-Psychologie als einen wichtigen Schwerpunkt der neuen Wissen-

schaft der Psychoanalyse. Es folgten Anna Freuds Untersuchungen zur Ich-Abwehr und Hartmanns Fortführung. Diese Entwicklungen öffneten die Theorie für die Erforschung psychosozialer und konstitutioneller Fragen, erhoben also den Anspruch, daß die Psychoanalyse eine allgemeine Psychologie des Seelischen sei.« (Moore und Fine, 1990, S. 65 f.)

Ich meint in diesem Kontext eine psychische Struktur, eine Instanz, die von der psychischen Repräsentation des Selbst zu unterscheiden ist. Das Ich hat die Funktion, zwischen den Trieben und dem Über-Ich einerseits und der äußeren Welt andererseits zu vermitteln. Seine Hauptfunktion kann somit in der intrapsychischen Anpassung gesehen werden, und in diesem Kontext wurde die Arbeitsweise des Ichs selbst Untersuchungsgegenstand. Ernst Kris (1956) beschrieb den Einfluß der ichpsychologischen Betonung des Ichs folgendermaßen:

»Eine Zufallsstichprobe würde, so glaube ich, den Eindruck bestätigen, daß in den jüngsten Arbeiten über analytische Technik Fragen hinsichtlich der Funktionen des Ichs zunehmend an Bedeutung gewonnen haben. Indes scheint sich innerhalb dieses weiten Bereichs eine Akzentverschiebung abzuzeichnen: während wir zunächst hauptsächlich an den intersystemischen Funktionen des Ichs – das heißt: am Ich im Verhältnis zum Es und Über-Ich – interessiert waren, ist in der letzten Zeit ein Interesse an den intrasystemischen Funktionen hinzugekommen. Dadurch ist das Interesse an der Abwehr, so wie sie sich im Widerstand manifestiert, durch Überlegungen hinsichtlich der integrativen (synthetischen) Ich-Tendenzen ersetzt worden, die in gleichem Maße beide, die inter- und intrasystemischen Konflikte, betreffen.« (1956, S. 446)

Die Perspektive der Ich-Psychologie wurde in den USA rasch zum Standpunkt des »Establishments«, was sich in der Ausbildung, wie sie von den meisten Instituten der Amerikanischen

Psychoanalytischen Vereinigung angeboten wurde, widerspiegelte. Die Konzentration auf das Ich, mit der neuen Beachtung seiner Funktionen und seiner Fähigkeit, eine eigene Autonomie zu entwickeln, wirkte sich auf die Theorie und Praxis der Psychoanalyse und auf die Formulierung der psychoanalytischen Ziele aus (in den Vereinigten Staaten und, in geringerem Maße, auch in anderen Ländern). Kurt Eisslers wohlbekannte Arbeit »The effect of the structure of the ego on psychoanalytic technique« (1953) war besonders einflußreich in diesem Kontext, da er eine »Standardtechnik« darlegte, die in der Deutung des Analytikers ihr therapeutisches Hauptinstrument hat. Abweichungen von dem, was er »das Grundmodell der psychoanalytischen Technik« nannte, wurden als »Parameter« der Technik bezeichnet, und solche Abweichungen (zum Beispiel, daß der Patient sitzt, anstatt zu liegen) wurden als vorübergehende Notbehelfe betrachtet, die zu deuten waren. Während dieser Ansatz wohl zu einer Erstarrung der Theorie der psychoanalytischen Technik beitrug, hat die Vorstellung vom »Parameter« in der Praxis wahrscheinlich gewisse Abweichungen von der strengen analytischen Methode legitimiert, die nicht notwendig im Verlauf der Behandlung »weganalysiert« wurden, die aber als therapeutisch nützlich erachtet wurden. Aus Eisslers Sicht hängen die psychoanalytischen Techniken (und folglich die implizite Konzeptualisierung der Ziele) »vornehmlich von drei Variablen ab: der Störung und Persönlichkeit des Patienten, den aktuellen Lebensumständen des Patienten und von der Persönlichkeit des Analytikers« (Eissler, 1953, S. 105). In diesem Zusammenhang fügt er hinzu, daß »ein Individuum sich von der historischen Zeit, in der es lebt, ebensowenig trennen kann, wie es sich jenseits von Zeit und Raum stellen kann« (ebd., S. 107).

Durch Eisslers Aufsatz zieht sich eine Betonung der Notwendigkeit, dem Zustand des Ichs des Patienten Rechnung zu tragen, und er weist auf das Problem hin, das sich aus der Tatsache ergibt, daß »ein Patient oft eine Verhaltensanpassung statt einer strukturellen Veränderung produziert« (ebd., S. 126). Der Patient könne »gehorsam« sein, sagt Eissler, und könne Besserungen unter dem Druck der Therapie produzieren, »die nicht auf der Auflösung der entsprechenden Konflikte beruhen« (ebd., S. 126).[1] Eissler ist sich trotz seines strengen ichpsychologischen Ansatzes bewußt, daß die Psychoanalyse die Struktur des Ichs nicht vollständig verändern kann und daß jeder Versuch, dies zu tun, als »heroisch« zu bezeichnen ist.

Die Vorherrschaft der ichpsychologischen Perspektive in der Psychoanalyse kann erneut in der Darstellung der Arbeit eines »Committee on the Evaluation of Psychoanalytic Therapy« durch Leo Rangell (1954) gesehen werden, das 1947 von der Amerikanischen Psychoanalytischen Vereinigung eingerichtet wurde. Im Bericht über die Aktivitäten dieses Komitees charakterisiert Rangell die Psychoanalyse:

> Sie ist »eine Therapiemethode, *durch die* Bedingungen zustande gebracht werden, die für die Entwicklung einer Übertragungsneurose günstig sind, eine Methode, in der die Vergangenheit in der Gegenwart wiederhergestellt wird, *um* – durch einen systematischen Deutungsangriff auf die sich entgegenstellenden Widerstände – eine Auflösung der Neurose zu erreichen (Übertragungsneurose *und* infantile Neurose), *mit dem Zweck,* eine strukturelle Veränderung des seelischen Apparates des Patienten herbeizuführen, um letzteren zu einer optimalen Anpassung an das Leben zu befähigen.« (1954, S. 739f.)
>
> »Die Psychoanalyse erstrebt die Herstellung der Reaktion (Übertragungsneurose) und die Erhaltung optimaler Bedingungen für ihre schließlich vollständige Auflösung. Die Psy-

[1] Wir können hier das miteinbeziehen, worauf Barchilon hinsichtlich der sogenannten »Gegenübertragungs-Heilung« (1956) hingewiesen hat: daß nämlich bei manchen schwer gestörten Patienten, die eine dramatische Genesung erfahren haben, die Heilung illusorisch und eine Folge von unbewußen Wünschen seitens des Analytikers sein kann.

choanalyse ist auf diesen letzten Endpunkt nicht allein orientiert, sondern sie ist, im Gegensatz zur Psychotherapie, potentiell in der Lage, diesen zu erreichen. Die Psychotherapie, auf der anderen Seite, führt, aus Not oder durch Entscheidung, ein externes Agens ein und bringt die Reaktion auf irgendeinem dazwischenliegenden Stabilitätspunkt zu einem Ende.« (1954, S. 743)

Rangell schließt mit der Behauptung, daß »es ein Spektrum von Patienten gibt, die die eine oder die andere Methode benötigen, und ein Spektrum von Therapeuten, die das eine oder beides tun können. Und es gibt ein Grenzgebiet von Zuständen mit fließenden Übergängen, die gelegentlich eine Veränderung des technischen Ansatzes in beide Richtungen verlangen« (ebd., S. 744).

Obwohl Rangell eine ziemlich idealisierte ichpsychologische Sicht der Unterschiede zwischen den Zielen der Psychoanalyse und denen der Psychotherapie vorlegt, stehen seine Schlußbemerkungen im Einklang mit den auf einem Symposium über den »wachsenden Indikationsbereich der Psychoanalyse« (1954) geäußerten Ansichten; auf diesem Symposium wurden Arbeiten, die von Leo Stone und Edith Jacobson vorgelegt wurden, durch Anna Freud diskutiert.

Stone beschreibt den wachsenden Indikationsbereich als »eine Bewegung in Richtung auf eine Ausweitung und Vervielfältigung der psychoanalytischen Sphären des Interesses an der Persönlichkeit und auf eine entsprechende Komplizierung der psychoanalytischen Technik« (Stone, 1954, S. 567f.); dabei bezieht er sich hier auf die Kinderanalyse und auf die Behandlung von Kriminalität, Perversion (Stone schließt Homosexualität ein), Paranoia, Schizophrenie und psychosomatischen Störungen, wie auch auf »die weite, wichtige und heterogene Gruppe der Borderline-Fälle« (ebd., S. 568). Er merkt an, daß »es eine beinahe magische Hilfserwartung an die (psychoanalytische) Methode gibt, eine Erwartung, die ihr großes Unrecht tut«

(ebd.). Stone legt eine »klassische« Beschreibung des psychoanalytischen Verfahrens vor, ist sich jedoch klar bewußt, daß es Bedingungen gibt, unter denen die für neurotische Patienten entworfene analytische Technik modifiziert und die Ziele der Analyse beschränkt werden müßten.

Jacobson setzt sich in ihrem Aufsatz mit der Behandlung von schwer depressiven Patienten auseinander; sie schlägt eine Modifikation der analytischen Behandlungsziele bei solchen Patienten vor und sagt, daß »der therapeutische Erfolg bei depressiven Patienten hauptsächlich nach deren Fähigkeit beurteilt werden kann, eine unglückliche Lebenssituation, die vor der Analyse zwangsläufig zu einem depressiven Zustand geführt hätte, umzugestalten« (Jacobson, 1954, S. 606). Bei der Diskussion der Arbeiten von Stone und Jacobson beschreibt Anna Freud einen Fall, in dem das Analyseziel durch ein basales Defizit in der Ichstruktur des Patienten beeinträchtigt wurde. Die heranwachsende Patientin, ein Opfer des Naziregimes, forderte von der Analytikerin, »sich ihr als die leibhaftige Verkörperung eines stetigen, allgegenwärtigen, zur Verinnerlichung geeigneten Objekts anzubieten, um dessen Bild sie ihre Persönlichkeit neu ordnen und zu einer Einheit zusammenfügen konnte« (A. Freud, 1954, S. 1358). Dies war eine Folge davon, daß die Patientin »keine Möglichkeit gehabt [hatte], irgendein bestimmtes Objekt so weit zu introjizieren, daß sie unter der Leitung einer höheren Instanz, eines vereinheitlichten Über-Ichs, zu innerer Harmonie und Synthese hätte gelangen können« (ebd.). Zweifellos muß die Technik der analytischen Arbeit entsprechend verändert werden, wenn eine solche Forderung seitens des Patienten anerkannt wird. Die Frage bleibt jedoch so, schließt Anna Freud, ob die Therapie analytisch sei oder eher der Arbeit der »Einleitungsphase« ähnele, der die eigentliche Analyse dann folgt.

Aus der Diskussion über den wachsenden Indikationsbereich ging hervor, daß die Ziele der Analyse sich nach den Bedürfnissen und Grenzen des individuellen Patienten richten müssen und daß die Analyse nicht als eine festgelegte und unflexible Methode betrachtet werden sollte, die unterschiedslos anzuwenden sei, ungeachtet des Zustands des Patienten. Trotzdem beharrte die Amerikanische Psychoanalytische Vereinigung weiterhin auf der Forderung, die supervidierten (kontrollierten) Fälle, die von Ausbildungskandidaten in den offiziellen Instituten analysiert wurden, sollten neurotische Fälle sein, bei denen die »Standardtechnik« als die angemessene Technik angesehen wurde. In dieser Zeit erschien eine Reihe von Aufsätzen sowohl über die traditionelle psychoanalytische Technik und ihre Varianten als auch über den Vergleich zwischen Psychoanalyse und Psychotherapie (Orr, 1954; Greenacre, 1954; Alexander, 1954a, 1954b; Weigert, 1954; Fromm-Reichmann, 1954; Rangell, 1954; Bibring, 1954; Gill, 1954). Einige der Autoren (Gill, Bibring, Rangell) hielten an einer strengen Definition der Psychoanalyse fest, als deren Ziel man die Auflösung der Übertragungsneurose sah. Gleichzeitig lenkten sie ihre Aufmerksamkeit auf die Probleme, die der Versuch mit sich brachte, analytische Ziele insbesondere mit Patienten, die keine »klassischen Neurotiker« waren, zu erreichen. Im nachhinein kann man sehen, wie diese und auch andere Autoren zu dieser Zeit ein Gleichgewicht zu erreichen suchten zwischen dem Bedürfnis, in spezifischen Fällen die psychoanalytische Methode und Ziele zu modifizieren, einerseits und dem Widerstreben, die Demarkationslinie zwischen Psychoanalyse und psychoanalytisch orientierter Psychotherapie zu lockern, andererseits. Dieses Widerstreben kann, jedenfalls zum Teil, als *politisch* beschrieben werden, insofern es nämlich teilweise durch den Widerstand der etablierten Analytiker dagegen motiviert war, ihren Berufsstatus durch Gutheißen von Psychotherapie – die als Manipulation der Übertragung für therapeutische Zwecke gesehen wurde – in Gefahr zu bringen. Im Gegensatz dazu argumentierten andere Analytiker (insbesondere Alexander, Fromm-Reichmann und Weigert, die nicht zum Establishment gehörten) in Richtung auf eine Aufhebung jeglicher scharfen Trennung zwischen Psychoanalyse und psychoanalytisch orientierter Psychotherapie. In den 50er Jahren begann eindeutig eine stärkere Beschäftigung mit dieser Unterscheidung – zumindest in den Vereinigten Staaten. Wir werden später in diesem Kapitel auf die deutlich andere Situation unter den Analytikern in Großbritannien eingehen.

Was nun folgt, reflektiert das Auftauchen einer Vielzahl von widersprüchlichen Tendenzen hinsichtlich der Anwendbarkeit und der Grenzen der Psychoanalyse – eine Folge der Diskussion um den *widening scope*, den wachsenden Indikationsbereich, der Psychoanalyse. Wir können unsere Darstellung mit einem Bericht über ein Panel beginnen, das auf einer Tagung (über die Kelman, 1956, berichtete) der Amerikanischen Psychiatrischen Vereinigung 1955 über »Ziele in der Therapie« veranstaltet wurde. Dort wurde der Relativität der Formulierungen hinsichtlich der Ziele der psychoanalytischen Therapie große Aufmerksamkeit geschenkt. Oskar Diethelm bekräftigte in seinem Beitrag zum Panel seine Ansicht, daß »die Ziele in Abhängigkeit von der persönlichen Philosophie des Therapeuten und seinem theoretischen Hintergrund, den geltenden kulturellen Einstellungen und Einflüssen unterschiedlich formuliert werden« (Kelman, 1956, S. 4). Hier stimmt Diethelm mit Horney (1951) überein, die darauf hingewiesen hatte, daß die Ziele der psychoanalytischen Therapie von der Weltanschauung des Analytikers abhängig seien. Diese Vorstellung tauchte in verschiedener Form in der Mainstream-Psychoanalyse immer wieder auf. Diethelm äußerte sich auch zu der bedeutsamen Tatsache, daß »die Ziele sich während einer ausgedehnten Behandlung ändern werden und daher nur als vorläufige, von einer unvorhersehbaren Zukunft abhängige betrachtet werden können« (Kelman, 1956, S. 6). Es ist erwähnenswert, daß die Notwendigkeit, die Ziele im Verlauf der Analyse zu ändern, auch in einem Aufsatz von Maxwell Gitelson (1954) herausgestellt wurde, einem Aufsatz über das Problem der Analyse von »normalen« Kandidaten (die in Analyse sind, weil die analytische Ausbildung dies von ihnen verlangt). Gitelson weist darauf hin, daß »Normalität eine der Kultur angemessene Anpassung sein kann, aber für die Analyse eine Fehlanpassung bedeuten kann«. Dies kann die Analyse äußerst schwierig machen, insofern der Patient »mit einer Fassade leben kann, deren Struktur durch seine Umwelt geformt wird. Das verschafft opportunistische Triebbefriedigung aufgrund eines Ineinandergreifens der Triebe mit den Anforderungen der Umwelt« (ebd., S. 183). Somit wird es zum Ziel der Psychoanalyse, eine Möglichkeit dafür zu bieten, »eine neue Realität auszutesten – die analytische Situation –, ihre Integrität herzustellen und ihre Relevanz für das Wesen der Person zu prüfen. In diesem Zusammenhang und in Hinblick auf das kulturell bestimmte ›normale‹ Verhalten, das selbst ein Widerstand sein kann, können wir versuchen, die von der Kultur latent gehaltenen Konflikte zu mobilisieren, und können also am Ende die Libidoschicksale selbst analysieren« (ebd., S. 183).

Auf dem Panel von 1955 bemerkt Nathan Ackerman, daß »es uns nicht überraschen sollte, daß jeder Therapeut eine relativ persönliche Ansammlung von Kriterien entwickelt für die Ziele der Therapie und die Wissenschaft der Heilung« (ebd., S. 9). Er fügt hinzu:

> »Die Behandlungsziele und die Konnotationen der Heilung bilden eine Hierarchie von Bedeutungen, die flexibel und unterschiedlich auf eine ganze Reihe von Krankheiten und psychotherapeutischen Unterfangen angewandt werden können. In einigen Fällen kann es sinnvoll sein, sich mit einem geringeren Maß an Heilung zufrieden zu geben; in anderen ist es angemessen und richtig, wenn wir eine vollständigere und höhere Qualität der Heilung erstreben.« (Ebd., S. 11)

Das erste schriftlich dokumentierte Panel über die Ziele der Kinderanalyse wurde 1956 von der Amerikanischen Psychoanalytischen Vereinigung organisiert (darüber berichtete Bernstein, 1956). In der Vergangenheit hatte man dazu geneigt, für die Kinderanalyse dieselben Ziele wie für die Erwachsenenanalyse anzunehmen, aber nun betonte man die Notwendigkeit einer sorgfältigen Einschätzung der Struktur der infantilen Konflikte und Probleme, um zu entscheiden, welche Form von Therapie die angemessenste sein könnte. Hier sehen wir die Auswirkung der Tatsache, daß der aktuellen äußeren Umwelt und den durch sie möglicherweise verursachten »äußeren« Konflikten steigende Bedeutung beigemessen wurde. Die Literatur über Kinderanalyse war in den 50er Jahren stark angewachsen, und vieles, was in bezug auf die Kinderentwicklung gesagt worden war, erwies sich als bedeutsam auch zum Verständnis des seelischen Funktionierens des Erwachsenen und folglich für seine Analyse. In einer Darlegung des Unterschieds zwischen »normaler« und »pathologischer« Abwehr in der Kinderentwicklung schlägt Lampl-de Groot (1957, dt. 1965) vor, daß »wir die neurotischen Abwehrmechanismen als pathologisch gesteigerte oder verzerrte Regulations- und Anpassungsmechanismen betrachten sollten, die als solche zur normalen Entwicklung gehören« (ebd., S. 468). »Seelische Mechanismen, die später in den Neurosen Erwachsener als neurotische Abwehrmechanismen benutzt werden können, sind in der Frühkindheit normale Entwicklungsmechanismen, solange sie den regulativen und adaptiven Fähigkeiten des Ichs dienen und sie fördern« (ebd., S. 472). Sie schließt mit der Bemerkung:

> »Wir sollten in der Analyse versuchen, dem Ich des Patienten die Möglichkeit zu verschaffen, die pathologische, starre Verwendung der Mechanismen in den neurotischen Konflikten aufzugeben und den Weg zu ihrer regulativen, konstruktiven Benutzung freizumachen, um eine harmoni-

sche Nachentwicklung und die Entfaltung der Gesamtpersönlichkeit zu fördern.« (Ebd., S. 476)

Lampl-de Groots Aufsatz war gänzlich einer ichpsychologischen Sichtweise verpflichtet, und so wurden auch die therapeutischen Veränderungen bei Kindern im Sinne von Veränderungen im Gebrauch der Abwehrmechanismen durch das kindliche Ich gesehen.

Ernst Kris' Aufsatz »On some vicissitudes of insight in psychoanalysis« (1956) gibt einen brillanten Überblick über den Zustand der ichpsychologischen Sichtweise zu jener Zeit. Kris sieht das Ziel, Einsicht zu erlangen, als zentral für den Erfolg des analytischen Prozesses mit Erwachsenen an. Eine Vorbedingung für die Einsicht liegt in der Fähigkeit des Ichs, die Vorherrschaft wiederzuerlangen, die es verloren hatte (hier bezieht sich Kris insbesondere auf die Kontrolle der Regression). Ferner muß das Ich seine Selbstbeobachtungsfunktion kultivieren, was zugleich bedeutet, daß der Patient eine relative Objektivität in der Wahrnehmung seiner selbst erreicht. (Kramer, 1959, bezog sich auf die selbst-analytische Fähigkeit des Ichs.) Das Ich muß volle Kontrolle über die Affektabfuhr gewinnen und das Agieren vermindern. Als Folge dieser Errungenschaften und des Erlangens von Einsicht »neigen entscheidende Veränderungen in der Selbstrepräsentation, in den persönlichen Beziehungen und in der Realitätsprüfung insbesondere dazu, sich in einem mit einem besseren Verständnis der Vergangenheit des Individuums zu entwickeln« (Kris, 1956, S. 452).

Neben den zeitgenössischen ichpsychologischen Sichtweisen wird eine Vielfalt von implizit oder explizit auf die Ziele der Analyse bezogenen Ansätzen in Beiträgen unabhängiger Denker wie Karen Horney, Edward Glover, Thomas Szasz und Ronald Fairbairn wiedergegeben. Horney (1951) vertritt in einem Aufsatz über die Ziele der analytischen Therapie die Ansicht, das Ziel der Psychoanalyse bestehe nicht allein darin, Symptome zu heilen, sondern der Analytiker solle vielmehr die Verbesserung der Beziehungen des Patienten anstreben und darauf zielen, daß der Patient das Wesen seiner Persönlichkeit entdeckt. Mit ihren Worten: »Das Ziel der Analyse besteht für den Patienten darin, sich selbst kennenzulernen, wie er ist (Aktualselbst), um eine Neuorientierung und das Finden des eigentlichen Selbst zu ermöglichen (Realselbst)« (S. 470). Diesen Fragen sollte in späteren Jahren besondere Aufmerksamkeit in der – später so genannten – *Objektbeziehungstheorie* und im Werk solcher Autoren wie Donald Winnicott und Heinz Kohut zuteil werden.

Glovers Aufsatz (1954) unterscheidet zwischen den Strukturveränderungen, die durch die Analyse hervorgebracht werden, und der Entlastung von inneren dynamischen Spannungen. Glover fragt sich, ob die Analyse »zum Zwecke der Hervorbringung struktureller Veränderungen oder zur Entlastung von dynamischen (funktionellen) Spannungen betrieben wird« (ebd., S. 97). Er vertritt die Ansicht, daß der letztgenannte Ansatz nicht spezifisch psychoanalytisch sei, auch wenn er sich auf eine psychoanalytische Art des Verstehens stützen könne. Solche Interventionen (zum Beispiel Beruhigung zur Entlastung von »dynamischen Spannungen«) könnten als eine Vorbereitung für die Analyse fungieren.

Glover unterstreicht, daß die Situation in den 50er Jahren immer komplexer geworden sei, und bewertet die Implikationen der Antworten auf einen Fragebogen, den er zwanzig Jahre zuvor unter den Mitgliedern der Britischen Psychoanalytischen Gesellschaft verteilt hatte. Er kommt zu dem Schluß:

> Es gab »keine Evidenz dafür ..., daß auch nur annähernd Konsens über die therapeutischen Kriterien erreicht worden ist. Im Gegenteil, selbst wenn wir solche Schismen ausschließen, wie sie sich aus der vollständigen Aufgabe psychoanalytischer Prinzipien ergeben, hat die Spaltungstendenz in den analytischen Gruppen in diesem und in anderen Ländern immer mehr die Kriterien beeinflußt,

die die psychoanalytische Therapie leiten sollten.« (Ebd., S. 95)

Nach Glovers Sicht, liegt einer der Gründe dafür »in der Entwicklung grundlegender Differenzen hinsichtlich der analytischen Theorie und Ätiologie« (ebd., S. 95).

Diese grundlegenden Differenzen spiegelten sich wider in einem polemischen Angriff auf die Mitglieder der kleinianischen und der Middle Group der Britischen Psychoanalytischen Gesellschaft. Es ist wichtig, nicht zu vergessen, daß Glover, ein Mitglied der Gruppe um Anna Freud, 1943 während der »Controversial Discussions« (King und Steiner, 1991) die Britische Psychoanalytische Gesellschaft aus Protest verließ: aus Protest gegen das, was er als unannehmbare kleinianische Ansicht jener Zeit ansah, daß nämlich »keine Analyse als befriedigend angesehen werden könne, die nicht die infantile depressive Position aufdeckt, ein Organisationszustand, der sich ... nach [Kleins] Ansicht ... während der ersten Lebensmonate entwickelt!« (Glover, 1954, S. 95) Er übte auch beißende Kritik an den Mitgliedern der Middle Group, die, wie er sagt, »ihren Mangel an Originalität dadurch kompensieren, daß sie aus ihrem Eklektizismus eine Tugend machen und vertreten ..., daß, ob die Prinzipien sich unterscheiden oder nicht, die wissenschaftliche Wahrheit allein im Kompromiß liegt« (ebd.). Welche Motive Glover auch immer gehabt haben mag, diesen Aufsatz zu schreiben: wir können seinem Schluß nur zustimmen, nämlich daß empirische Forschung benötigt wird, um »den Einfluß einer defensiven, esoterischen aber nicht eingestandenen *Mystik*« aus unseren Überlegungen zu beseitigen, und daß wir »neben den theoretischen Kriterien klinische aufstellen« sollten, um die analytische Behandlung im Gegensatz zu einer psychoanalytischen Psychotherapie zu definieren, sowie »die strenge Anwendung kontrollierter Forschungsmethoden fordern« sollten (ebd., S. 100).

Während die Diskussion über den wachsenden Indikationsbereich für die Entwicklung der Psychoanalyse in den Vereinigten Staaten äußerst wichtig war, wurde sie von den meisten britischen Psychoanalytikern nicht für bedeutsam gehalten (außer von den Anhängern Anna Freuds). Allerdings fand in England eine bedeutende, die Indikation erweiternde Entwicklung in der kleinianischen Technik statt, insofern der Analyse psychotischer Patienten zunehmend Aufmerksamkeit geschenkt wurde (siehe Bion, 1954; Rosenfeld, 1954; Segal, 1950). Außer der Tatsache, daß die psychotischen Patienten nicht immer auf die Couch gelegt wurden, blieben Deutungstechnik und analytische Ziele jedoch im wesentlichen dieselben wie bei nicht-psychotischen Patienten. Es war keine Rede davon, die Analyse von Psychotikern oder Borderline-Patienten als Psychotherapie anzusehen. In der Middle Group befürworteten Analytiker wie Winnicott (1954), Balint (1952) und Margaret Little (1958) Modifikationen der analytischen Technik, aber auch hier galt das allgemein eher als Analyse denn als Psychotherapie. In der Britischen Psychoanalytischen Gesellschaft werden die Kandidaten oft mit atypischen oder Borderline-Patienten als Kontrollfällen konfrontiert. Psychotherapie wurde als etwas angesehen, das von Therapeuten durchgeführt wurde, die nicht in der Britischen Psychoanalytischen Gesellschaft ausgebildet worden waren, oder von Analytikern, die ihre Patienten weniger als vier- oder fünfmal in der Woche sahen.

Wir beenden dieses Kapitel mit einer recht ausführlichen Darstellung der Arbeiten von Szasz und Fairbairn. Szasz präsentiert eine bemerkenswert umfassende Diskussion der Ziele der Psychoanalyse in seinem Aufsatz »On the theory of psychoanalytic treatment« (1957). Er ist sehr kritisch gegenüber dem Einfluß des medizinischen Modells auf die psychoanalytische Technik, das zu einer Konzeption der Psychoanalyse geführt habe, nach der sie primär als »Behandlung« gesehen werde; und er zeigt seine volle Übereinstimmung mit Freud in der Abkehr vom Ziel, den Patienten zu heilen, und der Wendung hin zu dem Ziel, das Wesen dessen, was der Patient sagt und tut, besser verstehen zu wollen – »das Ziel, dem Patienten zu helfen, wurde dem Ziel des wissenschaftlichen Verstehens untergeordnet« (ebd., S. 167). Szasz erarbeitet eine sehr überzeugende Parallele zwischen der analytischen Technik und den Zielen und Regeln des Schachspiels:

1. Beide sind auf diejenigen beschränkt, die wissen, wie man das Spiel spielt.
2. Beide können durch einen Satz von Regeln beschrieben werden, die in ihren elementaren Bestandteilen als nicht sehr kompliziert erscheinen.
3. Der in den Regeln gegebene Spielraum ist bestimmt durch das, was die Teilnehmer in die Situation einbringen.
4. Während die Regeln festgelegt und vorbestimmt sind, geht das Spiel in der Weise vonstatten, daß jeder Spieler den anderen fortwährend beeinflußt.
5. Die Begriffe *Rigidität* und *Flexibilität* sind für die Regeln beider nicht relevant, denn wir betrachten es als selbstverständlich, daß die Teilnehmer darin übereinstimmen, sich im Sinne einer Konvention an die Regeln zu halten.
6. In allen durch Regeln charakterisierten Situationen strukturieren die Regeln die Situation, aber die Teilnehmer bestimmen die Komplexität und den Reichtum, der sich darin entwickeln kann.
7. Die Endziele sind gegeben und stehen den Teilnehmern nicht zur Wahl.

Szasz befindet sich in Übereinstimmung mit Freud auch darin, daß die Analyse als eine Untersuchungs*methode* anzusehen sei; dennoch sieht er eine Ähnlichkeit zwischen Analyse und Schachspiel, und zwar darin, daß auch die Analyse eine Methode darstellt, die eine Vielfalt von möglichen, von den Regeln erlaubten, technischen »Zügen« hat, und es sind diese Regeln, die die Ziele der Analyse bestimmen. Die Spielregeln und das Ziel des Spiels sind *komplementäre Konzepte:*

> Einen »Satz von Regeln für die Technik der Psychoanalyse vorausgesetzt, werden wir uns nicht zu fragen haben, welches die Ziele oder Erwartungen des Analytikers oder des Patienten sind, sondern welches *Ziel* in das therapeutische Verfahren durch genau seine eigenen Operationen ›eingebaut‹ sein kann« (ebd., S. 172).

Szasz unterscheidet *Zwischenziele* von einem *Endziel.* Es ist interessant zu lesen, was er in diesem Zusammenhang sagt:

> »Da allgemeine Übereinstimmung darüber besteht, daß der Analyse als einem Prozeß (nicht als einer Situation) etwas *Unendliches* innewohnt – wäre es da nicht hilfreich, das Endziel der Behandlung so zu formulieren, daß es mit diesem Standpunkt konsistent wäre? In Einklang mit den vorausgehenden Überlegungen glaube ich, daß das Endziel der Psychoanalyse weder im Bezugsrahmen der Technik noch in dem der sozialen oder interpersonalen Anpassung bestimmt werden soll, sondern eher in allgemeinen Begriffen, die sich auf die Orientierung der Person (des Ichs) beziehen: auf die Orientierung in bezug auf ihr vergangenes und gegenwärtiges inneres Leben (Objekte) als auch auf ihre äußeren Lebenserfahrungen. Wie können wir diesen Endzustand beschreiben und all den erwähnten Anforderungen gerecht werden? Die Antwort auf diese Frage kann in Freuds Schriften gefunden werden, obwohl er sie nicht so explizit formuliert hat, wie ich es nun tun will. In Übereinstimmung mit dieser Sicht ist das Ziel der psychoanalytischen Behandlung die Einrichtung einer nie zu Ende kommenden, sich ständig vertiefenden *wissenschaftlichen Haltung* im Patienten gegenüber jenen Teilen seines Lebens, die die Sphäre der Psychoanalyse darstellen. Die Sphäre der Analyse … besteht aus der Lebensgeschichte der Person, ihren inneren Objekten und ihren sich immer ändernden Erfahrungen. … Man darf nicht vergessen, daß eine Definition des Endziels der Psychoana-

lyse, wie die oben dargelegte, die vielen Zwischenziele, die von Freud und anderen beschrieben wurden, *nicht* überflüssig macht. Vielmehr muß das Konzept des Endziels einigen unserer vorläufigen Konzepte *hinzugefügt* werden, um eine umfassendere theoretische Synthese dessen, was die analytische Behandlung ausmacht, zu erreichen.« (Ebd., S. 176)

Waelder (1936) folgend, betrachtet Szasz die oben erwähnte *wissenschaftliche Haltung* als »*die Fähigkeit, zwischen dem Möglichen und dem Realen zu unterscheiden*« (ebd.). Das Ziel, »dem Patienten zu helfen«, und das Ziel, daß der Patient gegenüber sich selbst und seinen Beziehungen zu den anderen eine wachsende wissenschaftliche Haltung einnimmt, sind nicht zwei getrennte Prozesse, sondern sie »sind komplementäre und sich nicht wechselseitig ausschließende Ziele«.

Szasz pflichtet der Ansicht bei, daß die Analyse, wie das Schachspiel, ein Verfahren oder eine Technik mit vielen miteingebauten *intermediären* Möglichkeiten sei. Ihre Regeln und also ihre Ziele sind definiert und sollen nicht modifiziert werden, um einem besonderen Patienten zu entsprechen, obwohl der Weg, den der Prozeß nimmt, von Patient zu Patient merklich unterschieden sein kann. Damit verbunden ist Szasz' Mißbilligung der Anwendung des Wortes »Behandlung« auf die Psychoanalyse, das

»sich gewöhnlich auf die Tätigkeit einer Person in einer Situation oder Interaktion mit einer anderen Person (oder Personen) bezieht; wohingegen in der Psychoanalyse die eigentliche Bedeutung von ›Behandlung‹ von der Tätigkeit beider, des Analytikers und des Patienten, abhängt und sich infolgedessen in diesem Kontext auf einen Prozeß bezieht, der die Tätigkeiten der Beteiligten zugleich *einschließt* und von ihnen abstrahiert« (ebd., S. 178).

Trotz der geschickten Argumentation des Aufsatzes von Szasz fand er nicht überall Zustimmung. Er veranlaßte Ronald Fairbairn, einen der hervorragendsten Vertreter der britischen Objektbeziehungsschule,[2] dazu, seine in manchem von Szasz Ansichten abweichende Sicht in einem Aufsatz mit dem Titel »On the nature and aims of psychoanalytical treatment« (1958) auszudrücken. Er kritisiert unter anderem die Ansicht, daß die Psychoanalyse keine Form der Behandlung sei, »denn das entscheidende Motiv des Patienten ist … der Wunsch, eine Entlastung von seinen Symptomen zu erlangen … dadurch, daß der Analytiker einen Patienten für die psychoanalytische Behandlung annimmt, übernimmt er implizit ein therapeutisches Ziel« (ebd., S. 376f.). Fairbairn schreibt:

> »Im allgemeinen kann ich das Gefühl nicht loswerden, daß jede Tendenz, den Einzelheiten der klassischen psychoanalytischen Technik, so wie sie durch Freud vor mehr als einem halben Jahrhundert standardisiert wurde, mit ausgesprochener Rigidität anzuhängen, der Gefahr einer defensiven Verwertung im Interesse des Analytikers und auf Kosten des Patienten unterliegt – wie unbewußt dies auch immer sein mag. Und gewiß erweckt jede Tendenz, die klassische Technik als sakrosankt zu behandeln, den Verdacht, daß ein Element einer solchen defensiven Verwertung am Werk ist. Weiterhin scheint es mir, daß eine völlige Verkehrung des therapeutischen Ziels in jeder expliziten oder impliziten Forderung enthalten ist, der Patient hätte der Natur der therapeutischen Methode zu entsprechen, statt daß die Methode den Erfordernissen des Patienten entsprechen müsse.« (Ebd., S. 378f.)

[2] Fairbairn vertrat in seinem Buch *An Object Relations Theory of the Personality* (1954) die Ansicht, daß das Ich die Quelle der Libido sei, die eher objektsuchend als lustsuchend sei. Aggression wurde als eine Reaktion auf Frustrationen gesehen, und folglich war der Begriff eines Es unnötig und konnte durch die Vorstellung eines »libidinösen« und eines »anti-libidinösen« Ichs ersetzt werden. Der Rolle der Interaktion zwischen Selbst und äußeren Objekten wurde große Bedeutung beigemessen.

In der Ausarbeitung seiner Sicht des therapeutischen Prozesses sagt Fairbairn, daß »der wirklich entscheidende Faktor die Beziehung des Patienten zum Analytiker ist, und von dieser Beziehung sind die anderen Faktoren ... nicht nur in ihrer Wirksamkeit, sondern generell in ihrer Existenz selbst abhängig, denn bei Fehlen einer therapeutischen Beziehung zum Analytiker treten sie nicht auf. ... Es soll hinzugefügt werden, daß das, was ich unter ›der Beziehung zwischen dem Patienten und dem Analytiker‹ verstehe, nicht bloß die an der Übertragung beteiligte Beziehung ist, sondern die Gesamtbeziehung, wie sie zwischen dem Patienten und dem Analytiker als Personen existiert« (ebd., S. 379). Das Hauptziel der Psychoanalyse ist

> »im Rahmen einer therapeutischen Beziehung mit dem Analytiker ein Maximum an ›Synthese‹ der Strukturen zu fördern, in die das ursprüngliche Ich aufgespalten war. Am Erreichen dieser Ziele sind zwei weitere Ziele beteiligt, nämlich a) eine maximale Reduktion der fortbestehenden infantilen Abhängigkeit und b) eine maximale Reduktion des Hasses auf das libidinöse Objekt, das, nach meiner Theorie, letztlich für die ursprüngliche Spaltung des Ichs verantwortlich ist. ... [Außerdem] wird noch ein weiteres Ziel der psychoanalytischen Behandlung sein, Breschen in das geschlossene System zu schlagen, das die innere Welt des Patienten konstituiert, und so diese Welt dem Einfluß der äußeren Realität zugänglich zu machen.« (Ebd., S. 380)

Er schließt mit einem treffenden Kommentar dazu, wie die psychoanalytische Behandlung wirkt und welchen Zweck sie hat.

> »Die psychoanalytische Behandlung löst sich auf in einen Kampf seitens des Patienten, mittels der Übertragung seine Beziehung mit dem Analytiker in das geschlossene System der inneren Welt zu zwingen, und in eine Entschlossenheit seitens des Analytikers, eine Bresche in dieses geschlossene System zu schlagen und die Bedingungen herzustellen, unter denen der Patient im Rahmen der thera-

peutischen Beziehung dazu bewegt werden kann, das offene System der äußeren Realität anzuerkennen.« (Ebd., S. 385)

Wir können die 50er Jahre nicht verlassen, ohne auf die Monographie von Marie Jahoda über *Current Concepts of Positive Mental Health* (1958) einzugehen. In diesem Werk, das für die »Joint Commission on Mental Illness and Health« in den Vereinigten Staaten verfaßt wurde, gibt Jahoda einen Überblick über die umfangreiche Literatur über seelische Gesundheit und Krankheit, einschließlich bedeutsamer psychoanalytischer Beiträge. Sie kategorisiert und klärt die psychologische Bedeutung der vielfältigen Kriterien, die für die Einschätzung seelischer Gesundheit benutzt werden (siehe auch einen ähnlich umfassenden späteren Versuch von McGlashan und Miller, 1982). Jahoda gruppiert die Kriterien unter die Überschriften »Einstellungen zum Selbst«, »Wachstum, Entwicklung und Selbstverwirklichung«, »Integration«, »Realitätsorientierung«, »Autonomie«, »Realitätswahrnehmung« und »Umweltbeherrschung«. In Übereinstimmung mit Hartmann (1939b) weist sie darauf hin, daß es viele verschiedene Typen von Personen gibt, die als gesund gelten können, und kommt zu dem Schluß, daß ein Ansatz für die Einschätzung der Gesundheit notwendig sei, der sich auf »mannigfaltige Kriterien« stützt. Ganz verschiedene Kriterien können für verschiedene Menschen gültig sein, und ein einzelnes Kriterium ist für die Einschätzung der seelischen Gesundheit nicht ausreichend. Jahoda weist dann auf das hin, was sie das »Wertedilemma« nennt.

»Verschiedene Personen werden verschiedene Werte vorziehen, und die hier diskutierten Kriterien stehen in unterschiedlichen Beziehungen zu diesen Werten. Man könnte das zum Beispiel daran zeigen, daß den Erfordernissen der Situation gerecht zu werden in engerem Zusammenhang mit der Erhaltung des *Status quo* oder mit Konformismus steht als mit Kreativität; oder daß das Kriterium der Anpassung automatisch die ökonomisch Abgesicherten bevorzugt, die eher in der Lage sind, ihre Umgebung zu verändern, als jene, die unter weniger privilegierten Bedingungen leben. ... Wie klassenspezifisch oder kulturell gebunden ist die Wertorientierung derjenigen, die diese Kriterien vorgeschlagen haben? Würden Leute, die in einer orientalischen Zivilisation leben, Kontemplation und Gleichmut als geeignete Kriterien betrachten? Wäre es eher angemessen, das Etikett ›seelische Gesundheit‹ einer sich durchsetzenden Aggressivität zuzuschreiben, damit es zu den herrschenden Werten in der Arbeiterklasse der westlichen Zivilisationen paßt?« (Ebd., S. 77f.)

Wallerstein hat angemerkt, daß Jahodas Vorstellungen von seelischer Gesundheit und Normalität zu den Bezugsgrößen geworden sind, an denen therapeutische Leistungen gemessen werden müssen, in Anbetracht all der Kultur- und Wertkontextualisierungen, die wir im Umfeld der Konzeptionen von Gesundheit und Normalität zu beachten haben (persönliche Mitteilung).

Zum Schluß ...

Zwar wurde in den 50er Jahren explizit wenig Neues hinsichtlich der psychoanalytischen Ziele gesagt, doch begannen wichtige Entwicklungen Gestalt anzunehmen. Die Diskussion über den wachsenden Indikationsbereich spiegelte ein Bewußtsein davon wider, daß die psychoanalytische Technik flexibel zu sein hatte und modifiziert werden mußte, um den analytischen Bedürfnissen des individuellen Patienten zu entsprechen. Dies rief seinerseits zweierlei Reaktionen hervor. Auf der einen Seite gab es eine Erstarrung der Technik durch ein Insistieren auf der Notwendigkeit eines »Standardverfahrens«, das nur vorübergehend durch sogenannte »Parameter« modifiziert werden könnte (Eissler, 1953). Auf der anderen Seite begann die Ich-Psychologie von den Unterschieden in der Entwicklung und Struktur des Ichs Notiz zu nehmen und versuchte, nicht-neurotische Pathologien aus der Sicht der Funktionsweise des Ichs zu sehen. Folglich wurden die Ergebnisse der analytischen Behandlung als strukturelle Veränderungen im Ich betrachtet. Jenseits dieser Entwicklungen in den Vereinigten Staaten fanden Aussagen im Rahmen der Objektbeziehungstheorie zunehmend den Weg in die Literatur über psychoanalytische Theorie und Praxis. Wie Loewald in seinem hervorragenden Aufsatz »On the therapeutic action of psychoanalysis« (1960, dt. »Zur therapeutischen Wirkung der Psychoanalyse«) sagt:

> »Eine Objektbeziehung zwischen Patient und Analytiker wird zwar für selbstverständlich gehalten, doch spiegeln klassische Formulierungen über die therapeutische Wirkung und die Rolle des Analytikers in der analytischen Beziehung unser gegenwärtiges Verständnis der dynamischen Organisation des psychischen Apparats nicht wider.« (1960, dt. 1986, S. 210)

Die in den 50er Jahren sichtbaren Tendenzen setzten sich im nächsten Jahrzehnt als konzeptuelle Spannungen fort, bis sich schließlich deutlich unterschiedene Schulen innerhalb der psychoanalytischen Bewegung herauskristallisieren sollten.

6.
Wachsende Spannungen

In den 50er Jahren zeigten psychoanalytische Autoren größere Unabhängigkeit in ihrem Denken und hielten sich immer weniger an früher akzeptierte Konzeptualisierungen. Gleichzeitig, und als Reaktion auf diese Tendenz, wurden in der Psychoanalyse rigide Positionen vertreten. Die Diskussion über die Ziele konzentrierte sich zunehmend auf die intrapsychischen Modifikationen, die durch die Analyse bewirkt wurden; als solche sah man etwa Veränderungen in der Beziehung des Individuums zu seiner persönlichen Umwelt. Obwohl man sich der Notwendigkeit größerer Flexibilität des Herangehens gerade auch im Falle der Therapie von nicht an Neurosen leidenden Patienten bewußt geworden war, blieben die Ansichten über das, was die analytische Methode ausmacht, relativ rigide, insbesondere in den Vereinigten Staaten; mit anderen Worten, es gab eine »Standardtechnik«, und man neigte dazu, Variationen dieser Technik als Abweichungen dessen, was man für »reine« Analyse hielt, anzusehen. Andererseits wiesen Aussagen von Autoren wie Fairbairn (1958) auf die dringende Notwendigkeit größerer Flexibilität in der Bestimmung dessen hin, was »reine« Analyse eigentlich sein sollte. Fairbairns Bemerkung – daß »eine völlige Verkehrung des therapeutischen Ziels in jeder expliziten oder impliziten Forderung enthalten ist, der Patient hätte der Natur der therapeutischen Methode zu entsprechen, anstatt daß die Methode den Erfordernissen des Patienten zu entsprechen habe« (ebd., S. 379) – kann als eine Reaktion sowohl auf die Rigidität der »klassischen« Analyse als auch auf die von den Nachfolgern Melanie Kleins befürwortete Technik verstanden werden. Dennoch wurde jetzt der Frage nach der Natur der therapeutischen Faktoren, die intrapsychische Veränderungen durch Analyse bewirken, wachsende Aufmerksamkeit geschenkt, wurde ein engerer Zusammenhang zwischen der psychoanalytischen Metapsychologie und der Theorie der psychoanalytischen Therapie hergestellt. So verbindet Hans Loewald (1960) den analytischen Prozeß mit der Ich-Entwicklung. Er sieht sie als einen

> »Prozeß zunehmend stärkerer Integration und Differenzierung des psychischen Apparats. ... Unter diesem Gesichtspunkt kann man eine Analyse als eine Phase (oder Phasen) einer induzierten Desorganisation und Reorganisation des Ichs bezeichnen. ... Die Analyse wird demnach als ein Eingriff verstanden, der die Ich-Entwicklung in Bewegung bringen soll, sei es von einem Punkt relativen Stillstands aus oder aber, um das zu fördern, was wir als eine gesündere Richtung oder weitere Ausdehnung dieser Entwicklung ansehen. ... [Der Veränderungsprozeß wird] nicht einfach durch die technische Gewandtheit des Analytikers in Gang gesetzt, sondern dadurch, daß sich der Analytiker für die Entwicklung einer neuen ›Objektbeziehung‹ zwischen Patient und Analytiker zur Verfügung stellt ... Wir wissen aus der analytischen Erfahrung wie auch aus der Lebenserfahrung, daß neue Anläufe zur Entwicklung in enger Verbindung mit jenen ›regressiven‹ Neuentdeckungen unserer selbst stehen können, die sich aus dem Aufbau neuer Objektbeziehungen ergeben mögen ... [sie bieten die Möglichkeit], die frühen Wege der Entwicklung von Objektbeziehungen wiederzuentdecken und damit einen neuen Weg zu finden, zu anderen in Beziehung zu treten und man selbst zu sein.«[1] (Loewald, 1960, dt. 1986, S. 212f.)

[1] Loewalds Erörterung baut auf seinem umfassenden theoretischen Modell der intrapsychischen Struktur und ihrer Funktionsweise auf, wobei das Ziel der psychoanalytischen Therapie im Sinne fortlaufender Veränderungen in

Das Gewahrwerden dessen, daß solche Veränderungen nicht immer im Verlauf der analytischen Arbeit bewerkstelligt werden können, führte zu einer realistischeren Einschätzung der Grenzen der Methode und daher zu einem tieferen Verständnis der dringenden Notwendigkeit, weniger ehrgeizig zu sein in Hinblick auf das, was die Analyse im Einzelfall erreichen kann. Der Anstoß in Richtung eines größeren Realismus in den 60er Jahren wurde durch zwei außergewöhnliche Bücher über psychoanalytische Technik verstärkt: durch Leo Stones *Die pschoanalytische Situation* (1961, dt. 1973) und Ralph Greensons *Technik und Praxis der Psychoanalyse* (1967, dt. 1986).

Die 60er Jahre waren für die Entwicklung der Psychoanalyse ein wichtiges Jahrzehnt. In England war seit den »Controversial discussions« der frühen 40er Jahre genügend Zeit verstrichen, so daß ein konstruktiver Dialog zwischen den drei Gruppen in der Britischen Psychoanalytischen Gesellschaft beginnen konnte. Eine zunehmende Zahl von Analytikern unternahm Versuche, den Wert von Ideen, die Mitglieder anderer Gruppierungen vorgebracht hatten, zu erkunden und sie zu verstehen. Gleichzeitig fehlte unter vielen noch die Bereitschaft, Gruppenpositionen aufzugeben, die sich eingebürgert hatten; und während in der

der Struktur des psychischen Apparates formuliert wird. Loewalds Ansichten scheinen auf den ersten Blick denen von Alexander zu ähneln, der an seinen frühen Aufsatz »Metapsychologische Darstellung des Heilungsprozesses« (1925) anschließend die dort vorgebrachten Ideen nach seiner Gründung des Chicago Institute 1932 ausführlicher entwickelt hatte. Die bekannteste dieser Ideen war das Konzept der »korrektiven emotionalen Erfahrung«, in der der Analytiker das Über-Ich des Patienten durch die Übertragung zu korrigieren versucht, indem eine neue Über-Ich-Haltung angenommen wird, die sich von der des eigenen Über-Ichs des Patienten unterscheidet. Die Intention des Analytikers bei dieser Technik bestand darin, den Patienten »aktiv« (durch absichtliche Veränderungen in der Haltung des Analytikers) Unterschieden zwischen dem ursprünglichen Konflikt und der aktuellen analytischen Situation auszusetzen (Alexander und French, 1946). Dieser Ansatz wurde allgemein als manipulativ und nicht-analytisch betrachtet. Loewalds Ansatz hingegen ist nicht-manipulativ und analytisch.

Diskussion von klinischem Material wohl die Tendenz bestand, eine gemeinsame Basis zu entdecken, wurden theoretische »Abweichungen« im großen und ganzen mißtrauisch betrachtet. Eine ähnliche Spannung war in den Vereinigten Staaten wahrnehmbar, wo zwar neue Ideen vertreten wurden, die amerikanische Psychoanalyse aber auch noch sehr stark vom ichpsychologischen Establishment kontrolliert wurde. Wir können dies zum Beispiel an der mangelnden Anerkennung sehen, die in dieser Zeit der Arbeit eines Analytikers wie Loewald entgegengebracht wurde, der erst später als ein bedeutender Autor angemessen wahrgenommen wurde. Die 60er Jahre waren eine produktive Zeit, jedoch bestanden noch starke Spannungen zwischen den Befürwortern verschiedener Ansichten; und der Leser mag wohl spüren, wie diese Spannungen in der Struktur dieses Kapitels deutlich werden. Es ist schwierig gewesen, für dieses Jahrzehnt einen Haupttrend herauszustellen, und war nur (wie wir fanden, nachdem wir dieses Kapitel geschrieben hatten) in dem Sinne möglich, daß wir durch unsere Auswahl des Materials ein Gefühl für den Konflikt und die daraus resultierende Spannung vermittelten.

Es ist bezeichnend, daß die Amerikanische Psychoanalytische Vereinigung im Jahre 1964 entschied, ein Panel über »Grenzen der Psychoanalyse« zu halten (darüber berichtete Gray, 1965). Dort stellte Wallerstein seinen Aufsatz »The goals of psychoanalysis« (1965) vor, der als ein Meilenstein in dem Versuch betrachtet wurde, das Konzept der analytischen Ziele zu strukturieren und zu systematisieren. Wallersteins Aufsatz trägt den Untertitel »a survey of analytic viewpoints« (»Ein Überblick über die analytischen Standpunkte«), und er legt wahrlich einen umfassenden historischen Überblick vor. Der Aufsatz ist nebenbei ein ausgezeichnetes Beispiel, wie historische Forschung genutzt werden kann, um ein Modell dafür zu schaffen, wie analytische Ziele besprochen und systematisiert werden können. Seine Übersicht läuft auf eine Einteilung der analytischen Ziele in verschiedene Ebenen oder Kategorien hinaus, und er verbindet Änderungen in der Konzeptualisierung von Zielen mit äußeren Faktoren, einschließlich der Modifikationen, die in der Sphäre theoretischer Diskussionen in der Psychoanalyse stattgefunden haben.

Wallersteins Aufsatz beginnt mit der Behauptung: »Eine Diskussion der Grenzen der Psychoanalyse als einer Behandlungsmethode stellt notwendigerweise die Frage nach den idealen und den praktischen Zielen der psychoanalytischen Behandlung, denen ihre unvermeidlichen Unzulänglichkeiten gegenübergestellt werden müssen.« (Wallerstein, 1965, S. 748) In der Literatur über Ziele hat man zwischen solchen Formulierungen unterschieden, bei denen es sich nach Wallersteins Meinung um Unterscheidungen handelt, die *idealisierte* Ziele betonen, und zwischen solchen, die sich auf *erreichbare* Ziele beziehen. Er sagt:

> »Ich möchte mich expliziter auf die Frage der Ziele *per se* konzentrieren, und zwar aus der Sicht von drei Hauptpolaritäten, von denen jede auf den ersten Blick ein Paradox oder zumindest eine Zusammenstellung komplementärer Standpunkte darzustellen scheint. Das erste scheinbare Paradox ist das zwischen der Ziellosigkeit (oder Absichtslosigkeit) als einem technischen Werkzeug, das die richtige therapeutische Haltung analytischer Arbeit kennzeichnet, und der Tatsache, daß sich die Psychoanalyse von allen anderen Psychotherapien, seien es analytisch orientierte oder nicht, dadurch unterscheidet, daß sie die ehrgeizigsten und weitreichendsten Ziele im Sinne der Möglichkeiten einer grundsätzlichen Reorganisation der Persönlichkeit aufstellt.« (1965, S. 749)

Die zweite bedeutsame Polarität liegt in der Unterscheidung zwischen »den Zielen der Psychoanalyse, die auf die angestrebten Ergebnisse bezogen sind, und den Zielen der Psychoanalyse, die im Sinne des analytischen Prozesses als Instrument gesetzt sind, damit sie jene Veränderungen hervorbringen«. *Ergebnis-*

ziele werden in Begriffen von wahrnehmbarem Verhalten und von Veränderungen in den Beziehungen konzipiert, während sich *Prozeßziele* auf die zwischenzeitlichen Veränderungen beziehen, die während der Analyse bewirkt werden. Wallerstein sagt – nach seiner Diskussion der in der Literatur wiedergegebenen Prozeß- und Ergebnisziele –, es sei eine stillschweigende Annahme,

> »daß sie sich beide zusammen und angemessen aufeinander abgestimmt entwickeln – das heißt, daß das Erlangen analytischer Einsichten im Prozeß der Bewußtmachung des Unbewußten die konstante, notwendige und (implizit) hinreichende Begleiterscheinung des Erreichens der Ergebnisziele ist, nämlich lieben und arbeiten zu können. ... Wir wissen jedoch auch, daß dies unglücklicherweise nicht immer so ist.« (Ebd., S. 763)

Wallersteins Zusammenfassung seiner Position hinsichtlich dieser zweiten Polarität liefert allerdings noch einen anderen Gesichtspunkt. Er sagt, es sei gerade »die Unterscheidung zwischen den Ergebniszielen der analytischen Therapie – die in Begriffen von wahrnehmbarem Verhalten und Beziehungsänderungen konzeptualisiert werden – und den Prozeßzielen der analytischen Therapie – die in metapsychologisch erklärenden Begriffen konzipiert werden –, die zumindest implizit eine Therapietheorie darüber aufstellt, wie die Analyse Veränderung veranlaßt und ihre Ergebnisziele erreicht« (ebd., S. 768).

Die dritte Polarität, die bei der Auswertung der relevanten Literatur Verwendung findet, ist »die oszillierende Unterscheidung zwischen der begrenzteren und der ehrgeizigeren, der pessimistischeren und der optimistischeren Sichtweise dessen, wieviel von diesem Streben nach Veränderung eigentlich innerhalb der Grenzen menschlicher analytischer Bemühung erreicht werden kann« (S. 768).

In seiner Arbeit »Psychoanalysis: reflections and comments« unterscheidet Glueck (1960) – Wallersteins Formulierungen von 1965 in gewisser Weise vorgreifend – zwischen *Nahzielen* und *Endzielen.* Es lohnt sich, Glueck ausführlich zu zitieren.

»Wir sind gewohnt, zwischen einer psychoanalytischen Therapie und allen anderen Formen von Psychotherapie zu unterscheiden, indem wir annehmen – worauf wir manchmal tatsächlich mit einer ziemlich unberechtigten Überheblichkeit insistieren –, daß wir uns in allen nichtpsychoanalytischen Psychotherapien damit zufrieden geben, den Patienten von seinen Symptomen zu befreien, wohingegen das grundlegende Anliegen der Psychoanalyse darin besteht, den Patienten von seinem Bedürfnis zu befreien, Symptome zu erzeugen. Das ist wahr, aber nicht ganz, und nur ein Narr würde die starke Bedeutung unterschätzen, die es für den Patienten hat, seine Symptome loszuwerden. Von der obersten Verpflichtung des Arztes, das Leiden zu lindern, einmal abgesehen, bin ich zu folgender Sicht der Ziele einer psychoanalytischen Therapie gekommen. Zunächst einmal unterscheide ich zwischen greifbaren Nahzielen und ... Fern- oder Endzielen. Was die Endziele betrifft, so streben wir erstens danach, dem Patienten zu helfen, eine tiefere und breitere Selbstkenntnis zu gewinnen ..., was in der Regel hilft, die allgemein menschliche Tendenz zur Ambivalenz auf ein Minimum zu reduzieren. Das Auftauchen dieser Art von Einsicht ist als ein ›Sprung‹ von der Dunkelheit ins Licht bezeichnet worden. Diese Einsicht beleuchtet, manchmal mit dramatischer Plötzlichkeit, Dinge, die früher dunkel und nicht erkennbar gewesen sind. Diese blitzartigen Einsichten helfen dem Patienten, Gefühle und Ereignisse zu integrieren, derer er sich schon mehr oder weniger bewußt gewesen sein mag, aber nur als disparate, unzusammenhängende und bedeutungslose Teile eines Ganzen.

Zweitens zielt eine gut durchgeführte psychoanalytische Therapie darauf, dem Patienten zu helfen, eine vollständigere Selbstverwirklichung zu erlangen und ein eigenständiges Individuum zu werden, das so weit wie möglich befreit ist von hemmenden Befürchtungen und Ängsten, die es schwierig oder unmöglich machen, die Lebensaufgaben ehrlich und mutig in Angriff zu nehmen. Man sollte im Laufe einer Psychoanalyse die feste Überzeugung gewinnen, daß niemand, der Angst davor hat, sich selbst aufrichtig anzusehen und zu verstehen, zu Leistungsfähigkeit, Mut und Kreativität im Leben kommen kann. Das Erreichen einer festen und sicheren Fähigkeit zur Selbstverwirklichung soll jegliche Zuflucht in die Krankheit oder in verwirrende, hemmende und unvernünftige Abwehrmanöver unnötig machen.

Das dritte wichtige Ziel, das die psychoanalytische Therapie zu erreichen sucht, ist es, eine befriedigende, syntone Selbstakzeptanz zu erlangen, die für ein gegebenes Individuum unter seinen Lebensumständen bestmögliche.

Diese drei Ziele des Selbstverstehens, der Selbstverwirklichung und der Selbstakzeptanz sind unabdingbar für das Erlangen einer Fähigkeit zur Selbstbestimmung. Das Erreichen dieser Ziele bedeutet natürlich nicht, daß sie endgültig oder vollständig erreicht wären. Wir wissen, daß der lebende menschliche Organismus nie ein fertiges Produkt ist und daß Wachstum und Ausweitung des ›Selbst‹ so lange fortwähren kann, wie das Leben dauert, wenn keine ernsten Hindernisse im Wege stehen.

Zusätzlich zu diesen oben erwähnten Endzielen werden in einer gut durchgeführten psychoanalytischen Therapie natürlich auch viele nahe oder unmittelbare Ziele erreicht, zum Nutzen des Patienten und zur Befriedigung des Arztes. Es ist aber meine feste Überzeugung, daß keine Psychoanalyse je wirklich beendet ist. Gleichgültig, wieviel Zeit durch eine bestimmte psychoanalytische Erfahrung in Anspruch genommen wird: sie kann allenfalls eine Auswahl der großen Zahl, Vielfalt und Komplexität von Problemen bewältigen, die im Verlauf der Entwicklung eines Menschenlebens auftauchen. Aber sie muß eine Auswahl sein, die genügt, um es dem Patienten oder Studierenden zu ermöglichen, etwas vom Wesen und von der Dynamik des Unbewußten zu erleben; etwas vom Wechselspiel der Emotionen in der Übertragungssituation; ein Beispiel für die Art und Weise, wie Angst entsteht und wie ihre Beziehung zur Symptombildung ist und zu dem Bedürfnis nach Symptomen als Linderungsmittel gegen die Qualen der Angst. Nur wenn es gelingt, die hier diskutierten Ziele zu erreichen, kann man jenes wichtige Unterscheidungsmerkmal für die psychoanalytische Therapie wirklich beanspruchen, nämlich daß sie darauf zielt, das Bedürfnis nach Symptombildung abzuschaffen.« (1960, S. 134f.)

Die Beschreibung von »Zielniveaus« bei Autoren wie Glueck und Wallerstein wirft die Frage nach Normalität und seelischer Gesundheit wieder auf. Zwei Aufsätze aus Europa beschäftigen sich mit diesem Thema. Der erste Aufsatz – von E. E. Krapf aus Genf (1961) – bespricht ausführlich die Probleme im Umfeld der Konzepte von Normalität und Gesundheit. Er zitiert die wohlbekannte Unterscheidung zwischen »statistischer Normalität« und »normativer Normalität«, wobei die letztere »das ist, wie es sein *sollte*«. Obwohl es dem Konzept der Normalität inhärente Schwierigkeiten gibt, kommt Krapf zu dem Schluß, daß es möglich sei, zu einer psychoanalytischen Definition seelischer Gesundheit zu kommen. »Wenn wir glauben, daß sich die wirkliche Heilung eines psychopathologischen Falles nicht auf das Verschwinden der Symptome beschränken läßt, sondern daß sie das Erlangen einer beständigen Stabilisierung der Persönlichkeit einschließt, ist es unmöglich, sich mit einem Konzept zufrieden zu geben, das nur auf statischen und phänomenologischen Merkmalen basiert.« (S. 441)

Zwei wesentliche Kriterien für seelische Gesundheit werden

von Krapf herausgearbeitet. Diese sind *Vernünftigkeit* und *Gleichgewicht. Vernünftigkeit* meint die Vorherrschaft des Ichs über das Es, charakterisiert durch »Vernunft und Umsicht«. Gleichgewicht ist wichtig, weil »eine zu große Vorherrschaft des vernünftigen Ichs kaum gesünder ist als eine völlige Herrschaft des Es« (S. 440). Darin ist er mit Hartmann (1939a) einer Meinung, der die Ansicht vertreten hatte, daß »ein gesundes Ich fähig sein sollte, das System rationaler Kontrollen anzuwenden und gleichzeitig die Tatsache des irrationalen Wesens anderer geistiger Aktivitäten in Rechnung zu stellen« (1939a, dt. 1972, S. 25). Nach Krapf benötigt das Ich »eine gute Orientierung am Ideal ... Die Qualität der Orientierung am Ideal hängt vor allem von den Werten ab, die die kulturelle Umwelt der Person ›vorschlägt‹ ... Die ›Vorschlagenden‹ sind an erster Stelle die Eltern, aber auch die anderen Familienmitglieder und die soziale und kulturelle Umwelt im allgemeinen« (1961, S. 442).

Krapf bringt ein einsichtiges Argument, wenn er bemerkt, daß Kinder und Jugendliche das vernünftige Gleichgewicht, das die seelische Gesundheit von Erwachsenen charakterisiert, vielleicht nicht besitzen. Aber auch wenn das Verhalten der Kinder pathologisch aussehen mag, müssen sie nicht als krank bezeichnet werden. Dies ist so, weil Kinder – dann, wenn sie ein Ungleichgewicht erzeugen oder (wie im Jugendalter) die Anzeichen unvollständiger Progression – die Effekte einer Regression aufweisen mögen. »Dies gestattet uns«, sagt er, »die seelische Gesundheit eines jungen Menschen sehr genau zu definieren: wir betrachten ihn als eine sich entwickelnde Person, wenn er in seiner Progression nicht behindert und daher in der Lage ist, sie in dem Maße, wie sein biologisches Wachstum weiter fortschreitet, zu vervollständigen« (S. 443). Hier entspricht Krapfs Erklärung genau Anna Freuds Ansicht, das Ziel der Kinderanalyse sei es, das Kind auf den normalen Entwicklungsweg zurückzubringen (1965).

Zum Schluß sagt er, daß es richtig sei, jene zu kritisieren, »die (im allgemeinen ohne es zu wissen) ihre eigenen kulturellen Werte in die Konzepte von seelischer Gesundheit einbringen, die als universell gültig dargestellt werden. Das psychoanalytische Konzept ist diesem Einwand jedoch nicht ausgesetzt, da es der Fähigkeit der Person überlassen bleibt, zwischen einer Modifikation ihres Verhaltens oder der ihrer Umgebung zu wählen« (S. 444). Die seelische Gesundheit des Individuums wird vor allem durch seine Fähigkeit zur *flexiblen Anpassung* charakterisiert, die »das Errichten eines psychischen Gleichgewichts, in dem die Vernunft und das Ich vorherrschen« (ebd.), zur Folge hat.

Während vieles für Krapfs Konzept spricht, ist seine These, das psychoanalytische Konzept seelischer Gesundheit werde nicht von den kulturellen Werten des Analytikers beeinflußt, offenkundig falsch. Gerade in seiner Betonung der Fähigkeit der Person, zwischen einer Modifikation ihres Verhaltens und einer ihrer Umgebung zu wählen, führt Krapf (vielleicht, ohne daß es ihm bewußt ist) die Werte der westlichen Kultur ein, in welcher die Entscheidungsfreiheit hoch geschätzt wird.

Der zweite Aufsatz aus Europa, »Die Ziele der psychoanalytischen Behandlung« von Donald Winnicott (1962), beschäftigt sich weniger direkt, aber auf einfachere Weise, mit dem gleichen Thema wie Krapf. Winnicott, ein prominentes Mitglied der Gruppe der Unabhängigen in der Britischen Psychoanalytischen Gesellschaft, nähert sich der Frage in einer für ihn typischen Weise: »Wenn ich Psychoanalyse betreibe, habe ich drei Ziele:

> lebendig zu bleiben;
> gesund zu bleiben;
> wach zu bleiben« (1962, dt. 1984, S. 217).

Winnicott betrachtet die Prozesse beim *Analytiker*, wenn dieser mit einem Patienten arbeitet, und diskutiert die unterschiedlichen Weisen, wie ein Analytiker sich der Situation nähert, wenn er der »Standardtechnik« und wenn er einer »modifizierten Analyse« folgt. Hinsichtlich der Ziele betont Winnicott allerdings nicht nur den Prozeß im Analytiker, sondern auch, aus der Perspektive der Entwicklung, die Veränderungen im Ich des Patienten, das heißt, er betrachtet Veränderungen von dem Zustand aus, in dem »Wachstum und Entwicklung in der ursprünglichen Situation aufgehalten worden waren« (ebd., S. 220). Er hebt das implizite Ziel der Entwicklung dessen hervor, was er in anderen Zusammenhängen als das »wahre Selbst« bezeichnet (»Die Theorie von der Beziehung zwischen Mutter und Kind«, 1960a, und »Ich-Verzerrung in Form des wahren und des falschen Selbst«, 1960b). Winnicotts Konzept des falschen Selbst ist folgendermaßen beschrieben worden:

»Die Reifungsprozesse können durch eine Reihe von Identifizierungen umgangen werden, so daß das, was sich klinisch zeigt, ein falsches, agierendes Selbst ist, eine Kopie von jemandem vielleicht; und was ein wahres oder wesentliches Selbst heißen könnte, bleibt verborgen, und ihm wird die Lebenserfahrung vorenthalten« (Khan et al., 1974, S. 637). Für Winnicott ist der Fortschritt in der Analyse mit der Verminderung der Neigung zum falschen Selbst verknüpft, mit Ich-Integration und mit der wachsenden Fähigkeit des Patienten, alle Dinge im Bereich seiner persönlichen Kontrolle zu sammeln. Der Patient sollte sich, wenn auch nicht frei von Symptomen, so doch freier fühlen. Winnicott bemerkt:

> »Nach meiner Meinung verändern sich unsere Ziele, die wir in der Praxis der Standardtechnik verfolgen, nicht, wenn es vorkommt, daß wir psychische Mechanismen deuten, die zu den psychotischen Arten von Störungen und zu primitiven Stadien in der emotionalen Entwicklung des Individuums gehören. Wenn es unser Ziel weiterhin bleibt, das entstehende Bewußtsein im Rahmen der Übertragung zu verbalisieren, dann praktizieren wir Analyse; wenn nicht, sind wir Analytiker, die etwas anderes praktizieren, von

dem wir glauben, daß es der Situation angemessen ist.
Und warum nicht?« (Winnicott, 1962, dt. 1984, S. 221 f.)

Winnicotts letzter Punkt wirft die Frage wieder auf, ob eine notwendige Abweichung von der »Standardtechnik« eine Analyse darstellt oder nicht. Seine Vorstellung, daß Psychoanalyse sich in ihrem primären Ziel darauf beschränkt, »das entstehende Bewußtsein im Rahmen der Übertragung zu verbalisieren«, ist nach unserer Meinung eine zu enge Definition von Analyse.

Ein von Winnicotts Vorstellung vom »wahren Selbst« nicht weit entferntes Konzept wurde von Bernard Robbins in den USA in einer Abhandlung mit dem Titel »The process of cure in psychotherapy« (1960) vertreten. Er formulierte dort die Ziele der Psychoanalyse im Sinne von *Freiheit* als einem neuen Konzept von Heilung. *Freiheit* wird als ein Verbund aus intrapsychischen und sozialen Faktoren gesehen:

> »Was denn, können wir fragen, ist Freiheit? Was ist Heilung? Es ist die Anerkennung aller Bedürfnisse, sowohl der inneren als auch der äußeren, der persönlichen als auch der sozialen, und die Anerkennung der Beziehung und Interdependenz der beiden. Heilung ist nicht, wie uns Freud glauben machen würde, die Auflösung persönlicher Bedürfnisse im Interesse der ›Gestaltung der Gesellschaft oder der Anpassung an sie‹ oder, wie andere meinen, die Vermehrung persönlicher Bedürfnisse, frei von äußerem Druck oder äußeren Kräften.
>
> Meiner Meinung nach ist Freiheit des Individuums, Heilung also, (1) die Anerkennung der persönlichen Bedürfnisse und ihre Verträglichkeit miteinander, (2) ihre Verträglichkeit mit den Bedürfnissen anderer und (3) die Verfügung über Mittel und Instrumente zu ihrer Erfüllung. Dies stellt unser therapeutisches Ziel dar. Das ist auch unser soziales Ziel.« (1960, S. 98 f.)

Während Robbins die Interdependenz persönlicher und sozialer Faktoren hervorhebt, stellt er implizit, wie auch Krapf und

Winnicott, das Erlangen höherer Autonomie als ein Ziel der Analyse dar. Einige Jahre zuvor hatte David Rapaport in seiner Abhandlung über Ichautonomie (1958) Hartmanns Konzeption der Autonomie (1939b) ausgearbeitet, indem er zwischen zwei relativen Autonomien, nämlich einer Autonomie in bezug auf die Triebe und einer Autonomie in bezug auf die äußere Welt, unterscheidet. Autonomie – immer eine relative – meint Freiheit von Versklavung durch die Triebe oder durch die Forderungen der äußeren Welt. Später erweiterten Sandler und Joffe (1967) Hartmanns und Rapaports Konzept der Autonomie, um die Autonomie in bezug auf das Über-Ich einzuschließen, und schlugen vor, daß es angemessener sei, von *einer* Autonomie zu sprechen anstatt von zweien oder dreien.

Die wachsende Autonomie in bezug auf die Umwelt hat Gitelson (1962) für einen bedeutenden Heilungsfaktor in der Psychoanalyse gehalten. Dies fügt sich gut zu Winnicotts Vorstellung eines *wahren Selbst* (das weniger auf die äußeren Objekte hin orientiert ist als das falsche Selbst), zu Krapfs Hervorhebung von *Vernünftigkeit* und *Gleichgewicht* und zu Robbins Konzept von *Freiheit*. Solche Persönlichkeitsmerkmale von eher allgemeiner Art scheinen strengere metapsychologische Formulierungen ersetzt zu haben, und vielleicht sehen wir hier einen Versuch, sich an alltagssprachlichen Formulierungen zu orientieren, um im Einklang mit dem sich entwickelnden Pragmatismus der Zeit zu stehen; aber dieser Wechsel löst nicht das Problem, das Ergebnis (und die Grenzen der Analyse) mit größerer Präzision begrifflich zu fassen.

Wie Winnicott sah Elizabeth Zetzel (auf einem Panel, von dem Altman, 1964, berichtet) die Ziele auf Entwicklung bezogen. Auf dem Panel trug sie einen Aufsatz über »Ein Entwicklungsmodell und die Theorie der Therapie« (Zetzel, 1965, dt. 1974) vor. Sie zieht eine Parallele zwischen den Entwicklungsprozessen und der Art, wie psychische Änderungen durch die Analyse bewirkt werden. Sie glaubt, daß die Kluft zwischen

Hartmanns ichpsychologischem Konzept der sekundären Autonomie des Ichs auf der einen und der zunehmenden Betonung der frühen Objektbeziehungen auf der anderen Seite verringert werden könnte, wenn man ein Entwicklungsmodell verwendet, das den Hauptfunktionen des Ichs und der Art, wie sie in der frühen Mutter-Kind-Beziehung entstehen, größere Bedeutung beimißt. Die Psychoanalyse erfordert die Motivation zu einem progressiven Entwicklungsziel, und dies schließt einen notwendigen Schritt rückwärts, d.h. Regression, ein: »Unsere Entwicklungshypothese schließt per definitionem zu allen Zeiten sowohl progressive als auch regressive Möglichkeiten in sich« (1965, dt. 1974, S. 248). Obwohl die Behandlung oft als eine modifizierte Wiederholung der ursprünglichen Entwicklung mit einem neuen und besseren Ausgang definiert worden ist, besteht Zetzel darauf, daß eine zufriedenstellende Beendigung einer erfolgreichen Analyse das Erreichen der Entwicklungsschritte der Ablösung und Unabhängigkeit impliziert. Dies geschieht durch die reife Annahme der realistischen Beschränkungen in bezug auf die Analyse und den Analytiker und folglich auch in bezug auf die optimale Fähigkeit des Patienten zu künftigen Leistungen.[2] Keine Analyse allerdings, wie erfolgreich auch immer, wird jemals endgültig abgeschlossen.

Ein interessanter Aspekt dieses Panels und eines anderen (Pfeffer, 1963a), die beide auf Tagungen der Amerikanischen Psychoanalytischen Vereinigung gehalten wurden, ist die Betonung der für eine erfolgreiche Analyse erforderlichen Eigen-

---

[2] Gitelson (1962) hatte das spätere starke Interesse an der Parallele zwischen dem therapeutischem Prozeß und der Entwicklung des Kindes vorweggenommen. Er wies darauf hin, daß wir in dem Maße, wie wir mehr über die Entwicklung wissen, auch mehr über Veränderung im Verlauf der Analyse wissen können. Er sagt: »Was in der psychoanalytischen Situation ›normalerweise‹ geschieht, ist dem Geschehen unter mehr oder weniger normalen Umständen in der Entwicklungssituation vergleichbar, in der sich das Kind auf dem Weg zu einem mehr oder weniger unneurotischen autonomen Erwachsenenalter findet.« (S. 196)

schaften des Patienten. So gibt Greenson (wie Altman berichtet), die folgende, gewiß ironisch gemeinte, umfassende Liste der Qualitäten, die die Analyse vom Patienten fordert.

»Der Patient muß zuallererst die Fähigkeit haben, den Kontakt zur Realität aufrechtzuerhalten, und muß ihn auch zum Teil und vorübergehend aufgeben können. Er muß zwischen sekundärprozeßhaftem und primärprozeßhaftem Denken oszillieren können. Wir erwarten, daß er mit Worten kommuniziert, sich treiben läßt, und doch muß er uns verständlich bleiben. Wir fordern von ihm, daß er zuhört und versucht, unsere Interventionen zu verstehen, und daß er doch zu dem, was wir gesagt haben, frei assoziiert. Gleich, wie weit er in der Stunde regrediert ist, erwarten wir, daß er seine rationalen Ichfunktionen am Ende der Sitzung wiederaufnehmen kann. Er muß leiden und sich verändern wollen. Der Wunsch, sich selbst zu verstehen, ist für die Psychoanalyse nicht hinreichend. Der Patient muß bereit sein, die Entbehrungen der analytischen Situation, die Frustrationen, Erniedrigungen etc. auszuhalten. Letztlich muß er bereit sein, auf die besonderen Befriedigungen zu verzichten, die im Verlauf der analytischen Therapie entstehen. Der Patient muß bereit sein, auf schnelle Ergebnisse zu verzichten und sich langfristigen Zielen zu verschreiben. Er muß Ungewißheit, Angst und Depression ertragen und über sie verständlich berichten, ohne auf die normale soziale Zensur zurückzugreifen oder in die Gesundheit zu fliehen. Der Patient muß bereit sein zu versuchen, die Mitteilungen des Analytikers zu verstehen, und er muß schließlich wagen, zu reagieren oder auf neue Weise zu handeln. Er muß mit dem Analytiker zusammenarbeiten können, auch wenn er vielleicht heftige Gefühle von Liebe oder Haß hat, und er muß am Ende der Stunde nach Hause fahren können, ohne irgend jemanden umzubringen. Es bedarf eines verhältnismäßig gesunden Patienten, um diesen Anforderungen gerecht zu werden!« (Altman, 1964, S. 628 f.)

Wir könnten uns in der Tat fragen, wie viele unserer Patienten alle oder die meisten dieser Anforderungen erfüllen. Wären dies die Patienten, die tatsächlich eine Analyse brauchen? Worin bestünde das Ziel ihrer Behandlung? Wären die, die zur Analyse kommen, aber nicht alle diese Anforderungen erfüllen, eigentlich in Analyse? Und welches sind die analytischen Ziele bei Patienten, die nicht »verhältnismäßig gesund« sind?

Von größter Bedeutung für eine realistische Konzeption der »notwendigen Eigenschaften« und folglich für die analytischen Ziele ist es, die Kriterien für die Beendigung einer Analyse zu berücksichtigen. Sie sind schon in früheren Jahren (z. B. in der Reihe von Aufsätzen, die der Britischen Psychoanalytischen Gesellschaft im Jahre 1949 vorgelegt worden sind – siehe Kapitel 4) diskutiert worden, aber jetzt werden sie systematischer betrachtet. In einem Panel über »Probleme der Beendigung der Analyse von Erwachsenen« (siehe Bericht von Firestein, 1969) berichteten Analytiker, die Kollegen zur Beendigungsphase interviewt hatten, über ihre Ergebnisse. Von den gewöhnlich aufgeführten Kriterien wurde die Notwendigkeit hervorgehoben, daß der Patient die Beschränkungen dessen anerkennt, was die Therapie in seinem Fall erreichen konnte. Bei den einschränkenden Faktoren miteinbezogen waren die Charakteristika der wichtigen Objekte im Alltagsleben des Patienten. Einige Analytiker meinten, daß die Kriterien für die Beendigung nur durch eine Minderheit von Patienten erfüllt wurden. Eine kritische Prüfung einer erfolgreichen Beendigung findet statt, wenn der Patient mit einer unerwarteten, beunruhigenden Erfahrung konfrontiert wird und sie auf eher realistische als infantile Weise bewältigen kann. In der Paneldiskussion unterstrich Firestein den Einfluß des Arbeitskonzepts von »seelischer Gesundheit«, das der Analytiker hat, und wies darauf hin, daß das Verlangen nach einem perfekten Ergebnis einen Gegenübertragungswunsch wiedergeben kann. Es hieß, daß es nützlicher sein könnte, die Beendigung der Analyse als eine Unterbrechung aufzufassen, und daß jede Analyse grundsätzlich unendlich sei – eine Ansicht, die in den 60er Jahren oft geäußert wurde, z.B. von Grotjahn (1964); dieser beschrieb das Bedürfnis des Patienten nach einer unendlichen Fortsetzung seiner Analyse durch die Selbstanalyse oder durch analytische Interviews mit seinem früheren oder mit einem neuen Analytiker (»open-end«-Technik). Diese Ansicht wurde in dieser Paneldiskussion von Helene Deutsch gutgeheißen, die sich auch auf die »open-door«-Politik bezog. Zetzel bemerkte diesbezüglich, daß keine Analyse mit Erfolg abgeschlossen sei, außer der Patient fühle sich frei, im Falle weiterer Schwierigkeiten zurückzukommen.[3]

Interessanterweise hat Robert Waelder sich schon 1960 in *Basic Theory of Psychoanalysis* (dt. 1963, *Die Grundlagen der Psychoanalyse)* über die Beschränkungen der Psychoanalyse geäußert, und seine damaligen Bemerkungen betreffen genau diesen Punkt:

> »Setzt man sich als Ziel einer Analyse das vollkommene Verständnis des Seelenlebens eines Menschen, sowohl des normalen wie des pathologischen, und eine vollständige Rekonstruktion der Entwicklung seiner Persönlichkeit, dann kann eine Analyse niemals vollendet sein. Das um so mehr, als das Leben während der analytischen Behandlung weitergeht und sich täglich neue Erfahrung ansammelt, die bewußt noch nicht voll ausgewertet wurde.
>
> Aber die Analyse ist nur so lange unendlich, als wir an wissenschaftliche Vollständigkeit denken. So weit es sich

---

[3] Leo Stone (1961) nahm an, daß die Übertragung nie völlig aufgelöst werde, und sagt: »Ich verwende den Ausdruck ›Minimisierung der Übertragung(en)‹, weil ich hinsichtlich der Wahrscheinlichkeit vollständiger Aufhebung oder Auslöschung der Übertragung starke Zweifel habe« (dt. 1973, S. 83). Willi Hoffer (persönliche Mitteilung gegenüber J. S.) sagte einmal, daß »Analysen nicht beendet, sondern nur unterbrochen werden«.

um die Bedürfnisse der Therapie handelt, sind die Ziele einer abgeschlossenen Analyse viel bescheidener (obwohl noch anspruchsvoll genug). Eine Analyse ist vom therapeutischen Standpunkt aus abgeschlossen, wenn die pathologischen Strukturen vollständig, dynamisch wie genetisch, verstanden wurden, und diese Untersuchungen über die direkt pathologischen Merkmale hinaus auf umliegende Gebiete der psychischen Struktur ausgedehnt wurden, die wahrscheinlich Bezug zu den pathologischen Strukturen haben oder einer gangbaren Lösung der zugrundeliegenden Konflikte im Wege stehen könnten; wenn all dies mit dem Patienten in vielen Manifestationen immer wieder durchgearbeitet wurde und wenn die Psychopathologie dabei verschwunden oder beherrschbar geworden ist.

Diese Ziele sind erreichbar und werden in jeder ganz zufriedenstellenden Analyse erreicht, und in diesem Sinn ist eine abgeschlossene Analyse möglich und häufig in der Tat auch das Ziel der analytischen Arbeit.

Eine ganz andere Frage allerdings ist es, wann eine analytische Behandlung praktisch beendet werden soll, weil dieser Punkt nicht notwendig mit der Vollständigkeit zusammenfällt. Manche Fälle können und andere brauchen nicht vollständig abgeschlossen werden. Ohne Rücksicht auf die Vollständigkeit sollte eine Analyse beendet werden, wenn der Punkt abnehmenden Ertrages erreicht ist, d. h. wenn die weiteren Resultate, die man vernünftigerweise erwarten kann, nicht mehr die aufzuwendende Zeit und Mühe zu rechtfertigen scheinen. Das ist eine Frage der Beurteilung, die viele Faktoren umfaßt.« (Ebd., S. 222 f.)

Zum Schluß …

Wenn man auf die 60er Jahre zurückblickt, scheint es, daß die psychoanalytischen Ansichten dieses Jahrzehnts von der Koexistenz ungewöhnlich gegensätzlicher Standpunkte charakterisiert waren. In der analytischen Literatur gibt es eine beharrliche Idealisierung der Analyse als einer therapeutischen Methode, die auf andere Zustände außer dem der Neurose ausgeweitet werden kann. Gleichzeitig wurde eine realistische Einschätzung der Grenzen dessen, was die Analyse erreichen könnte, zunehmend klar, wahrscheinlich wegen der wachsenden Realisierung der Schwierigkeit, eine volle und zufriedenstellende Beendigung der Analyse zu erreichen. In den 60er Jahren wurden die Ziele der Psychoanalyse durchweg deutlicher als spezifische Ziele für spezifische Patienten gesehen, deren psychische Struktur und charakterlichen Beschränkungen Berücksichtigung fanden. Die allgemeinen Aussagen über Ziele betrafen immer öfter Fragen der Beendigung der Analyse, und die Kriterien, nach denen eine Analyse für zufriedenstellend gehalten werden konnte, wurden ausführlicher als in der Vergangenheit ausgeführt; man kann auch die wachsende Würdigung der Bedeutung, die den Beziehungen des Patienten zu den Objekten seiner sozialen Umwelt zukommt, beobachten.

Die besondere Beschäftigung vor allem in den späten 60er Jahren mit der Frage, was die Psychoanalyse kann oder nicht kann, spiegelt eine grundlegende Spannung im Verhältnis der amerikanischen Psychoanalyse zur »klassischen« oder »Standard«-Analyse wider. Dort gab es einerseits die beruflichen Anforderungen zur Einhaltung der »Parteilinie« des ichpsychologischen Establishments; andererseits war die Kluft zwischen dem, was möglich, und dem, was ideal war, gewachsen, so daß die psychoanalytische Praxis niemals den »offiziellen« Anforderungen entsprach. Diese Spannung kann nicht vom tiefen soziokulturellen Wandel der Zeit losgelöst gesehen werden. Der

»American dream« wurde von weitverbreiteten Gefühlen von Desillusionierung ausgehöhlt, in Zusammenhang zum Beispiel mit dem Mord an John F. Kennedy, mit der Verwicklung in den Vietnam-Krieg und dem Aufstand der Studenten gegen das Establishment, der von der von Europa ausgegangenen Studentenbewegung und den Ereignissen im Mai 1968 beeinflußt wurde. Die Psychiatrie und die Vorstellungen von psychischer Gesundheit und Krankheit wurden tief davon beeinflußt, und eine Unzufriedenheit mit der orthodoxen Psychiatrie zeigte sich in den neuen Ideen und Praktiken, die durch die Antipsychiatrie-Bewegung verfochten wurden. Die psychoanalytische Gemeinschaft in den Vereinigten Staaten war ihrerseits sicherlich nicht gegen diese Spannungen und Einflüsse immun und war außerdem betroffen vom verminderten Einfluß der ersten Generation von Emigranten, die in Europa ausgebildet worden waren und dort praktiziert hatten, und von der Tatsache, daß die philosophische und wissenschaftliche Fundierung der Psychoanalyse zunehmend und kritisch in akademischen Kreisen diskutiert wurde.

All dies lieferte einen Nährboden für die Entwicklung neuer fruchtbarer Ansätze in der psychoanalytischen Theorie und Technik in den nächsten Jahrzehnten. Abgesehen vom fortbestehenden Interesse an Objektbeziehungen in der britischen Psychoanalyse begannen die neuen theoretischen Grundlagen, die in den Vereinigten Staaten von Autoren wie Edith Jacobson, Margaret Mahler, Heinz Kohut und Otto Kernberg erarbeitet wurden, eine bedeutende Rolle zu spielen.

7.
Die 70er Jahre und das Aufblühen eines Pluralismus

Wir haben bereits darauf hingewiesen, daß seit den 40er Jahren die Ich-Psychologie die psychoanalytische Szene in den Vereinigten Staaten beherrscht hatte. Heinz Hartmann, Ernst Kris und Rudolph Loewenstein, alle Mitglieder der New Yorker Psychoanalytischen Gesellschaft, waren unbestritten die führenden Köpfe, deren Anhänger über die Amerikanische Psychoanalytische Vereinigung einen überwältigenden Einfluß ausübten. Damit ein Analytiker in seiner Ausbildung vorankommen, die Mitgliedschaft in der Amerikanischen Psychoanalytischen Vereinigung erwerben und als Supervisor mit der Analyse und Supervision von Ausbildungskandidaten beauftragt werden konnte, hatte er für viele Jahre »klassisch« zu sein und eine vom Establishment festgelegte ichpsychologische Orientierung zu haben. Wie wir gesehen haben, bedeutete »klassisch« zu sein, die Ansicht zu vertreten, daß die Psychoanalyse nur für Patienten mit Neurosen die angemessene Behandlung ist: für Patienten, deren Pathologie ihren Ursprung in der ödipalen Phase hatte und die folglich die sogenannte *infantile Neurose* hatten, die im späteren Leben wiederholt wurde und die sich in der Behandlung in Form der Übertragungsneurose zeigen würde. Als Ziel der Behandlung galt die »Auflösung dieser Übertragungsneurose«. Neben dem Wissen um den wachsenden Indikationsbereich der Psychoanalyse gab es bei vielen ein allgemeines Gefühl, daß Fälle, die der strikten Diagnose »Neurose« eigentlich gar nicht entsprachen, nicht wirklich für die analytische »Standardbehandlung« geeignet waren. Trotzdem wurden in der Realität solche Fälle, einschließlich der Fälle von Charakterstörung und Borderline-Persönlichkeitsstörung, öfter behandelt. In einem Kommentar dazu fragte Lipton, ob wir tatsächlich vor einem wachsenden Indikationsbereich der Analyse stünden oder ob die Situation einfach die wäre, daß immer mehr Behandlungen *Analyse* genannt würden (Morgenstern, 1976). Während eine große Zahl von Psychoanalytikern in ihrer Anwendung der analytischen Methode rigide blieb, gestatteten sich andere, wenn nötig Modifikationen der Technik vorzunehmen.

Wie wir in Kapitel 5 erwähnt haben, hat Eissler (1953) die Notwendigkeit anerkannt, von der »Standardtechnik« abzuweichen, und hat den Begriff *Parameter* eingeführt, womit Abweichungen von der grundlegenden psychoanalytischen Methode gemeint sind. Diese Parameter sollten jedoch nur eingesetzt werden, wenn die Analyse andernfalls unmöglich wäre, und nur, wenn es sich dabei nach Dafürhalten des Analytikers um vorübergehende Behelfe handelte, in die der Patient nach Wiederaufnahme der »Standardanalyse« Einsicht gewänne. Die Vorstellung von Parametern als vorübergehenden Abweichungen von der »Standardtechnik« verstärkte die Idee, daß die »Standardtechnik« die einzig »wahre« wäre, und für viele Analytiker bedeutete die Tatsache, daß man es nötig hatte, Parameter zu verwenden, ein beunruhigendes Anzeichen für das Scheitern der klassischen Technik. Die Vorstellung, daß von der klassischen Technik, wenn auch vorübergehend, abgewichen werden konnte, spielte jedoch wahrscheinlich unfreiwillig eine Rolle bei der Konzession einer gewissen Flexibilität.

Arnold Cooper (1991) hat rückblickend darauf hingewiesen, daß es in den Vereinigten Staaten während der 60er und bis in die 70er Jahre »den meisten bedeutenden Theoretikern möglich war, die Ich-Psychologie als Prüfstein der wahren Psychoanalyse zu betrachten. Es gab Stimmen, die für die Objektbeziehungstheorie und später für die Selbstpsychologie eintraten, es gab aber auch eine ziemlich straff gehaltene Definition dessen, was eigentlich zur Psychoanalyse gehörte« (S. 110). Er zitiert, was er in diesem Zusammenhang Loewalds »Lamento« (1970) nennt.

> »Die neue Strukturtheorie, auf den Vorstellungen von Narzißmus, ›primärem Masochismus‹, Identifizierung, Introjektion und Überichbildung beruhend, ließ ein neues Gewahrwerden der fundamentalen Bedeutung der Objektbindungen für die Bildung psychischer Struktur erkennen. Obwohl diese Ideen noch weiter vom alten Modell wegführten, hielt die Psychoanalyse nichtsdestoweniger an ihren theoretischen Prämissen fest. Bei vielen Kollegen scheint noch immer die Neigung zu bestehen, ein ›Zutritt verboten‹-Schild aufzuhängen, wenn metapsychologische Überlegungen darauf hindeuten, daß Objektbeziehungen nicht nur regulierende, sondern bedeutsame konstituierende Faktoren der psychischen Strukturbildung sind.« (Loewald [1970], dt. 1986, S. 295)

Mit dem Tod der Mitglieder des »Triumvirats« (Hartmann starb 1970) fand die Diskrepanz zwischen der offiziellen und der tatsächlichen Praxis in den Vereinigten Staaten ihren Ausdruck in der Entwicklung neuer theoretischer Vorstellungen, die weitreichende Auswirkungen auf die Technik und folglich auf die Konzeptualisierung der analytischen Ziele hatten. Von diesen Ideen wurden die von Heinz Kohut am prominentesten (insbesondere in *The Analysis of the Self*, 1971; dt. *Narzißmus*, 1976). Kohuts Vorstellungen lösten eine Welle der Erschütterung im psychoanalytischen Establishment der Vereinigten Staaten aus (während sie in England wenig Wirkung hatten); sie führten zu einer Verhärtung der Positionen, wirkten sich aber zwangsläufig auf die Arbeit vieler Analytiker aus, die sich jedoch nicht als »Kohutianer«, als Mitglieder der Schule betrachteten, die als »Selbstpsychologie« bekannt werden sollte.

Kohut faßt seine Ansichten von einer erfolgreichen Analyse folgendermaßen zusammen:

»Eine erfolgreiche Analyse ist eine, durch die die zuvor archaischen Bedürfnisse des Analysanden nach den Reaktionen der archaischen Selbstobjekte[1] überlagert werden von der Erfahrung der Verfügbarkeit empathischer Resonanz, dem Hauptbestandteil des Gefühls der Sicherheit im erwachsenen Leben. Ein Zuwachs der Verbalisierungsfähigkeit, größere Einsicht, größere Autonomie der Ichfunktionen und gewachsene Kontrolle der Impulsivität können diese Gewinne begleiten, doch sie sind nicht die Essenz der Heilung. Eine Behandlung ist erfolgreich, weil ein Analysand ... in einer Selbstobjekt-Übertragung die Bedürfnisse reaktivieren konnte, die in der Kindheit nicht erfüllt wurden. In der analytischen Situation wurden diese reaktivierten Bedürfnisse lebendig erhalten und immer wieder den Wechselfällen optimaler Frustration ausgesetzt, bis der Patient schließlich die verläßliche Fähigkeit erwarb, sein Selbst mit Hilfe der Selbstobjekt-Ressourcen seiner erwachsenen Umgebung zu stützen. Nach Ansicht der Selbstpsychologie liegt also die Essenz der psychoanalytischen Heilung in der neu geborenen Fähigkeit eines Patienten, angemessene Selbstobjekte zu identifizieren ..., die in seiner realen Umgebung vorhanden sind, und sich von diesen stützen zu lassen.« (1984, dt. 1989, S. 119f.)

Neben der großen Bedeutung, die er dem Konzept des Selbstobjekts beimißt, setzt Kohut den Akzent auf den Mechanismus, durch den das Ziel der Psychoanalyse (das er in einer Reorganisation des Selbst erkennt) erreicht wird, und zwar durch die Bildung psychischer Struktur mittels »umwandelnder Verinner-

---

[1] Kohut gebraucht den Terminus *Selbstobjekt* auf sehr spezifische Weise. Dies wurde wie folgt beschrieben (Moore und Fine, 1990): »Das Selbstobjekt ist die eigene subjektive Erfahrung von einem anderen Menschen, der dem Selbst in einer Beziehung eine haltende Funktion zur Verfügung stellt und dabei das Selbst und die Erfahrung von Selbstheit durch seine Anwesenheit oder Tätigkeit wachruft und aufrechterhält.« (S. 178)

lichung«. Diese wird von Moore und Fine (1990) charakterisiert als »ein Prozeß wirksamer Verinnerlichung, die durch die optimale nicht-traumatisierende Frustration des Patienten durch den Analytiker eingeleitet wird. Dieser Prozeß führt zu Strukturbildung, durch welche das Selbst in der Lage ist, lebenswichtige Selbstobjektfunktionen in Ermangelung von Erfahrungen mit dem Selbstobjekt auszuüben. Der Prozeß bewirkt eine Verlagerung der Funktion von der Person des Selbstobjekts zu dem Subjekt selbst« (S. 176).

William Meissner (1991) beschreibt diesen Prozeß etwas anders:

> »Die Erfahrung des empathischen Bündnisses mit dem Analytiker als Selbstobjekt ermöglicht die entscheidenden umwandelnden Verinnerlichungen, die strukturbildend sind ..., so daß die Erfahrung, verstanden zu werden (das empathische Bündnis), Teil der psychischen Struktur und des Veränderungsprozesses wird. ... Der durch elterliche Unzulänglichkeiten verursachte Defekt wird geheilt durch die kontinuierliche Interaktion des Selbst mit einem empathischen analytischen Selbstobjekt, das eine neue und korrigierende Erfahrung liefert, die den Defekt behebt.« (1991, S. 56f.)

Kohuts Ansichten wurden von Otto Kernberg, der sich mehrere Jahre mit den gleichen klinischen Problemen beschäftigt hatte und eine besondere Form von Umgang mit Fällen von Borderline- und narzißtischer Persönlichkeitsstörung empfohlen hatte, nicht geteilt:

> Kernberg »faßt den pathologischen Narzißmus als Resultat der Entwicklung bestimmter adaptiver pathologischer *innerpsychischer Strukturen* auf, nicht als Ergebnis früher Defizite, die Kohut darauf zurückführt, daß die normalen narzißtischen Regulierungsvorgänge unzulänglich ausgebildet wurden. Nach Kernberg überschneidet sich die Gruppe der narzißtischen Patienten mit der der Borderline-

> Störungen; dementsprechend ist der therapeutische Ansatz bei narzißtischen Störungen derselbe wie bei der Behandlung von Borderline-Patienten« (Sandler, Dare und Holder 1992, dt. 1996, S. 93).

Kernberg unterscheidet sich von Kohut darin, daß er für solche Fälle eine modifizierte Form der Analyse, nämlich »expressive« Psychotherapie, befürwortet.[2] Dieser Ansatz impliziert die unmittelbare Analyse primitiver Übertragungen, wie sie im »Hier und Jetzt« der Behandlung entstehen. Diese Übertragungen werden, als Ergebnis ihrer Deutung, in reifere Formen modifiziert. Die Rekonstruktion der Vergangenheit wird in den Frühstadien der Therapie vermieden, und der Therapeut muß äußerst realistisch und aktiv sein. So meint Kernberg:

> »Sie [die Übertragungsanalyse] muß sich auf den Schweregrad des Ausagierens und zugleich auf Störungen in der äußeren Realität des Patienten richten, die sowohl die Kontinuität der Behandlung als auch das psychosoziale Überleben des Patienten bedrohen können. Aus diesem Grunde, und weil die Behandlung als Teil des Ausagierens primitiver Übertragungen leicht das eigentliche Leben ersetzen kann, muß die Übertragungsinterpretation von drei Faktorengruppen mitbestimmt sein: 1. von den Konflikten, die in der unmittelbaren Realität vorherrschen, 2. von den gesamten spezifischen Zielen der Behandlung ebenso wie von der konsistenten Differenzierung zwischen Lebenszielen und Behandlungszielen (Ticho, 1972) und 3. von dem, was in der Übertragung in diesem Augenblick im Vordergrund steht.« (1984, dt. 1985, S. 151f.)

Für Kernberg beziehen sich die Ziele der Behandlung auf

---

[2] Man darf wohl fragen, warum dies nicht als Analyse betrachtet wurde. Wir können spekulieren, daß Kernberg seine Technik als *Psychotherapie* bezeichnet, weil er diese besonderen Patienten drei- statt viermal in der Woche sah. Diese Vorsicht war verständlich im vorherrschenden konservativen analytischen Klima der organisierten Psychoanalyse in den Vereinigten Staaten.

»Entwicklungen und Veränderungen ..., die mit der Entfaltung der Patient-Therapeut-Beziehung eintreten und die etwa mit den Fragen erfaßt werden, inwieweit vorher ich-syntone pathologische Charakterzüge allmählich ich-dyston werden; inwieweit sich unter dem Einfluß des therapeutischen Prozesses Fähigkeiten wie z. B. eine erweiterte Selbstwahrnehmung und Introspektion und die Fähigkeit zur Sorge und Anteilnahme entwickeln; inwieweit die Patienten fähig sind, zu ihrem Therapeuten eine echte Objektbeziehung einzugehen, und schließlich, inwieweit es gelingt, die Neigung dieser Patienten zur negativen therapeutischen Reaktion zu bewältigen.

Soll eine wirkliche Besserung der verzerrten Ichfunktionen erreicht werden, so muß der Patient früher oder später mit der Tatsache zurechtkommen, daß er in seinen ersten Lebensjahren wirklich gravierend in vieler Hinsicht zu kurz gekommen ist ..., [und] den Analytiker realistisch als einen Menschen mit bestimmten Grenzen und Unvollkommenheiten zu akzeptieren lernen. ... Um solche schweren Defekte und Mängel bewältigen zu können und damit leben zu lernen, bedarf es der Fähigkeit, zu trauern und diese Trauer innerlich zu verarbeiten und zu überwinden, das damit verbundene Alleinsein auszuhalten und realistisch zu akzeptieren, daß andere Menschen manches haben, was man selbst nie gehabt hat und womöglich auch nie mehr in vollem Umfang ausgleichen kann.« (1975, dt. 1978, S. 177 f., 204 f.)

Sowohl Kernberg als auch Kohut hatten Mitte und Ende der 60er Jahre angefangen, neue Ansichten über die narzißtische Pathologie zu vertreten, und in der Tat erlebte dieses Jahrzehnt die ersten Ansätze vieler der Ideen, die dann mit so großer Kraft in den 70er Jahren aufkamen. Obwohl sich die Mehrheit der amerikanischen Psychoanalytiker weder Kohuts noch Kernbergs Ansichten anschloß, haben diese Ideen einen bedeutenden Einfluß auf die nachfolgende Entwicklung der Psychoanalyse gehabt.

Eine andere einflußreiche Gestalt in der amerikanischen Szene war Hans Loewald, der 1970 in seinen Schriften über die psychoanalytische Theorie und den psychoanalytischen Prozeß die Ansichten erweiterte und ausarbeitete, die er zehn Jahre zuvor in einem Aufsatz zur therapeutischen Wirkung der Psychoanalyse geäußert hatte. Er legte jetzt allerdings das Schwergewicht auf die Interaktion zwischen Analytiker und Patient, die ein »psychisches Feld« für die Entwicklung des Patienten zur Verfügung stelle. Als Analytiker werden wir, wie Loewald sagt, ein gewichtiges Element und eine Kraft im psychischen Felde, ob wir es wollen oder nicht. Loewald fügt hinzu, daß wir in entscheidenden Abschnitten der Analyse eine Externalisierung der frühen inneren Beziehungen und Konflikte erleben, und dies kann, durch die analytische Arbeit und eine angemessene Einsicht und Verinnerlichung, zu einer Änderung der relativ archaischen Aspekte der psychischen Organisation führen.

Loewalds Aufsatz spiegelt die Verlagerung der Aufmerksamkeit auf das »Feld« wider, das in der Interaktion von Patient und Analytiker geschaffen wird. Diese Verlagerung sowie die sehr spezifische Konzentration auf die inneren Objektbeziehungen und ihre Externalisierung hatten, zusammen mit der Arbeit von Kohut, große Bedeutung bei der Veränderung theoretischer Orientierungen in der Psychoanalyse und haben gewiß zu den Modifikationen der traditionellen ichpsychologischen Auffassung beigetragen, die nicht nur in den Vereinigten Staaten, sondern ebenso in anderen Ländern folgen sollten.[3]

Die neue Betonung der Interaktion von Patient und Analytiker im analytischen Prozeß wurde auch offensichtlich in zwei im Zusammenhang stehenden Aufsätzen von Ernst Ticho

[3] Siehe das interessante Buch von Greenberg und Mitchell: *Object Relations in psychoanalytic theory* (1983).

(1971, 1972), die sich explizit mit den Zielen beschäftigen[4] und wert sind, ausführlicher dargestellt zu werden. Im ersten weist er darauf hin, daß das Behandlungsziel des Analytikers mit dem des Analysanden insoweit identisch sein soll, daß der Analysand ein klares Bild der Vergangenheit und seiner Zukunft erwerben kann. Jede Diagnose impliziert eine Prognose, und jede Prognose impliziert Behandlungsziele. Ticho folgt Freud darin, daß zu Beginn der Behandlung die Diagnose und die Prognose vorläufig sind und im Verlauf der Behandlung korrigiert werden. Die unbewußten Erwartungen des Patienten sind mit seiner Neurose so eng verbunden, daß sie dem Patienten nur bewußt werden können, wenn er sich selbst versteht. Ticho unterscheidet hierzu zwischen den bewußten und den unbewußten Zielen des Patienten. Er weist darauf hin, daß bei den Analytikern heute ein größeres Interesse an der Untersuchung der gesunden Persönlichkeit bestehe, und schlägt vor, psychische Gesundheit auf dynamische anstatt auf statische Weise zu beschreiben; die gesunde Persönlichkeit wächst, die neurotische verharrt im Stillstand. Es ist durchweg Tichos Ansicht, daß der Fortschritt in der Analyse eher im dynamischen Sinne als eine *Bewegung hin* zu seelischer Gesundheit beschrieben werden kann, denn als *Erreichen eines Zustands* seelischer Gesundheit.

1972 beschäftigt sich Ticho weiter mit den Themen, die er in seinem früheren Aufsatz entwickelt hatte, und sagt:

> »Seelische Krankheit kann als eine Unterbrechung und Verzerrung der Entwicklungsprozesse angesehen werden.
> Die Psychoanalyse ist eine Behandlungsmethode, die auf die Beseitigung der Ursachen einer solchen Unterbrechung zielt, so daß die Entwicklung wiederaufgenommen werden kann. Wenn dieses Behandlungsziel erreicht ist, wird es für den Patienten möglich, seine Lebensziele zu erreichen.

[4] Der erste dieser Aufsätze wurde in deutscher Sprache veröffentlicht und nicht ins Englische übersetzt.

> Eine klinische Unterscheidung zwischen Behandlungszielen und Lebenszielen ist für die Durchführung der Therapie wichtig, und diese Unterscheidung kann trotz der teilweisen Überschneidung beider vorgenommen werden. *Lebensziele* sind die Ziele, die der Patient zu erreichen versuchen würde, wenn er von seinen Potentialen Gebrauch machen könnte. Sie sind, mit anderen Worten, die Ziele, die der Patient anstreben würde, wenn sein ›wahres Selbst‹ (Winnicott, 1960b) und seine Kreativität befreit wären. *Behandlungsziele* betreffen die [analytische] Beseitigung dessen, was den Patienten an der Entdeckung seiner Potentiale hindert.« (1972, S. 315)

Ticho sagt weiter, daß Änderungen der anfänglichen Lebensziele im Verlauf der Analyse auftreten, wenn der Patient sich der unbewußten Ziele bewußt wird, die eng mit seiner Neurose verbunden sind. Ticho meint:

> »Wenn der Patient seine Neurose versteht, wird er in der Lage sein, den Widerspruch zwischen bewußten und unbewußten Zielen einzuschätzen; nur dann kann er zu vereinheitlichten Behandlungszielen kommen. Er wird an dieser Stelle ein besseres Verständnis seiner Entwicklungsmöglichkeiten haben und anfangen, seine Lebensziele auf rationalere Weise zu bestimmen.« (1972, S. 315 f.)

Tichos Hinweis auf das bessere Verständnis der eigenen Entwicklungsmöglichkeiten durch den Patienten als ein Ergebnis (und somit Ziel) der Analyse klärt das Nicht-Eindeutige, das seiner Beschreibung der Analyse – als Beseitigung von Ursachen für die Unterbrechung der Entwicklung des Patienten, so daß die Entwicklung fortgesetzt werden kann – inhärent ist. Unsere eigene Meinung in diesem Zusammenhang ist, daß eine *gestörte* Entwicklung, sobald die kritischen Entwicklungsphasen der Kindheit einmal vorüber sind, nie im Sinne eines »Wiederanfangs« oder eines erneuten Beginns der blockierten »normalen« Entwicklung korrigiert werden kann. Eher kann der Patient kompensatorische oder korrigierende psychische Strukturen entwickeln, in denen sich die verschiedenen Lösungen für innere Konflikte zeigen und die es ihm ermöglichen, psychisch »gesünder« zu sein.

Ticho teilt dann die Lebensziele in *berufliche* und *persönliche* Ziele ein. Berufliche Lebensziele beziehen sich auf Leistungen in der gewählten Arbeit. Persönliche Lebensziele beziehen sich auf die Art Mensch, die man sein möchte. Beide Ziele sind von bewußten und unbewußten Idealen abhängig (wir würden hinzufügen, daß Lebensziele und Behandlungsziele sich wechselseitig bedingen), und sie sind vielleicht am Ende der Analyse nicht voll erreicht. Eher mögen sie erst in der nachanalytischen Phase zur Verwirklichung kommen, aber sie werden selbst dann durch irreversible Aspekte der Entwicklungsgeschichte des Patienten eingeschränkt sein.

Zu den Indikatoren dafür, daß eine Beendigungsphase erreicht worden ist, gehören die folgenden, die in ihrer Beziehung zu den analytischen Zielen von Interesse sind. Unter den von Ticho angeführten Kriterien ist die Einschätzung der Qualität der Beziehung (die »reale Beziehung«) zwischen Analytiker und Patient mit der Frage, ob sich die Beziehung auf eine Beziehung zwischen Gleichgestellten zubewegt, die es dem Patienten möglich machen wird, ebenso reife Beziehungen zu anderen Personen in seinem Leben aufzubauen. Weitere Kriterien sind: Nimmt der Patient den Analytiker realistisch wahr? Sind die Trennungsängste des Patienten und seine Annäherung an den »Neubeginn« analysiert worden? Welches sind die Übertragungsreste? Und wie ist das künftige Wachstumspotential des Patienten, seine Fähigkeit, Lebensziele zu definieren und sie kreativ zu verfolgen? An diesen Kriterien können wir eine Bewegung von der klassischen Ich-Psychologie zu einer verstärkten Beschäftigung mit Objektbeziehungen und mit der Art und Weise, wie sich diese in der Analyse äußern, sehen.

Der Beitrag von Hal Hurn (1971) kann als eine Ergänzung zu

Tichos Diskussion der Indizien dafür, daß der Patient in die Endphase der Analyse eingetreten ist, betrachtet werden. Diese Phase beginnt Hurn zufolge mit Anzeichen dafür, daß der Patient deutlich sichtbar die Unmöglichkeit akzeptiert hat, vom Analytiker infantile Gratifikationen zu erhalten. Gleichzeitig wird der Analytiker zunehmend als ein gegenwärtiges reales Objekt wahrgenommen, das durch seine reale Funktion für den Patienten und durch seine Bedeutung als eine Person, mit deren Hilfe die infantile Neurose aufgelöst wurde, definiert wird. All dies führt dazu, daß der Patient sich in der analytischen Arbeit wohler fühlt und daß das therapeutische Bündnis eine bedeutende Stärkung erfährt. Der Analytiker seinerseits nimmt eine entsprechende Änderung an seiner eigenen Art wahr, wie er auf den Patienten reagiert. Er spürt einen geringeren Übertragungsdruck, wozu auch der Druck gehört, als jeweils die Übertragungsfigur zu fungieren, nach der sich der Patient gesehnt hatte. Der Analytiker fühlt sich dann zunehmend wohler, weil er nicht mehr so sehr vor den schwierigen Übertragungen seines Patienten auf der Hut sein muß. Die Trennung von Patient und Analytiker ist eine Trennung zwischen zwei Erwachsenen, deren Beziehung durch Zusammenarbeit bestimmt war. Bei beiden sind angemessene emotionale Reaktionen zu erwarten, die entweder Trauer ausdrücken oder doch auf Trauer hindeuten. Es sollte eine sichtbare Verschiebung der emotionalen Interessen auf außeranalytische Belange stattfinden. Schließlich sollte nach Hurns Meinung die Neigung, den Analytiker objektiv und ohne Übertragungsverzerrung wahrzunehmen, als eine »asymptotische« Annäherung an die Wirklichkeit des Analytikers betrachtet werden, ohne sie aber jemals ganz zu erreichen. Hurns Kriterien für die Beendigung konzentrieren sich auf die inneranalytischen Veränderungen, die die Analyse mit sich bringen kann. Dauerhafte intrapsychische Modifikationen, die mit einem Konzept von psychischer Gesundheit verknüpft werden, werden nicht unter den Kriterien angeführt. Hurns Kriterien liegt implizit die klare Annahme zugrunde, daß die erfolgreiche Aushandlung der Endphase zu anhaltenden inneren Veränderungen führt. Die Stimmung der 70er Jahre spiegelt sich in dem Akzent wider, den Autoren wie Hurn und Ticho auf die Änderungen bei beiden Partnern des analytischen Paares gesetzt haben.

In den 70er Jahren können wir auch feststellen, daß man erneut begann, Über-Ich-Veränderung als ein Kriterium für die Beendigung der Analyse und folglich als ein analytisches Ziel herauszustellen. Die erwünschte Minderung der Strenge des Über-Ichs durch Analyse ist ein hervorstechendes Merkmal der Arbeit der frühen Freudianer gewesen (Kapitel 2). Die neuere Beschäftigung mit Objektbeziehungen belebte die frühere Tendenz wieder, die Beziehung des Ichs zum Über-Ich, wie man sie in der Analyse sieht, nicht nur hinsichtlich des Strukturkonflikts, sondern ebenso hinsichtlich innerer Objektbeziehungen zu betrachten. Dies spiegelt sich in einer Paneldiskussion der Amerikanischen Psychoanalytischen Vereinigung über »Beendigung: Probleme und Techniken« (Bericht von Robbins, 1975) wider, in der Greenson anmerkt, daß »es für einen Patienten förderlich ist, sich mit den helfenden Eigenschaften des Analytikers zu identifizieren, d.h. daß seine [von der Analyse hervorgebrachten] Identifizierungen und Über-Ich-Änderungen nicht ein strenges, kritisches oder unnachsichtiges Über-Ich bilden, sondern daß der Patient in sich Qualitäten der Selbsthilfe übernimmt, die einst im Analytiker externalisiert waren« (Robbins, 1975, S. 173).

Es ist auffallend, daß die Macht des ichpsychologischen Standpunkts über die Psychoanalyse in den Vereinigten Staaten Mitte der 70er Jahre weiterhin nachließ. Dies war zum Teil eine Folge des Interesses an den Ideen, die von den Selbstpsychologen und den Objektbeziehungstheoretikern – zum Beispiel von Winnicott und Fairbairn in England und Autoren wie Margaret Mahler und Arnold Modell in den USA – vertreten wurden. Es war auch ein Ergebnis wachsender Sorge um die psychoanalytische Theorie und Technik, das in den vorhergehenden Jahren unter der Oberfläche größer geworden war und nun quasi zum Vorschein kam. Demgemäß sehen wir einen Anreiz zur Neubewertung der psychoanalytischen Theorie, insbesondere in ihrer praktischen Anwendung. Mitte der 70er Jahre fand ein Panel der Amerikanischen Psychoanalytischen Vereinigung über »Aktuelle Konzepte des psychoanalytischen Prozesses« (siehe Bericht von Morgenstern, 1976) statt. Auf der Konferenz wurde auch der Beitrag der Kinderbeobachtung zum Verständnis des psychoanalytischen Prozesses untersucht. Die weitere Entwicklung und Anerkennung einer entwicklungstheoretischen Sicht in der psychoanalytischen Theorie und Technik wurde durch die bedeutenden Beiträge von Margaret Mahler (Mahler et al., 1975) stark beeinflußt. Eine Reihe von Autoren (siehe zum Beispiel Erikson, 1950; Spitz, 1957, 1965; Winnicott, 1960a, 1960b, 1962; A. Freud, 1963, 1965; Klein, 1975) hatte die – auf ihrer Arbeit mit Kindern basierenden – neuen Einsichten in die Entwicklung auf das Verständnis des Erwachsenen angewandt. Mahler und ihre Kollegen waren jedoch in der Lage, abgeleitet aus ihrer Arbeit mit psychotischen Kindern, ein neues, überzeugendes Modell für die normale Entwicklung vorzuschlagen, in dem die frühen Prozesse der Trennung und Individuierung herausgestellt wurden und das neben Freuds Schema der psychosexuellen Entwicklung gestellt werden konnte. Kurz, in der Paneldiskussion wurde der Standpunkt eingenommen, daß die Analyse zu ihren Zielen bei Erwachsenen das Nachholen von Prozessen und Fähigkeiten zählen muß, die im Verlauf der normalen Entwicklung vielleicht gestört worden sind – zum Beispiel die Fähigkeit zur Trennung und Individuierung des sich entwickelnden Kindes.

Es ist interessant, daß das Panel ursprünglich damit beauftragt war, die gegenwärtigen Konzeptionen des therapeutischen Prozesses zu diskutieren; aber die Teilnehmer hatten den Wunsch geäußert, im Titel des Panels das Wort *therapeutisch* durch *psychoanalytisch* zu ersetzen. Morgenstern weist in diesem Zusammenhang darauf hin, daß

> »insofern wir zunehmend unsere analytische Rolle weniger darin gesehen haben, die Krankheit zu behandeln, und mehr darin, die seelischen Prozesse zu verstehen, unser Anliegen weniger das war, was man eigentlich einen therapeutischen Prozeß nennen könnte, und mehr das, was wir als einen psychoanalytischen Prozeß beschreiben. Somit weniger behindert vom therapeutischen Eifer, haben wir es geschafft, für einen größeren Bereich des psychischen Lebens unserer Patienten als Analytiker effektiver zu werden.« (1976, S. 194)

Wir können hier eine weitere Abwendung von der Sicht der Analyse als einem therapeutischen Werkzeug erkennen, höchstwahrscheinlich wegen der Anzahl konkurrierender »psychologischer« Therapien, die darauf zielten, den Patienten von seiner Krankheit zu heilen. Es war für die Psychoanalyse notwendig, ihre Identität klar zu definieren und sich von den anderen Therapien abzusetzen. Dies konnte durch den Rückzug von der therapeutischen Haltung und durch die Neubetonung des Ziels des Selbstverstehens durch Selbsterforschung geschehen. Gewiß war Sorge unter den Analytikern entstanden wegen des langsamen Wachstums und des verminderten Einflusses der organisierten Psychoanalyse im Vergleich zum exponentiellen Wachstum anderer Therapien, einschließlich psychoanalytisch begründeter Psychotherapien und der Pharmakotherapie. Dieses Phänomen kann man als eine Nachwirkung der Tatsache verstehen, daß es in Ländern, in denen andere Therapien wie Pilze aus der Erde schossen, einen sozio-ökonomisch bedingten Druck hin zu Pragmatismus und raschen Heilungen gegeben hat. Es lohnt sich, in Erinnerung zu rufen, daß Eissler ein Jahrzehnt zuvor (1963) in seinen Überlegungen über die Ziele der Psychoanalyse und der Psychotherapie gesagt hatte, daß

»anerkannt werden muß, daß es Patienten gibt, für die es nichts Besseres gibt, als sich anzupassen oder erfolgreich zu sein, deren Selbst nicht stark genug ist, um die Wahrheit zu ertragen. Der Analytiker darf nie zum Apostel werden: die Einsicht in die psychologischen Prozesse, für den Analytiker ein Ziel an sich, wird üblicherweise vom Patienten ausschließlich aus therapeutischen Gründen angestrebt. Eine der vielen offensichtlichen Paradoxien, auf die ich in der Wissenschaft der menschlichen Psyche gestoßen bin, ist jene, daß, meiner Erfahrung nach, gerade diejenigen Patienten, die sich weniger für ihre Therapie interessieren, aber völlig in Freude daran aufgehen, ihr Wissen von sich selbst zu vermehren, eine bessere Chance haben, von ihrer Psychopathologie zu genesen, als diejenigen, die an dem festhalten, was die Psychoanalyse auf sozialer Ebene anbietet – eine Therapie.« (1963, S. 461 f.)

Schon früher war ja die Tendenz, von einer therapeutischen Haltung abzurücken, deutlich gewesen; zum Beispiel als Karl Menninger versuchte, die Einmaligkeit der Psychoanalyse zu charakterisieren, und hervorhob, wieviel mehr daran beteiligt sei, als reine Symptomheilung.

»Am Anfang der Psychoanalyse zeigte ein Schwinden der Symptome einen Rückgang der Krankheit an. Heute sehen wir darin kein adäquates Kriterium mehr für die Beendigung einer Behandlung. Der Patient, der erfolgreich mit Hilfe der Psychoanalyse von einer Krankheit geheilt wurde, wird sich nicht mehr mit seinem alten Selbst identifizieren können; er wird vielmehr – darauf vertrauen wir – zu einem erweiterten, verbesserten, eben wirklich *neuen* Selbst gefunden haben.« (Menninger und Holzman, 1958, dt. 1977, S. 187)

Die erneute Tendenz, die Bedeutung des therapeutischen Aspekts der Psychoanalyse geringer anzusetzen, gewann in den 70er Jahren an Einfluß. Im Zusammenhang einer Diskussion über Psychotherapie und Psychoanalyse beim Pre-Congress Meeting on Training, das 1979 durch die Internationale Psychoanalytische Vereinigung in New York abgehalten wurde, pflichtete Leo Stone der Ansicht bei, daß die Psychoanalyse mehr als eine Behandlungsmethode sei:

> »Wir können die klassische psychoanalytische Situation, so wie sie allgemein und gewöhnlich verstanden wird, ungeachtet gewisser Unterscheidungsnuancen in den Standpunkten, akzeptieren. Denn die allgemeinen Grundzüge und Ziele bleiben im wesentlichen die gleichen, im Unterschied zu den verschiedenen Formen von Psychotherapie. Die (manifest) nicht zweckgerichtete, nichtselektive Betonung der Freiheit und Spontaneität der Kommunikation, mit den im Prozeß eingebauten Frustrationen, ist darauf ausgelegt, ein radikales Offenlegen der Persönlichkeit und zugleich eine ebenso mächtige und tiefe Übertragungsregression zu erzeugen, die in einer facettenreichen Übertragungsneurose gipfelt. Therapeutische Wirkung ist sozusagen ein ›Nebenprodukt‹, ein Ergebnis des spontanen Anpassungsdrucks.« (1982, S. 83)

Solches Nachlassen der Betonung der Symptomlinderung hat eine Parallele in der verminderten Betonung, die Autoren wie Fritz Morgenthaler (1978) auf die soziale Anpassung legen. Morgenthaler sagt ziemlich nachdrücklich, daß der Sinn der Analyse nicht sei, den Patienten an die Gesellschaft anzupassen, ihn zu einem braven Schüler und einer sozial angepaßten Person zu machen. Seiner Meinung nach folgt der analytische Prozeß der Übertragung und verfolgt Entwicklungslinien, die den Strukturen der Gesellschaft, in der wir leben, nicht entsprechen. Der analytische Prozeß ist nicht ein Mittel zum Erreichen des Zieles, in einer geradlinigen Weise einfach nur glücklicher zu werden, noch ist die Erfüllung solcher Erwartungen ein Kriterium, eine Analyse abzuschließen.

Die komplexe Situation Mitte der 70er Jahre, als sich die Psychoanalyse in mehrere verschiedene Richtungen entwickelte, wurde 1975 in London auf dem Kongreß der Internationalen Psychoanalytischen Vereinigung in einem Panel über »Die sich ändernden Erwartungen von Patienten und Psychoanalytikern heute« genau herausgearbeitet (siehe Bericht von Cramer und Flournoy, 1976). Das Ergebnis dieses erhellenden Panels, an dem Wolfgang Loch, Jacob Arlow, Otto Kernberg, Joyce McDougall und Kjell Øhrberg teilnahmen, ist von den Berichterstattern zusammengefaßt worden, die die Erwartungen, die der Patient heute an den Analytiker hat, betonen und hervorheben, daß diese Erwartung sowohl interpersonaler wie intrapsychischer Natur ist; sie ist eng an die analytische Situation und den analytischen Prozeß gebunden:

> »Von außen gesehen, könnten sich die wechselseitigen Erwartungen entsprechend den historischen Entwicklungen in der psychoanalytischen Theorie verändert haben: Man könnte eine Veränderung beobachten, bei der aus der Erwartung einer Auflösung des Symptoms die Hoffnung auf eine bessere Integrationsfunktion des Ichs wird, wie die Ich-Psychologen es formulieren würden. Von den Erwartungen ausgehend, unbewußte infantile Konflikte bewußtzumachen, mag man schließlich hoffen, das Objekt, primär die Mutter, wiederherzustellen, wie die Kleinianer es formulieren würden. Man kann also viele sich ändernde Erwartungen gemäß der Änderungen in der *Theorie* beschreiben.
>
> Von innen gesehen, können die sich ändernden Erwartungen auf verschiedenen Ebenen formuliert werden. Man könnte zum Beispiel versuchen, Erwartungen, die sich während der Entfaltung der Analyse ändern, herauszuarbeiten. Dies war zwar nicht das Thema der Konferenz; mit der Verlängerung der Kuren [Analysen] ist der Analytiker allerdings auch offen für Entwicklung und für Veränderungen in der psychoanalytischen Theorie. Dies muß seine Erwartungen in verschiedenen Stadien der Analyse beein-

flussen, ebenso wie die natürliche Entfaltung der Analyse auch die Erwartungen sowohl des Patienten als auch des Analytikers verändern wird.

Es sah so aus, daß man während dieses Kongresses oft mit dem Problem der wechselseitigen Erwartungen beschäftigt war ... und zwar auf neue Weise: Analytiker und Patienten würden nicht mehr erwarten, bestimmte Probleme zu lösen, verborgene Bedeutungen aufzudecken, Affekte, die aus der Erinnerung gelöscht schienen, wiederaufzufinden; sie versuchten eher, ›miteinander zurechtzukommen‹. Dies könnte die Lebensschicksale des Menschen in der heutigen Zeit widerspiegeln; der Mensch sucht seiner narzißtischen Einsamkeit zu entkommen, die ihn eher mit dem Problem einer Abwesenheit von Objekten als mit einem bestimmten abwesenden Objekt konfrontiert. In dieser Situation kann es sein, daß der Analysand undeutlich wahrnimmt, daß es, so wie es wirklich unmöglich ist, miteinander auszukommen, eine unmögliche Aufgabe ist, die vollständige Beseitigung seines Leidens zu erstreben – so wurde es von einigen Teilnehmern vorgeschlagen –, ebenso wie es utopisch sein könnte, das Fortbestehen seines Leidens entsprechend den eigenen masochistischen Tendenzen zu erstreben. Was daher nach Meinung einiger wichtiger sein könnte, ist das Schaffen eines ›Spielraumes‹, eines analytischen Feldes, in dem der Analysand seine grundlegenden Wünsche innerhalb des Rahmens, den der Analytiker zur Verfügung stellt, ohne Furcht vor einer Katastrophe symbolisch darstellen kann. In einem solchen analytischen Feld wird der Analytiker nicht nur ein Zeuge, sondern auch ein Teilnehmer an diesem kreativen Spiel sein; er kann schweigen, manchmal aktiv, manchmal passiv sein, aber er wird immer da sein. Die wechselseitigen Erwartungen finden dann im Kontext einer entdramatisierten Beziehung statt, mit weniger fordernden Erwartungen hinsichtlich eines idealen Ergebnisses des Typus ›Wo Es war, soll Ich werden‹.« (Cramer und Flournoy, 1976, S. 426f.)

In ihrem Bericht über das Panel bringen Cramer und Flournoy ein aufschlußreiches Argument vor, wenn sie hervorheben, in welchem Maße die aktuelle Theorie des Psychoanalytikers Einfluß auf die Erwartungen sowohl des Analytikers als auch des Patienten in bezug auf das ausübt, was die Analyse leisten kann.

Auf dem gleichen Kongreß wurde ein anderes Panel veranstaltet, das für das Thema der Ziele relevant war. Es handelte sich um eine Diskussion über »Die Grundlagen psychischer Veränderung in der klinischen Praxis« (siehe Bericht von Naiman, 1976), in der offensichtlich verstärkt die Notwendigkeit betont wurde, grundlegende Veränderungen der inneren Objektbeziehungen zu bewirken. Betty Joseph meinte – und brachte damit eine kleinianische Ansicht zum Ausdruck –, daß solche Veränderungen ein Nachlassen jener Prozesse der Spaltung und Projektion in Objekte mit sich bringen, die zu Verzerrungen in den Objektbeziehungen führen. Als eine Konsequenz »können gütigere und realistischere Objekte in das Ich und Über-Ich eingeführt werden« (Zitat nach Naiman, 1976, S. 413). In diesem Zusammenhang bemerkte Sandler, daß psychische Veränderungen normalerweise das ganze Leben hindurch vorkommen und daß es Ähnlichkeiten zwischen denen gibt, die außerhalb, und denen, die innerhalb der Analyse auftreten. Im Verlauf des Lebens bilden wir neue ›Lösungen‹ für die uns aufgebürdeten Probleme. Die alten Lösungen verschwinden nicht, sondern bleiben latent oder können in neuere Lösungen integriert werden. In der Analyse können wir die früheren Funktionsweisen nicht »ungeschehen machen« – eher helfen wir dem Ich des Patienten, neue Lösungen zu bilden, die ihm einen größeren Grad an Autonomie geben können, sein Mißbehagen verringern und ihn, so hofft man, glücklicher machen. Wenn es allerdings zu einer Symptomänderung kommt, gehen die Strukturen hinter den Symptomen nicht verloren, sondern ihre Verwendung wird ausgesetzt. Von diesem Standpunkt, in dem die Über-Ich-Introjekte als psychische »Strukturen« betrachtet werden, verändern sich nicht die Objekte, die das Über-Ich des Patienten konstituieren, sondern es verändert sich die Beziehung des Ichs zu bestehenden Über-Ich-Introjekten (obwohl es natürlich weiter zur Introjektion kommen könnte). Mit einer größeren Autonomie achtet man auf diese Introjekte nicht so sehr, ebenso wie man im Laufe der Entwicklung normalerweise von seinen Eltern weniger abhängig wird. (Elisabeth Spillius [persönliche Mitteilung] weist darauf hin, daß es aus kleinianischer Sicht angemessener wäre, nicht von der »Wiederherstellung« der Objekte zu sprechen, sondern Änderungen in der *Haltung* gegenüber der Beziehung zum Objekt zu erwarten.) Rückblickend möchten wir sagen, daß das Nachlassen der von Joseph beschriebenen Prozesse der Spaltung und Projektion ein wichtiger Beitrag zur Bildung von neuen »Lösungen« ist, die es dem Patienten gestatten, in seine Selbstrepräsentanz Aspekte seines Selbst wiederaufzunehmen, die im Laufe der Entwicklung seiner inneren Objektbeziehungen inakzeptabel geworden waren.

Die von Sandler vertretene Position impliziert, daß Streß-Zustände (inneren oder äußeren Ursprungs) sogar beim best-analysierten Patienten eine Regression zu einer erhöhten Abhängigkeit von den inneren Über-Ich-Objekten bewirken können. Die gleiche Tendenz würde sich zeigen in bezug auf Symptome im allgemeinen. Daraus würde folgen, daß eines der Ziele der Psychoanalyse wäre, die Fähigkeit des Patienten zu stärken, vorübergehende Regressionen zu tolerieren und sich davon zu erholen.

Zum Schluß …

Während der 70er Jahre ist weniger als in den vorausgehenden Jahrzehnten über den Konflikt zwischen psychischen Strukturen gesprochen worden, obwohl ein substantieller harter Kern klassisch ichpsychologischer Formulierungen in bezug auf analytische Ziele bis heute fortbesteht. Wir können eine wachsende Beschäftigung mit Zielen hinsichtlich der durch die Analyse bewirkten Änderungen im *Selbst* des Patienten und in den inneren Beziehungen zwischen Selbst und Objekt beobachten. Die analytischen Ziele des Patienten und des Analytikers werden verglichen und einander gegenübergestellt; und dem Erwerb und der Ausarbeitung der selbstanalytischen Funktion (die ab und an in der Vergangenheit, z. B. von Gertrude Ticho, 1967, diskutiert worden war) wird eine größere Bedeutung beigemessen. Wir können in den Schriften der nordamerikanischen Psychoanalytiker, wenngleich nicht immer explizit, die Wirkung der britischen Ansichten erkennen, besonders die von Autoren wie Melanie Klein und Donald Winnicott, wenn sie die inneren Objektbeziehungen und den Einfluß früher infantiler Erfahrungen auf die Entwicklung betonen (allerdings sind diese Autoren und ihre Anhänger in Europa und Lateinamerika schon lange Zeit einflußreich gewesen). Kennzeichnend für die 70er Jahre war die Intensität der Auseinandersetzungen zwischen den Vertretern der verschiedenen Theorien. Wie wir sehen werden, sollte sich diese Situation verändern, als die Koexistenz verschiedener Standpunkte und ihr gegenseitiger Einfluß akzeptiert wurde.

8.
Pragmatismus und Integration in der zeitgenössischen Psychoanalyse

Die Entwicklung verschiedener theoretischer Perspektiven in der Psychoanalyse brachte es mit sich, daß Fragen nach den Zielen von den Vertretern verschiedener Schulen in Begriffen ihrer eigenen besonderen theoretischen Grundorientierung formuliert wurden. Trotzdem gab es, wie man erwarten konnte, konservative Autoren, die ihre theoretische Position ständig wiederholten, ohne die Veränderungen, die sich aus der wechselseitigen Befruchtung der Ideen ergeben hatten, zu berücksichtigen. Sicherlich hat das Weiterleben früherer Positionen eine gewisse stabilisierende Funktion in der Entwicklung der Psychoanalyse gehabt und hat grundlegende psychoanalytische Gedanken davor bewahrt, vorschnell über Bord geworfen zu werden. Es trifft jedoch ebenso zu, daß der Konservatismus, der aus dem Einfluß vorausgehender Psychoanalytikergenerationen resultiert – aufgrund der besonderen Natur der psychoanalytischen Ausbildung –, die produktive Entwicklung hier, vergleicht man sie mit anderen wissenschaftlichen Disziplinen, verlangsamt hat. Allerdings wurde ein wachsender Prozeß des Dialogs und der Auseinandersetzung zwischen den Vertretern der verschiedenen analytischen Standpunkte während der 80er Jahre sichtbar. Andere Ansichten als die eigenen mußten verstanden und berücksichtigt werden, um sie diskutieren zu können; eine wachsende Bedeutung wurde der Darstellung und Diskussion von klinischem Material durch Analytiker verschiedener Orientierung beigemessen. Eine Folge war die zunehmende Fähigkeit, Theorien – die anderer wie auch die eigenen – als *Theorien* anstatt als feste Glaubenssysteme anzusehen.

Das Thema des Internationalen Psychoanalytischen Kongresses 1979 in New York lautete »Klinische Fragen in der Psychoanalyse«, und die Fokussierung auf klinische Prozesse auf diesem Kongreß ließ einige der Entwicklungen in den folgenden Jahren vorausahnen. In seinen Schlußbemerkungen zum Kongreß faßte Sidney Furst (1980) seine Sicht der damaligen Lage folgendermaßen zusammen:

> »Klinische Fragen nehmen einen besonderen Platz in unserem Gebiet ein. Sie sind einerseits Folgerungen erster Ordnung aus den Beobachtungen, die wir bei unserer täglichen Arbeit machen; auf der anderen Seite stellen sie die unmittelbare Basis der Theoriebildung dar. Durch ihre Zwischenstellung zwischen Beobachtung und Theorie erhalten sie somit eine Brückenfunktion. Diese Verbindung und ihre Folge, die Verbindung zwischen Verstehen und Heilen, ist das Kennzeichen der Psychoanalyse, wodurch sie sich von allen anderen Formen der Behandlung psychischer Störungen unterscheidet.« (S. 225)

Hinsichtlich der Ziele der Psychoanalyse, über die auf dem Kongreß in einem Panel über »Die Beendigungsphase der psychoanalytischen Behandlung Erwachsener und die Ziele der Psychoanalyse« diskutiert wurde, weist Furst darauf hin, daß über die Jahre die Ich-Psychologen die Betonung auf Kriterien gelegt hätten, die als *Strukturveränderung* gefaßt wurden (d. h. Verbesserung der Realitätsprüfung, Erreichen eines höheren psychischen Funktionsniveaus und adaptive Verhaltensänderungen); doch in der Praxis werde heutzutage weniger erwartet, daß solche Ziele voll erreicht werden können.

Furst richtete die Aufmerksamkeit auf die Elemente, die den verschiedenen, damals gängigen theoretischen Perspektiven gemeinsam waren.

> »Die neueren psychoanalytischen Denkschulen machten sich in unterschiedlichem Maße die Ziele der klassischen Schule zu eigen; die Verbesserung der Realitätsprüfung und

der Erwerb von Einsicht sind zwei Beispiele hierfür. In dem Maße, in dem der analytische Prozeß die tiefsten Schichten der vorsprachlichen Erfahrung – manchmal als der *psychotische Kern* bezeichnet – durchdringt, werden die Ziele eher als Aussagen über die Pathogenese denn als klinische Kriterien formuliert. Andere Ziele, wie etwa ›die Wiederherstellung des kohärenten Selbst‹, oder ›zu sein, was man ist‹, können als Varianten des klassischen Modells oder als implizit in ihm enthalten betrachtet werden, mögen die zum Erreichen der Ziele angewandten Techniken auch verschieden sein. Die Kriterien für die Beendigung werden nach den neuen Modellen normalerweise eher bezogen auf die Fähigkeit des Patienten konzipiert, die aktive, affektive Begegnung mit dem Analytiker aufzugeben – meist dadurch, daß er ihn introjiziert – und die Trauerarbeit um die verlorenen Objekte und um Teile des Selbst abzuschließen.« (Ebd., S. 233)

Diese Überlegungen unterstreichen die grundlegenden Ähnlichkeiten zwischen den verschiedenen psychoanalytischen Standpunkten. Auf dem Panel wurden jedoch auffallende Differenzen in der Formulierung deutlich. Herbert Gaskill (1980) zum Beispiel vertrat die klassische Sicht, indem er die Konzeptualisierungen der amerikanischen Ich-Psychologen aus den vorausgegangenen Jahrzehnten wiederholte. Leon Grinberg, der durch die Arbeit von Melanie Klein und Wilfred Bion stark beeinflußt war, drückte hingegen seine Ansichten über die »Ziele«, die der Analytiker in seiner Arbeit mit seinem Patienten hat, folgendermaßen aus:

»Wir ›sättigen‹ die Entwicklung der psychoanalytischen Beziehung mit der aprioristischen Idee, unsere Patienten dahin zu ›führen‹, daß sie die therapeutischen Ziele erreichen, die wir von Beginn an für sie festgelegt haben ... wenn man diese Kriterien betrachtet, sieht man, daß der Akzent fast ausschließlich auf die Persönlichkeit des Ana-

> lysanden gesetzt wurde … es ist wichtig, auch mitzuberücksichtigen, daß die Persönlichkeit des Analytikers mit seinen neurotischen und psychotischen Überbleibseln … seine schöpferische Arbeit stören kann.« (1980, S. 34 f.)

Während das Moment des Erlangens von Einsicht als grundlegend für alle psychoanalytischen Ansätze betrachtet werden kann, betrachtet Grinberg die Frage aus der spezifischen Sicht der »Wahrheitsliebe«:[1]

> »Das Konzept der Einsicht ist mit jenem Wissen verbunden, das aus den Erfahrungen von tiefer Veränderung und psychischem Wachstum stammt und welches dem Patienten hilft, dem Ziel, ›seine eigene Wahrheit zu sein‹, näherzukommen; dazu gehört die Notwendigkeit, die damit verbundene Verantwortung zu übernehmen. Es ist wichtig, diese authentische Einsicht, der Wahrheit so nah wie möglich zu kommen, von anderen Typen intellektuellen Wissens oder ›Pseudoeinsichten‹ zu unterscheiden, die zum Entgegengesetzten tendieren, nämlich zur Vermeidung von Wahrheit.« (1980, S. 35)

Wir wollen hier betonen, daß zu Beginn des Jahrzehnts verschiedene Formulierungen der Art, wie sie von Gaskill und Grinberg verwandt wurden, nebeneinander existierten. Diesbezüglich ist Horacio Etchegoyens Hinweis interessant, daß »die Heilungskriterien verschieden sein werden, je nach der theoretischen Grundlage, mit der wir sie zu bestimmen versuchen«. Er sagt:

---

[1] Grinberg verwendet *Wahrheit* hier in einer Bedeutung, die Bion (1970) verpflichtet ist. Obwohl Grinberg *Wahrheit* dadurch näher bestimmt, daß er sich auf »die eigene Wahrheit des Patienten« bezieht, haben sicher viele Analytiker gegenüber dem Gebrauch des Begriffs der *Wahrheit* in diesem Zusammenhang Vorbehalte. Dennoch würden nur wenige Grinbergs Behauptung widersprechen, daß »es nicht genug ist, daß ein Patient weiß, daß er Neidgefühle hat, sondern daß er eher fühlen sollte, daß er neidisch *ist* und daß er fähig sein sollte, dies zu ertragen« (1980, S. 30).

»Die Hartmannsche Psychologie der Anpassung z. B. führt zu dem Gedanken, daß die Beendigung der Analyse die Stärkung der konfliktfreien Zone und eine ausreichend adaptative Ich-Funktion impliziert, während die kleinianische Schule den Akzent auf die Durcharbeitung der depressiven Ängste setzen wird. Lacan wird, die Psychologie der Anpassung bissig gering schätzend, sagen, daß eine gute Beendigung die Unterordnung des Subjekts unter die symbolische Ordnung sanktioniert, und Winnicott wird sagen, daß der Analysand sein wahres Selbst erworben haben wird und dann, wenn er die Desillusionierung genügend akzeptiert hat, wissen wird, wieviel er der Mutter schuldet.« (1986, S. 576)

Meissner (1991) beschreibt die Situation prägnant:

»Verschiedene Ansätze scheinen sich auf verschiedene therapeutische Ergebnisse zu konzentrieren. Die Ich-Psychologen betonen die Änderung der psychischen Struktur auf der Grundlage von Konfliktlösung und Verinnerlichungen; die Selbst-Psychologen betonen auch die Änderungen der Struktur, sehen sie aber eher bezogen auf die ›umwandelnden Verinnerlichungen‹, die zu einem erneuerten psychischen Wachstum führen; die Hermeneutiker konzentrieren sich auf umfassendere und kohärentere Narrative des Selbst; die Sicht der Objektbeziehungstheorie betont die Modifikationen der inneren Welt der Repräsentanzen und der entsprechenden angepaßteren Beziehungen zu den äußeren Objekten; und der Informationsverarbeitungs-Ansatz visiert die Änderung falscher Überzeugungssysteme und anderer kognitiver Annahmen an.« (1991, S. 49)

In den 80er Jahren erkannte man aber zunehmend die Relativität und zugleich eine zum Teil grundlegende Ähnlichkeit der verschiedenen Ansätze an. Dies gipfelte in solchen Aufsätzen wie Robert Wallersteins »One psychoanalysis or many?«

(1988, dt. 1989, »Eine Psychoanalyse – oder viele«). Er weist dort darauf hin, daß es eigentlich die *klinische* Situation sei, die die »gemeinsame Basis« bilde.

Trotz der sicherlich existierenden theoretischen Unterschiede trifft Etchegoyens Schlußbemerkung den Punkt, wenn er sagt:

> »Wenngleich uns das Thema der Heilungsfaktoren zwangsläufig zu den kompliziertesten theoretischen Problemen unserer Disziplin führt, an denen die Schulen am stärksten entgegengesetzter Auffassung sind, ist es auch wahr, daß in der Praxis des Sprechzimmers ein wohl überraschendes, viel breiteres Einverständnis hinsichtlich der Bewertung der Fortschritte des Analysanden herrscht.« (1986, S. 582)

Diese Fragen fanden 1989 in Rom im Thema des Internationalen Kongresses »Das Gemeinsame in der Psychoanalyse: Klinische Ziele und analytischer Prozeß« (Wallerstein, der Präsident der Internationalen Vereinigung war, hatte das Thema gewählt) ihren Ausdruck.[2] In den folgenden Jahren wurde allerdings die Position einer »gemeinsamen Basis« als zu weitgehend kritisiert (siehe zum Beispiel die Paneldiskussion »Auswirkungen der Theorie auf die psychoanalytische Technik und auf die Entwicklung des psychoanalytischen Prozesses«, über die E. Schuker, 1990, berichtet). Obwohl eine gewisse gemeinsame Basis im allgemeinen anerkannt wird, werden Unterschiede in der psychoanalytischen Technik trotzdem immer mehr als gewich-

---

[2] Ein Kommentar von Milton Viederman bietet eine interessante Perspektive auf die Frage der »gemeinsamen Basis«. Er sagt: »Änderung vollzieht sich nicht nur durch Analyse der Übertragung oder durch Analyse des Konfliktes, insofern er auf Erfahrungen in der Außenwelt bezogen ist, sondern auch im Kontext dessen, was Analytiker und Patient miteinander verhandeln, insofern sich dies auf den Dialog mit dem Leben des Patienten bezieht. Daß es zu erfolgreichen Ergebnissen in der Analyse bei Analytikern mit deutlich divergierenden Überzeugungen kommt, hängt – so läßt sich dies verstehen – mit der Verinnerlichung des Dialogs zwischen Analytiker und Patient zusammen, der, obwohl von einem theoretischen Modell geleitet, von der besonderen Qualität der Beziehung beider entscheidend geprägt wird« (1991, S. 486f.).

tige, ausschlaggebende Faktoren des Ergebnisses einer Analyse angesehen. Ein Gewahrwerden dieses Sachverhalts hat eine bemerkenswerte Interaktion befördert, mit der Folge einer gegenseitigen Beeinflussung der verschiedenen »Schulen«. Gleichzeitig wurde allgemein realisiert, daß die Adäquatheit einer theoretischen Position allein durch die Auswertung klinischen Materials beurteilt werden kann. So kommt es, daß wir eine wachsende Verwendung von illustrierenden Fallvignetten in der Diskussion des einen oder anderen spezifischen Aspekts des klinischen Prozesses erhalten. Arnold Cooper drückte es, etwas ironisch, in einer nützlichen Diskussion der Konzepte der Änderung und der therapeutischen Wirksamkeit aus:[3]

> »In unserem gegenwärtigen durch theoretischen Pluralismus gekennzeichneten Klima hat eine Verschiebung in der Art des Ansatzes stattgefunden, und Analytiker versuchen penibel zu beschreiben, was während einer Sitzung oder sogar eines Moments analytischer Arbeit geschieht ... es gibt allerdings bei den Analytikern eine Tendenz zu glauben, daß sie schon die Quelle der therapeutischen Wirkungsweise beschrieben haben, wenn sie beschreiben, was während einer Sitzung geschehen ist.« (1989, S. 6)

Damit, daß den Details des klinischen Prozesses Aufmerksamkeit gewidmet wurde, ging in den 80er und 90er Jahren eine

---

[3] Michael Bader spricht in einem Aufsatz mit dem Titel »The tendency to neglect therapeutic aims in psychoanalysis« von der »Abkehr von einem strengen Versuch, in unserem analytischen Gestrüpp zu therapeutischen Ergebnissen zu kommen, und sich statt dessen immer mehr auf diese kleinen Einheiten inneranalytischen Verhaltens zu konzentrieren, die untersucht werden können« (1994, S. 248). Bader stellt auch fest, »daß Analytiker ihre Patienten heilen wollen, aber dazu neigen, diesen therapeutischen Ehrgeiz als ein potentielles Hindernis in ihrer Arbeit zu betrachten« (S. 247). Baders Aufsatz ist insofern von Wert, als er klar zeigt, wie Analytiker ihren Wunsch zu heilen abwehren können, indem sie Prozeßziele hervorheben. Eine solche Betonung umgeht auch die Schwierigkeiten, die der Definition von Ergebniskriterien inhärent sind.

Tendenz einher, die Frage nach den Zielen dadurch zu ersetzen, daß man sich mit der Frage der *psychischen Veränderung* und mit dem Problem der Faktoren, die solche Veränderung veranlassen oder erleichtern, beschäftigte. So finden wir zahlreiche zeitgenössische Beiträge zum Thema der psychischen Veränderung aus verschiedenen theoretischen und klinischen analytischen Perspektiven (siehe insbesondere Horowitz et al., 1993). Zwar hatte man sich in der Geschichte der Psychoanalyse, wenn auch in wechselndem Maße, stets mit Prozessen der psychischen Veränderung befaßt, doch fand dieses Thema nun doch besondere Beachtung aufgrund der intellektuell zunehmend anspruchsvolleren Diskussion der Differenzen, die es zwischen den verschiedenen psychoanalytischen Ansätzen gab. Daß man sich mit Prozessen der psychischen Veränderung beschäftigte, führte dazu, daß die den Ergebniszielen – die auf psychische Gesundheit bezogen (Freiheit von Symptomen, Glück, Fähigkeit zu arbeiten und zu lieben usw.) formuliert wurden – gewidmete Aufmerksamkeit nachließ. Die Betonung der psychischen Veränderung und der Fragen der Technik ist zum Teil wahrscheinlich Resultat des Drucks auf die Analytiker – bewirkt durch die Unterschiede im analytischen Ansatz – zu überprüfen, was eigentlich zwischen Analytiker und Patient vor sich geht. Damit rückten theoretische Konzepte eher als *nützliche Konstrukte* für die analytische Arbeit denn als etwas Absolutes in den Blick. So wird zum Beispiel das Konzept der Übertragungsneurose in Frage gestellt und von vielen Analytikern bestenfalls als ein Typ von Übertragung betrachtet.[4] Coopers Arbeit über das Thema (1987) trägt den Titel »The transference neurosis: a concept ready for retirement« (»Die Übertragungsneurose, ein Konzept, reif für den Ruhestand«), mit dem wir übereinstimmen würden.

---

[4] Siehe die interessante Paneldiskussion »Die Übertragungsneurose: Konzepte und Kontroversen«, über die Shaw (1991) berichtet.

Ein Ergebnis der kritischen Beurteilung des Konzepts ist, daß ein seit langer Zeit bestehendes, »offiziell« festgesetztes Ziel der Psychoanalyse, namentlich das Ziel, die Übertragungs*neurose* des Patienten aufzulösen, in Frage gestellt werden muß. Allerdings erschiene das Ziel, die *Übertragung* des Patienten (einschließlich der Externalisierungen der inneren Objektbeziehungen) so weit wie möglich aufzulösen, als angemessenes Ziel der analytischen Arbeit, wenn sie zu Ende gebracht wird.

Parallel zur Beschäftigung mit Prozessen psychischer Veränderung wurde das Interesse an den *Zwischen*zielen der Behandlung größer. Dies scheint für die verschiedenen Ansätze zuzutreffen, wofür Rangells ichpsychologische Beschreibung einer Sequenz von Schritten in der Therapie (1987) ein gutes Beispiel gibt. Er beschreibt im einzelnen die Fortentwicklung einer Analyse, aufgezeigt im Hinblick auf die im Patienten angestrebten Veränderungen.[5] Solch eine formal festgelegte Abfolge von angestrebten Veränderungen kann als Ausdruck eines konservati-

---

[5] Rangell faßt die progressiven Schritte im analytischen Prozeß folgendermaßen zusammen: (1) der Vorrat an bewußten Erinnerungen wird vergrößert; (2) die traumatischen Aspekte verdrängter Erinnerungen werden ins Bewußtsein zugelassen und vom beobachtenden und bewertenden Ich des Patienten aufgenommen; (3) die traumatischen Inhalte werden enthüllt, verstanden, abreagiert, beherrscht und durchgearbeitet. Ihre zwingende Macht wird gemindert, und das Ich wird freier; (4) als Folge der Minderung der traumatischen Aspekte der Vergangenheit erlebt das Ich, in Probehandlungen, weniger oft Angstsignale; (5) es wird jetzt weniger Abwehr benötigt, und Sicherheitssignale treten öfter auf. Die Änderungen führen zu einer neuen Freiheit des Ichs, das »eine höhere Angst- und Frustrationstoleranz entwickelt. Dieses offenbart sich in seinem neuen Umgang mit dem intrapsychischen Prozeß« (S. 242); (6) die Ich-Autonomie erweitert sich, und das Ich wird für mehr Wahlmöglichkeiten frei; (7) alle psychischen Strukturen gelangen zu verbesserten und adaptiven Veränderungen. »Somit wird das Über-Ich modifiziert in seiner Struktur, so daß sie mit dem Ich und der Kultur besser abgestimmt ist« (S. 242); (8) auch das Es verändert sich; (9) das Ergebnis dieser Veränderungen ist eine verbesserte Selbst-Repräsentanz im Ich. Das Ich hat eine erhöhte »relative Autonomie«; (10) auf sekundäre Gewinne muß durch weitere »Durcharbeitung« verzichtet werden.

ven technischen Ansatzes in den Vereinigten Staaten betrachtet werden, in welchem, wie Cooper (1989, S. 12) erläutert, »die Rolle des Analytikers die eines gütigen Interpreten der Realität ist, der durch seine Deutungen als ein vorläufiges neues Objekt verinnerlicht wird, das hilft, das Unbewußte bewußt zu machen und das Über-Ich zu modifizieren. Die klassische analytische Neutralität bleibt erhalten, die Betonung liegt auf der Veränderung psychischer Strukturen.«

Während in Rangells Formulierungen der Einfluß anderer Schulen nicht erkennbar wird, zeigen Kohuts Ansichten, wie er sie in seinem letzten Buch *Wie heilt die Psychoanalyse?* (1984, dt.1989) formuliert, eine subtile Akzentverschiebung in Richtung auf eine Übernahme von Elementen anderer Ansätze, während sie die charakteristischen Züge der Selbstpsychologie aber beibehalten. Ähnlich spiegelt sich in Arnold Goldbergs Überlegungen zur Entwicklung einer von Patient und Analytiker geteilten Bedeutung (1987) die zu Beginn der 80er Jahre einsetzende Tendenz zur wechselseitigen Befruchtung verschiedener Orientierungen in der Weiterentwicklung des objektbeziehungstheoretischen Aspekts der Kohutschen Theorie wider. Die gleiche Tendenz hat sich bei Kohut (1984) gezeigt, der, während er erneut betont, daß das Ziel der Psychoanalyse im Umbau der Struktur *des Selbst* (eher als des Ichs oder des Über-Ichs) bestehe, sagt,

> »daß sich die Selbstpsychologie zwar auf dieselben Werkzeuge verläßt wie die traditionelle Analyse (Deutung und anschließendes Durcharbeiten in einer Atmosphäre der Abstinenz), um die Heilung herbeizuführen, daß sie aber nicht nur die Resultate, die erzielt werden, in einem anderen Licht sieht, sondern auch und gerade die Rolle, die Deutung und Durcharbeiten im analytischen Prozeß spielen« (1984, dt. 1989, S. 117).

Er sieht den Heilungsprozeß in der Analyse

> »als eine aus drei Schritten bestehende Bewegung; die beiden ersten Schritte können als Widerstandsanalyse und

> Entfaltung der Übertragungen beschrieben werden, während der dritte Schritt – der wesentliche, weil er das Ziel und das Ergebnis der Heilung definiert – die Eröffnung eines Empathieweges zwischen Selbst und Selbstobjekt ist, spezifisch die Herstellung empathischen Eingestimmtseins zwischen Selbst und Selbstobjekt auf reifen, erwachsenen Ebenen. Dieser neue Empathiekanal übernimmt dauerhaft den Platz der früher verdrängten oder abgespaltenen archaischen narzißtischen Beziehung; er ersetzt die Bindung, die früher das archaische Selbst an das archaische Selbstobjekt band.« (Ebd., S. 104)

Cooper (1989) äußert sich hierzu folgendermaßen:

> »Obwohl die Selbstpsychologen das empathische Scheitern der ersten Pflegeperson als den wichtigsten ätiologischen Faktor in der psychopathologischen Entwicklung hervorgehoben haben und obwohl einige darauf hingewiesen haben, daß die Empathie des Analytikers selbst die heilende ›ersetzende‹ Therapie sei, ist dies nicht die Ansicht Kohuts in seiner letzten Arbeit. Die empathische Bindung von Analytiker und Patient ist eine Voraussetzung für die psychoanalytische Arbeit ... [die] allerdings weiterhin in der Deutung in der Übertragung besteht. ... Auch hier kann man sagen, daß Kohut sich selbst – mit einigen Akzentverschiebungen und mit einer anderen theoretischen Auffassung von der Rolle des Selbst als motivierender Kraft – innerhalb der Hauptströmung der neueren objektbeziehungs- und entwicklungstheoretischen Auffassungen von der Art und Weise therapeutischen Handelns verortet.« (S. 18)

Es ist wert festzuhalten, daß die Objektbeziehungstheoretiker keine geschlossene »Schule« darstellen, auch wenn es eine Tendenz gibt, so von ihnen zu sprechen (wie es auch Cooper tut). Unter der Bezeichnung *objektbeziehungstheoretisch* sind jene Analytiker versammelt, deren Ideen sich etwa aus den Theorien solch unterschiedlicher britischer Psychoanalytiker wie Ronald Fairbairn, Michael Balint, Donald Winnicott und Mitgliedern der kleinianischen Schule entwickelt haben. In den Vereinigten Staaten firmieren unter dieser Bezeichnung Theoretiker wie Edith Jacobson (1954, 1964), Hans Loewald (1960, 1970), Otto Kernberg (1975) und Arnold Modell (1976). Relevant sind in diesem Zusammenhang auch neuere Diskussionen (z.B. Greenberg und Mitchell, 1983; Greenberg, 1991; Mitchell, 1988). Trotz der Unterschiede zwischen den Objektbeziehungstheoretikern (z.B. Unterschiede hinsichtlich der Einschätzung des Einflusses, den die reale äußere Umwelt ausübt) existiert doch ein bestimmtes Maß an Gemeinsamkeit. In der analytischen Therapie wird die Interaktion zwischen Patient und Analytiker, in den Zielen der Analyse die Änderungen in der Beziehung des Patienten zu seinem Selbst und zu seinen Objekten, zu äußeren wie inneren, herausgehoben.

Zwar geht es den kleinianischen Psychoanalytikern in hohem Maße um die Entwicklung der inneren Objektbeziehungen – so wie diese durch die unbewußte Phantasie geschaffen und modifiziert werden – doch können sie nicht als »reine« Objektbeziehungstheoretiker angesehen werden, weil sie so sehr die Rolle der Triebe betonen, insbesondere den Todestrieb (eine umfassende Darstellung der kleinianischen Theorie und Praxis siehe Spillius, 1988a, 1988b). Melanie Kleins Ansichten über das Ziel der Psychoanalyse wurden, wie oben (Kapitel 4) beschrieben, aus ihrer Arbeit über deren Beendigung (1950) erschlossen. Das Ziel wurde in einer Milderung der Verfolgungsängste und der depressiven Ängste und in einer zufriedenstellenden Bewältigung der resultierenden Trauersituation gesehen. In neuerer Zeit hat Steiner in »The aim of psychoanalysis« die kleinianische Sicht vom Standpunkt des zentralen Ziels des »Verstehens und der Erleichterung von seelischer Krankheit und seelischem Leiden und der Förderung von Wachstum und Entwicklung des individuellen Patienten« weiterentwickelt. Steiner vertritt die Ansicht, daß Melanie Kleins Entdeckung der schizoiden Mechanismen, insbesondere der projektiven Identifizierung (Klein, 1946), das Ziel der Psychoanalyse grundlegend ändere. Er beschreibt die projektive Identifizierung, nach der Auffassung von Klein, als

> »einen primitiven Mechanismus, in dem ein Teil des Selbst abgespalten und auf das Objekt projiziert wird. Das Ziel besteht manchmal darin, unerwünschte Eigenschaften loszuwerden, und manchmal darin, das Objekt anzugreifen und zu beherrschen, aber manchmal dient es auch als ein primitives Mittel der Kommunikation mit dem Objekt. Eine wichtige Folge dieses Mechanismus ist, daß es zu einem Mangel an Getrenntheit zwischen Selbst und Objekt kommt und unklar wird, welche Eigenschaften zum Selbst und welche zum Objekt gehören.« (1989, S. 112f.)
>
> »Nach diesem Modell besteht das Ziel der Psychoanalyse darin, dem Patienten zu helfen, eine Integration zu finden und Teile von sich selbst wiederzugewinnen, die vorher durch projektive Identifizierung verloren waren.«[6] (1989, S. 115)

Es ist erwähnenswert, daß wir hier, innerhalb des kleinianischen Denkens, eine Rückkehr zur Verwendung des Begriffs des Widerstands erkennen können – wobei *Widerstand* nun etwas anderes meint als einen Versuch, den Analytiker oder die analytische Arbeit zu zerstören. Dies ist höchstwahrscheinlich eine Konsequenz der jahrelangen Interaktion zwischen den Mitgliedern der verschiedenen Gruppen innerhalb der Britischen Psychoanalytischen Gesellschaft.

Steiner weist darauf hin, daß es nach einer Zeit des therapeutischen Optimismus und Vertrauens, in der es möglich zu sein schien, selbst sehr gestörte Patienten mit dem Ansatz von Me-

[6] Zu einer ausführlichen Diskussion des Konzepts der projektiven Identifizierung siehe Sandler (1987).

lanie Klein zu behandeln, klar wurde, »daß es für den Patienten oft nicht leicht war, der psychischen Realität ins Auge zu sehen, die dann entstand, wenn er begann, die vorher abgespaltenen Teile wieder in sich aufzunehmen« (S. 115). Häufig mobilisierte die Wiederaufnahme destruktiver Kräfte der Persönlichkeit in das Selbst intensive Widerstände gegen die analytische Arbeit. Die projektive Identifizierung verdunkelt die Unterscheidung zwischen Selbst und Objekt, und um das Ziel der Psychoanalyse zu erreichen, sei es notwendig, sagt Steiner, einen Trauerprozeß durchzuarbeiten, so daß das Objekt

> »realistischer wahrgenommen und das Selbst angereichert wird, aber als eine Konsequenz ist das Individuum sich einer Getrenntheit von Selbst und Objekt deutlicher bewußt und erkennt klarer, was zum Selbst und was zum Objekt gehört. Die Getrenntheit macht sowohl die guten als auch die schlechten Aspekte des Objekts bewußt, die Verleugnung der Getrenntheit dient folglich als ein Schutz gegen beides, Frustration und Neid. ... Wenn man der Realität nicht gegenübertreten kann, kann der Trauerprozeß nicht fortschreiten, und der Patient kann die Teile des Selbst nicht wiedererlangen, die er verstoßen hat. ... Wenn diese Realität durchgearbeitet wird, findet ein Stück Trauer statt, während das Objekt aufgegeben und ein Teil des Selbst aus dem Objekt zurückgenommen und dem Ich zurückgegeben wird [statt *Ich* liest man in diesem Zusammenhang wahrscheinlich besser *Selbst*]. Das Ich wird dadurch gestärkt, und das Objekt wird in gewissem Ausmaß realistischer gesehen. Dies heißt dann, daß der Konflikt mit besseren Hilfsmitteln angepackt wird und daß das Bedürfnis, sich der Realität zu entziehen, geringer wird.« (1989, S. 116f., 119)

Zusammenfassend kann man also sagen, daß aus dieser Sicht das Ziel der Psychoanalyse darin besteht, dem Patienten zu helfen, projizierte Teile des Selbst zurückzunehmen und sie in die Persönlichkeit zu reintegrieren.

Die kleinianische Perspektive ist in unterschiedlichem Maße in die Arbeit des zeitgenössischen Mainstreams der Psychoanalyse eingegangen. So zeigt sich etwa der Einfluß der kleinianischen Vorschläge in der Art und Weise, wie Joseph und Anne-Marie Sandler, Mitglieder der Contemporary Freudian Group in der Britischen Psychoanalytischen Gesellschaft, das Ziel der Analyse auffassen. Während für die kleinianische Theorie das Ziel der Analyse also darin besteht, den Patienten zu befähigen, die abgespaltenen Teile, mit denen die projektive Identifizierung umging, wiederzuerlangen (siehe auch Hinshelwood, 1989), haben Sandler und Sandler folgende Formulierung vorgeschlagen (1983):

> »Der Analytiker ist bestrebt, dem Patienten zu helfen, schließlich die infantilen Wunschaspekte seiner selbst zu akzeptieren, die den schmerzvollen Konflikt ausgelöst haben und im Verlauf der Entwicklung bedrohlich geworden sind. Infolgedessen bemüht sich der Analytiker zu erreichen, daß der Patient … die *Abkömmlinge* dieser Teile seiner selbst in seinem bewußten Denken und in seinen Phantasien zuläßt. Anders ausgedrückt: ein wichtiges analytisches Ziel ist es zu erreichen, daß der Patient sich mit den zuvor inakzeptablen Teilen von sich anfreundet, gut mit zuvor bedrohlichen Wünschen und Phantasien zurechtkommt. Dies zu tun bedeutet, daß der Analytiker mit seinen Deutungen und der Art, in der er sie gibt, für eine Atmosphäre der Toleranz gegenüber dem Infantilen, Perversen, Lächerlichen sorgen muß, für eine Atmosphäre, die der Patient zu einem Teil seiner Haltung sich selbst gegenüber machen kann, die er gemeinsam mit dem Verständnis, das er in seiner Zusammenarbeit mit dem Analytiker erreicht hat, internalisieren kann.«[7] (1983, S. 423)

[7] Sandler und Sandler sind der Ansicht, daß eine ganze Vielfalt von Abwehrformen, einschließlich der projektiven Identifizierung (jedoch nicht dar-

Das analytische Ziel, zu ermöglichen, daß die abgespaltenen und verworfenen Teile des Selbst in das Selbst zurückgebracht werden, ist auch in einer früheren Bemerkung von Loewald (1981) enthalten; Loewald erwähnt es in dem Sinne, daß in der Analyse regressiv wiedererlebte Erfahrungen dadurch einen sehr positiven Aspekt haben können, daß sie, wie er es ausdrückt, »die Chance erhalten, vom verdrängten Unbewußten zurückzukommen – nicht nur, um in der Entwicklung erweiterten Ausdruck und Integration zu finden, sondern um ihrer selbst willen; durch sie gewinnen wir wieder den Zugang zu der frischen Unmittelbarkeit und Intensität des Lebens« (S. 29).

Eine Äußerung Jacob Arlows (1987) drückt eine ähnliche Sicht aus:

> »In der Behandlung geht es dann nicht darum, sich zu erinnern und das Selbst von der schädlichen Erinnerung aus der Vergangenheit zu reinigen; es geht statt dessen darum, um einen beständig beunruhigenden Einfluß in der Gegenwart zu wissen und ihn zu beherrschen.« (1987, S. 75)
> »Die Interaktion zwischen den Interventionen des Analytikers und der Reaktion des Patienten enthüllt die Natur der Kompromißbildungen. Dieser Prozeß vertieft das Verständnis des Patienten davon, wie seine Psyche arbeitet, und erleichtert ihm das Erlangen von Einsicht. Therapeutisch kann dies zu einer Neuordnung der im Konflikt befindlichen Kräfte führen und in angepaßteren, weniger konflikthaften Kompromißbildungen enden. Wie Brenner [1976] gezeigt hat, verschwinden die Konflikte als ein Ergebnis der Behandlung nicht, sondern es werden neue, effektivere, angepaßtere Formen von Kompromißbildungen aufgebaut.« (1987, S. 86)

---

unter subsumiert), am Prozeß der Abspaltung von Aspekten der Selbst-Repräsentanz beteiligt sind.

Abgesehen von der offensichtlichen wechselseitigen Beeinflussung der verschiedenen »Schulen« hat das Gewahrwerden von Entwicklungsstörungen oder -defiziten – als ein Ergebnis des Einflusses von Kinderanalytikern wie Anna Freud, Melanie Klein, René Spitz und Margaret Mahler – eine deutliche Wirkung darauf gehabt, was unter *erfolgreicher Anpassung* verstanden wird. Wie wir im vorausgehenden Kapitel gesehen haben, hat zum Beispiel Mahlers Arbeit mit psychotischen Kindern die Aufmerksamkeit auf die normalen Prozesse der Trennung und Individuierung gelenkt (Mahler, 1968; Mahler et al., 1975). Das Erreichen einer angemessenen Fähigkeit, sich zu trennen und zu individuieren durch den Analyse-Patienten, ist in die Aussagen über die Ziele der analytischen Behandlung eingegangen. Ein ähnlicher Einfluß ist in jüngster Zeit von den sogenannten *baby-watchers* ausgeübt worden (Sander, 1975; Stern, 1977 und 1985; Emde, 1988a und 1988b; Lichtenberg, 1983). Sie haben bei Analytikern ein stärkeres Bewußtsein von möglichen Behinderungen der normalen Entwicklung bewirkt, denen – bei der Formulierung der Möglichkeiten, wie mit den Mitteln der Analyse gestörte Entwicklungsprozesse zu modifizieren sind – Rechnung getragen werden muß.

Einige Analytiker halten die Beseitigung der Entwicklungsdefekte für möglich (z. B. die Kohutianer durch die umwandelnde Verinnerlichung), während für andere die Behandlungsziele geändert werden müssen, um »die für die Ichfunktionen günstigsten psychologischen Bedingungen« zu erhalten (Freud, 1937a, S. 96). Im letzteren Fall wird angenommen, daß wesentliche Entwicklungsdefekte nicht verändert, daß aber Funktionsweisen entwickelt werden können, mit diesen Defekten innerlich wie auch äußerlich zu Rande zu kommen. Sandler (1988) bemerkt in seinen Überlegungen zu den Grenzen der Wirksamkeit psychoanalytischer Behandlung hierzu:

> »Angesichts aller verfügbaren Indizien scheinen wenig Zweifel daran zu bestehen, daß die vererbten und konsti-

tutionellen Differenzen zwischen Individuen extrem wichtig sind. Sie bilden das, was Freud 1937 als den zugrundeliegenden ›gewachsenen Felsen‹ bezeichnete, der die biologischen Grenzen des Erreichbaren setzt. ... Wenn die Befunde und Schlußfolgerungen (der Kleinkindbeobachtung)... ernst genommen werden, können wir unsere Idee des zugrundeliegenden ›gewachsenen Felsens‹ in unseren Patienten als ein *spezifisches* psychobiologisches Grundgestein fassen, das in hohem Maße die Strukturen miteinbezieht, die durch die *spezifische* Entwicklung des Individuums in *spezifischen* wechselseitigen Beziehungen zwischen der Person und ihrer Umwelt geschaffen worden sind – insbesondere als ein Ergebnis der Interaktion zwischen dem Kind und seiner Pflegeperson. Dies begrenzt sicherlich das, was die Analyse vollbringen kann.« (1988, S. 341)

Die Situation ist von Sidney Pulver folgendermaßen charakterisiert worden:

»Als ein Ergebnis der Explosion unseres Wissens über die Entwicklung des Kindes (Emde, 1988a und b; Kramer und Akhtar, 1988) hat die Ansicht an Boden gewonnen, daß unter optimalen therapeutischen Bedingungen die therapeutische Veränderung als eine Art neuer Entwicklung gesehen werden kann, die der emotionalen Entwicklung in der Kindheit analog ist. ... Die Implikation dieser Sicht ist, daß die stattgefundene gestörte Entwicklung getilgt und durch ein besser angepaßtes Funktionieren ersetzt wird. Andere dagegen sind der Ansicht, daß die Entwicklung, welche die therapeutische Veränderung darstellt, neben der gestörten Frühentwicklung stattfindet, anstatt sie zu ersetzen. Der Analytiker versucht, die Toleranz des Patienten seinen infantilen Phantasien gegenüber zu stärken, ohne die Erwartung zu hegen, die ursprünglichen Entwicklungspfade und die mit ihnen verbundenen Phantasien ersetzen zu können. Er hofft statt dessen, daß sich der

Patient in dem Maße, in dem er seinen frühen Phantasien gegenüber toleranter wird, selbst mehr akzeptiert und fähiger wird, sein Denken und Verhalten zu ändern. Anders ausgedrückt, das Vergangenheitsunbewußte steht außerhalb der Reichweite des analytischen Prozesses. Seine Abkömmlinge drängen in der Form der Übertragung ins Gegenwartsunbewußte (Sandler und Sandler, 1983), und dies ermöglicht neue Anpassungen der Psyche in der Gegenwart.« (1991, S. 84f.)

Das stetige Wissen um die einschränkenden Faktoren in der psychoanalytischen Behandlung hat wichtige Konsequenzen für die Konzeptualisierung der Ziele der Psychoanalyse. Es erscheint immer weniger als angemessen, jeden Patienten als potentiell vollständig analysierbar zu betrachten. Wenn wir Entwicklung auch als progressive psychobiologische Anpassung ansehen, könnte man sagen, daß einige pathologische Anpassungen – von den spezifischen Konflikten ihres Ursprungs entfernt – sich verselbständigen und somit durch die Analyse nicht rückgängig gemacht werden können. Diese Ansicht wird von Robert Wallerstein geteilt, der sich seit den 50er Jahren mit Forschungen zur Wirksamkeit der psychoanalytischen Behandlung beschäftigt hatte. Er hat die Veränderungen, die sich bezüglich der Behandlungsziele über die Jahre ergeben haben, diskutiert (Wallerstein, 1992) und hat dabei seinen eigenen bedeutenden Aufsatz über »The goals of psychoanalysis« (1965) überprüft; auf der Basis des Psychotherapie-Forschungsprojekts der Menninger Foundation, das die Prozesse und Ergebnisse in Psychoanalyse und Psychotherapie vergleicht (Wallerstein, 1986), ist er zu dem Schluß gekommen, daß im »modernen« Klima die Idealisierung und der Perfektionismus in der Psychoanalyse aufgegeben worden sind. Er sagt, daß »wir im psychoanalytischen Denken eine sich ziemlich lang hinziehende Zeit erlebt haben ..., eine Zeit, in der sich zunächst die Bestrebungen ausweiteten, die rekonstruktivste psychologische Therapie (sowohl der Charakter- als auch der Symptomstörungen), die je entworfen wurde, zu entwickeln und die dann hin zu einer nun gemäßigten, realistischeren und damit viel bescheideneren Einschätzung der erfüllbaren Erwartungen« (1992, S. 90) führte.

Die Wechselwirkung zwischen den verschiedenen Ansätzen hat in den 80er und 90er Jahren zu der Einsicht geführt, daß die Ziele von komplexen intrapsychischen und interpersonalen Prozessen abhängen, die jeweils mit verschiedenen theoretischen Akzenten konzeptualisiert werden können. Coopers Überlegungen zu dieser Frage halten sich auf einer eher allgemeinen Ebene.

> »Möglicherweise markiert das Ende der 80er Jahre das Ende mancher unserer kalten Kriege, sowohl in der ›Wirklichkeit‹ als auch in der Psychoanalyse. Unsere vorher relativ geordneten theoretischen Grenzen, ehedem einen eisernen Vorhang bildend, der für Ideen der anderen Seite unpassierbar war, scheinen nun durchlässig und sogar aufnahmebereit zu werden. Die hartnäckige Aufrechterhaltung bestimmter theoretischer und politischer Grenzen – unsere Berliner Mauer, wenn Sie so wollen –, die bis vor kurzem so wichtig zu sein schienen und jahrzehntelang eine Quelle von Reibungen und Kämpfen gewesen sind, erscheinen zunehmend eher als Sache der Ideale denn der Wissenschaft; vielleicht wird dies zu einer Ära größerer psychoanalytischer Zusammenarbeit und einem intensiveren psychoanalytischen Diskurs, wenn nicht gar zu Harmonie, führen. So wie in der ›Wirklichkeit‹ kann dieser Frieden von einer enormen Verwirrung und einem Zeitraum ungeordneten Wachstums und vielleicht von Regression begleitet werden, wenn wir versuchen, uns den neuen Umständen anzupassen.« (1991, S. 107)

Ende der 80er Jahre wurde in der Diskussion der Behandlungsziele eine Akzentverschiebung in zweierlei Hinsicht deutlich. Auf der einen Seite gab es ein schärferes Bewußtsein von der Bedeutung der Erforschung psychoanalytischer Behandlungsergebnisse, während auf der anderen Seite die Unterscheidung zwischen Psychoanalyse und psychoanalytischer Psychotherapie erhöhte Aufmerksamkeit fand. Diese Motive kamen in einer Reihe von Paneldiskussionen zum Ausdruck, die zwischen 1986 und 1990 von der Amerikanischen Psychoanalytischen Vereinigung veranstaltet wurden,[8] und wir können eine Reihe von Faktoren identifizieren, die die Formulierung der psychoanalytischen Ziele zu dieser Zeit beeinflußten. Die Dominanz der Mediziner innerhalb der Psychoanalyse der Vereinigten Staaten wurde durch auch gerichtlich eingeklagte Forderungen von seiten verschiedener nicht-medizinischer analytischer Organisationen auf Aufnahme in die Internationale Psychoanalytische Vereinigung bedroht. Dieser Anspruch auf Anerkennung, der auf dem Internationalen Kongreß in Montreal im Jahre 1987 akzeptiert wurde, bedeutete eine wirtschaftliche Bedrohung für viele Mitglieder der Amerikanischen Psychoanalytischen Vereinigung. Es gab außerdem eine starke Zunahme der Anzahl von nicht-medizinischen Psychoanalytikern, die Therapien durchführten, die von der Psychoanalyse stark beeinflußt waren, auch wenn diese Analytiker keine Psychoanalyse praktizierten (tatsächlich hatten sich viele Psychoanalytiker an der

---

[8] Die Panels hatten zum Thema: »Die Beurteilung der Ergebnisse der psychoanalytischen Behandlung: Sollte die Katamnese Teil der Nachbeendigungsphase der psychoanalytischen Behandlung sein?« (Bericht von Johan, 1989); »Strukturveränderung durch Behandlung« (Bericht von Nersessian, 1989); und drei Diskussionen über »Psychoanalyse und psychoanalytische Psychotherapie – Ähnlichkeiten und Unterschiede«. In der ersten ging es um »Therapeutische Technik« (Bericht von Morris, 1992), in der zweiten um »Indikationen, Kontraindikationen und Einleitung« (Bericht von McNutt, 1992) und in der dritten um einen »konzeptuellen Überblick« (Bericht von Hoch, 1992). Diesen folgten zwei weitere Panels, das eine über den »Unterschied zwischen der Beendigung in Psychotherapie und Psychoanalyse« (Bericht von Becker, 1993) und das andere über die »Stabilität von Fortschritten, die während der analytischen Behandlung erreicht werden – aus katamnestischer Perspektive« (Bericht von Martin, 1993).

Ausbildung dieser Psychotherapeuten beteiligt). Möglicherweise von größerer Bedeutung war das Bewußtsein, daß Versicherungsgesellschaften und andere Träger der »Bezahlung durch Dritte« zunehmend Widerstreben zeigten, große Geldbeträge für volle psychoanalytische Behandlungen auszugeben, wenn es keine substantiellen Beweise ihrer Wirksamkeit gab.

Es ist verständlich, daß eine solche »dritte Partei« Klarheit über die Wirksamkeit der Therapien verlangt, für die sie zahlt. Solche Probleme hatten die Durchführung einer Reihe von Ergebnisuntersuchungen zur Folge, die auf die Messung der Wirksamkeit der Psychoanalyse zielten. Wir können auf folgende Untersuchungen hinweisen: die Menninger Foundation Psychotherapy Study (von Wallerstein, 1986, ausführlich beschrieben), die von Schlessinger und Robbins (1974) durchgeführte Studie, die Penn Psychotherapy Study (Luborsky et al., 1988), die Berichte von Pfeffer (1961, 1963b) und, aus jüngerer Zeit von Kantrowitz et al. (1988) und Bachrach et al. (1991). Unglücklicherweise gibt es hier eine Fülle methodologischer Probleme. Die Frage, *wie* das Ergebnis gemessen werden kann, wurde äußerst wichtig, weil klar war, daß empirische Untersuchungen, die Gebrauch machen von operationalisierten Kriterien (d.h. solchen, in denen die Methoden der Messung oder der Beobachtung genau ausgeführt werden), notwendig wären, wenn der Wert der Psychoanalyse als einer therapeutischen Methode befriedigend bestimmt werden sollte. All dies hat die Aufmerksamkeit der Analytiker auf das Problem der analytischen Ergebnisse und auf die Beziehung der Ergebnisse und Ziele zur psychoanalytischen Theorie und Technik gelenkt.

Wegen der Schwierigkeit, sich auf akzeptable Ergebniskriterien und ihre Messung zu einigen, hat sich die in den 80er Jahren wachsende Tendenz, die Behandlungsziele auf intrapsychische Änderungen zu beziehen, weiterentwickelt und verstärkt. Seit den Anfängen der Psychoanalyse war offensichtlich gewesen, daß die Methode bei der Beseitigung von Symptomen nicht immer sehr wirksam war und daß die Kriterien für eine Besserung (die sich unvermeidlich auf die Formulierungen bezüglich der Ziele auswirkten) sich nicht notwendigerweise im Verschwinden der Symptome zeigten. Nun konnte man eine Ausweitung der Idee der Verinnerlichung des psychoanalytischen *Prozesses* hin auf die nachanalytische Phase bzw. die Phase nach der Beendigung wahrnehmen. Es gab ein erhöhtes Interesse an den in dieser Phase stattfindenden Prozessen, an der Art und Weise wie der nachanalytische Kontakt zum Analytiker den Patienten beeinflußte, und an der Relevanz all dessen für die Einschätzung der Ergebnisse.

Es ist überdeutlich, daß Fragen der Beurteilung des Ergebnisses und die Unterscheidung zwischen Psychoanalyse und psychoanalytischer Psychotherapie in der Diskussion stärker in den Vordergrund traten und daß man dazu tendierte, sie bei der Formulierung der Behandlungsziele mitzuverhandeln. Wie berichtet wird, hat Edward Weinshel auf einem Panel über die Unterschiede zwischen Psychoanalyse und psychoanalytischer Psychotherapie gesagt, daß es

> »in der Psychoanalyse das klare Ziel gibt, dem Patienten zu helfen, einen verinnerlichten psychoanalytischen Prozeß mit einer wachsenden Fähigkeit zu wirksamerem und objektiverem Selbstbewußtsein aufzubauen. ... Im Gegensatz dazu beziehen sich die Ziele der Psychotherapie eher auf Symptomerleichterung als auf Charakteränderung und selbstanalytische Fähigkeit, ... im Mittelpunkt steht weniger das In-Gang-Setzen eines verinnerlichten psychoanalytischen Prozesses, vielmehr sind es die Symptome, die spezifischen Ziele und die zeitlichen Grenzen ... Die Beendigung ist in der Psychotherapie willkürlicher und stärker an die subjektive Besserung gebunden als an das Erlangen eines verinnerlichten Prozesses, der nicht mehr den Input des Analytikers erfordert.« (Morris, 1992, S. 216f.)

Auf dem gleichen Panel wurden Weinshels Gedanken von anderen Rednern aufgegriffen. So sagte zum Beispiel David Levy dem Bericht zufolge, daß in der Psychoanalyse (im Gegensatz zur Psychotherapie)

> »die sich für Patient und Analytiker wiederholenden Gelegenheiten, sich mit den Übertragungswiderständen zu konfrontieren und sie durchzuarbeiten, ein einmaliger Weg dazu sind, mit Überzeugung ein Verständnis und eine Würdigung des Wertes eines introspektiven Prozesses zu erwerben, der nach der Beendigung weitergeht. Solch ein Geschehen ist nicht ein Ziel und nur selten ein Resultat von Psychotherapie« (Morris, 1992, S. 220).

In allen Diskussionen, über die berichtet wird, finden wir, was in gewissem Sinne eine neue Entwicklung in der Unterscheidung zwischen Psychoanalyse und Psychotherapie darstellt, nämlich eine Konzentration eher auf Fragen der Ziele als auf Fragen der Methode und der Technik. Coopers Bemerkungen (berichtet von Becker, 1993) illustrieren dies:

> »Eines der Merkmale, das einige Psychotherapien von einigen Analysen unterscheidet, ist die unterschiedliche Verinnerlichung des Therapeuten und des Prozesses durch den Patienten. Der Psychotherapie-Patient erinnert sich oft anschaulich an die Behandlung als an etwas, das eine objektive Qualität behält, das eher ein Ereignis denn eine Erfahrung darstellt. Der Analysepatient erinnert sich oft schlecht an die Behandlung. Dies spiegelt nicht nur die geringere Spezifizierung der Ziele, sondern, in erfolgreichen Analysen, den größeren Grad der Verinnerlichung wider. Während Psychotherapie-Patienten nach der Behandlung den Therapeuten als Introjekt zur Verfügung haben und sich selber fragen können, was ihr Therapeut zu irgend etwas gesagt hätte, haben Analyse-Patienten den Analytiker eher als einen verfügbaren Teil ihrer selbst verinnerlicht; ihr eigenes Verhalten ist integrierter. Dies ist es vermut-

> lich, was wir mit Strukturveränderung meinen, eine Änderung der Selbstrepräsentanz.« (1993, S. 768)

Dieser Ansatz löst das Problem der Unterscheidung zwischen Analyse und Psychotherapie natürlich nicht, insofern eine zwei- oder dreistündige psychoanalytische Psychotherapie genau die gleichen Ziele und die gleichen Methoden haben kann wie eine »reine« Psychoanalyse, die normalerweise auf der Grundlage von vier oder fünf Sitzungen pro Woche durchgeführt wird. Es ist oft gesagt worden, daß der wesentliche Unterschied in der Frequenz der Sitzungen und in der Wirkung liegt, die dem Behandlungsprozeß unterstellt wird. Vergleiche sind allerdings schwierig, insbesondere weil es keine klare Definition davon gibt, was eine psychoanalytische Psychotherapie ausmacht. Dieser Begriff kann einmal gebraucht werden, um sich auf ein von einem Psychoanalytiker durchgeführtes Verfahren zu beziehen, in dem der Patient weniger als viermal wöchentlich kommt oder eher sitzt, als auf der Couch liegt. Der Begriff kann sich aber auch auf eine Behandlung beziehen, die von Psychotherapeuten angeboten wird, die keine volle psychoanalytische Ausbildung erhalten haben, die aber eine Analyse gemacht haben und – mindestens zum Teil – von Psychoanalytikern ausgebildet wurden; und nicht zuletzt gibt es auch Therapeuten, die nicht analysiert worden sind, die aber den psychoanalytischen Ansatz als die Grundlage ihrer psychotherapeutischen Arbeit ansehen.

Zum Schluß …

Weinshel und Renik (1991) liefern das passende Schlußwort für dieses Kapitel. Sie sagen:

> »In den letzten zehn Jahren hat eine umfassende Entwicklung weg vom kategorischen Beharren auf festen psychoanalytischen Behauptungen und hin zu einer zunehmenden Selbstkritik stattgefunden: Wir Analytiker scheinen uns

mit der Anerkennung der Grenzen unseres Wissens und der Vorläufigkeit vieler unserer bewährten Formulierungen wohler zu fühlen. Diese größere Toleranz gegenüber einer Ungewißheit läßt eine grundlegende Zunahme echten Vertrauens auf die zuverlässigen Leistungen psychoanalytischen Verständnisses vermuten.« (1991, S. 13)

»In dem Maße, in dem wir zögernd unsere Illusionen von fehlerlos durchgeführten Analysen und von perfekten analytischen Ergebnissen aufgeben, verzichten wir auch auf die Phantasie einer glasklaren Unterscheidung zwischen Psychoanalyse und psychoanalytischer Psychotherapie. In den letzten zehn Jahren sind wir in unseren Aussagen weniger definitiv und sind uns weniger sicher geworden, was ein psychoanalytisches Ergebnis ist und wie eine psychoanalytische Behandlung durchgeführt werden sollte.« (1991, S. 21)

9.
Ein Rahmen, um über Ziele nachzudenken

Von Freud bis heute spiegelt die Literatur über Ziele eine Vielfalt von Ansichten und Formulierungen wider, die zweifellos nicht alle in einer einfachen Definition gefaßt werden können. Bis zu einem gewissen Grad ist die Diskussion über Ziele deshalb kompliziert geworden, weil Psychoanalytiker über die Jahre einen bemerkenswerten Widerwillen gezeigt haben, früher vertretene theoretische Konzepte aufzugeben, und so tauchen viele Aussagen zu den Zielen der Psychoanalyse in verschiedenen theoretischen und historischen Zusammenhängen immer wieder auf. Diese konservative Tendenz ist wahrscheinlich einer der Gründe dafür, daß die Entwicklung der Theorie der Ziele nicht geradlinig verlaufen ist, daß es eine eher ungleichmäßige und langsame Weiterentwicklung gibt, in der es ebenso zur ständigen Wiederholung früherer Formulierungen wie zur Entwicklung neuer Ideen kommt. Es ist auffallend, wie genau die Geschichte der Konzeptualisierung der Ziele die Geschichte der Psychoanalyse reflektiert, eingedenk aller Beeinflussung dieser Geschichte durch das herrschende Paradigma, durch die Haltung der Öffentlichkeit und der allgemeinen psychiatrisch-psychologischen Gemeinschaft und ihrer Institutionen.

Wie in unserer Einleitung ausgeführt, haben wir unsere Untersuchung der Ziele historisch angelegt. Es ist mehr als deutlich geworden, daß es nicht nur einen einzigen Weg gibt, das Konzept der Ziele zu formulieren, und daß wir es mit einem vielschichtigen Problem zu tun haben. Ein Bewußtsein davon fand sich in der Literatur zu diesem Thema, und in den vorhergehenden Kapiteln haben wir gesehen, daß sich dies in den Versuchen widerspiegelt, Kategorien oder Ziel*niveaus* zu schaffen. So sind zum Beispiel Unterscheidungen gemacht worden zwischen Prozeß- und Ergebniszielen (z. B. Wallerstein, 1965), zwischen Behandlungs- und Lebenszielen (Ticho, 1972) und zwischen Nah- und Endzielen (z. B. Glueck, 1960). Solche Unterscheidungsversuche, die in spezifischen Kontexten entstanden sind, sind extrem nützlich, haben aber den Nachteil, daß sie bis zu einem gewissen Grade das Gebiet aufsplittern, der großen Komplexität nicht gerecht werden und an die zur jeweiligen Zeit vorherrschenden Ideen gebunden bleiben. Dementsprechend beschlossen wir, uns dem Problem der Konzeptualisierung von Zielen zunächst durch ein Nachdenken über die verschiedenen *Perspektiven* zu nähern, aus denen die damit verbundenen Fragen betrachtet werden könnten. Um dies zu tun, haben wir die Haupttrends in der psychoanalytischen Literatur noch einmal untersucht. Die Perspektiven, die wir im folgenden betrachten werden, sind sicherlich nicht voneinander unabhängig, es gibt bedeutsame Überschneidungen. Jede Perspektive ist weder einfach noch eindimensional, sondern hat in unterschiedlichem Ausmaß verschiedene Aspekte. Betrachten wir für einen Augenblick die oft vorgetragene Formulierung, Ziel der Analyse sei eine Strukturveränderung. Die Bedeutung einer solchen Aussage wird davon abhängig sein, ob sie zum Beispiel vom Standpunkt der Ich-Psychologie, der Selbstpsychologie oder der Objektbeziehungstheorie aus gesehen wird; wir müßten zudem fragen, um welche Struktur es überhaupt geht. Wird die Veränderung im Verhältnis zum Über-Ich, Ich, zu psychischen Repräsentanzen oder im Verhältnis zu den Beziehungen zu den inneren Objekten betrachtet?

Freud entwickelte mehrere verschiedene Herangehensweisen an das Problem der Ziele. Zuallererst stand natürlich das therapeutische Ziel im Vordergrund, das heißt das Ziel, den Patienten von den Symptomen oder der Krankheit zu heilen, die ihn in die Analyse geführt hatten. Aber diese im wesentlichen medizinische Perspektive schuf ein Problem, weil Freud dann sehen sollte, daß die Symptome nicht immer verschwanden; als eine

Folge davon dachte er den analytischen Prozeß als vom therapeutischen Ziel unterschieden: Ziel der Analyse wurde nun, die Methode anzuwenden – kurz: zu analysieren –, und durch die Anwendung dieser Methode wurde die *Heilung* als (erhofftes) Nebenprodukt der Analyse angesehen – der Analyse im Sinne einer Methode der *Forschung*, die ohne jedwedes Ziel durchgeführt werden sollte außer dem einen, das Unbewußte bewußt und für den Patienten annehmbar zu machen. Das therapeutische Ziel wurde trotzdem nicht aufgegeben, aber die Methode, die eine Art »Ziellosigkeit« implizierte, wurde als potentiell heilend angesehen. Diese Sicht eines *Junktims* zwischen Forschen und Heilen hat über die nachfolgende Entwicklung der Psychoanalyse hinweg fortbestanden, sowohl in ihrer ursprünglichen Form als auch als Unterscheidung zwischen »analytisch befriedigenden« und »therapeutisch befriedigenden« Ergebnissen der analytischen Arbeit. Und es gibt in der Tat viele Analytiker, die die Ansicht hartnäckig verteidigen, das Ziel der Analyse sei zu analysieren, und die *Heilung* sei ein Nebenprodukt. Wir glauben, daß diese Ansicht eine verständliche Abwehrfunktion hat, insofern sie als Schutz vor all den Problemen dient, die mit der Definition des Ziels der analytischen Arbeit verbunden sind, und insofern sie die Abgrenzung zwischen Psychoanalyse und psychoanalytischer Psychotherapie verstärkt.

In den vorhergehenden Kapiteln haben wir eine Vielfalt von Aussagen über die Ziele psychoanalytischer Behandlung dokumentiert. Diese reichen von abstrakten metapsychologischen Aussagen bis hin zur Angabe relativ konkreter Ziele bezogen auf die Funktionsweise des Individuums in seinem persönlichen und beruflichen Leben. Weinshel (1990) hat die letzten fünfunddreißig Jahre psychoanalytischer Theorie und Praxis als eine »allmähliche Entwicklung in Richtung auf eine bescheidenere Konzeptualisierung der Psychoanalyse« charakterisiert und eine Reihe signifikanter Veränderungen aufgeführt, die das Ausmaß zeigen, »in dem unsere Ansprüche zunehmend realistischer geworden sind und bedeutend mehr in Harmonie mit unseren klinischen Beobachtungen stehen« (ebd., S. 280). Weinshels Formulierungen implizieren folgendes hinsichtlich der Ziele der Analyse: Über psychoanalytische »Heilungen« wird selten gesprochen. Der psychische Konflikt kann weder vollständig beseitigt werden, noch wird die Idee vertreten, daß eine »vollständige« Analyse möglich sei. Die Übertragungen können nicht vollständig beseitigt oder gelöst werden. Einsicht wird zwar angestrebt, doch wird sie nicht mehr als eine absolut notwendige Voraussetzung betrachtet, ohne welche die Analyse nicht durchgeführt werden kann. Die Wiedergewinnung der verdrängten Kindheitserinnerungen ist nicht mehr das Hauptziel der analytischen Arbeit. Andererseits ist es über die Jahre Ziel der Analyse geworden, intrapsychische Veränderungen herbeizuführen, die in einer verbesserten Lösung der Hauptkonflikte des Patienten resultieren sollen. Obwohl Analysen nie vollständig sind und die Übertragung nie völlig aufgelöst werden kann, kann eine Analyse trotzdem als erfolgreich betrachtet werden. Anstatt auf Einsicht zu zielen, soll das Erlangen der Fähigkeit zur Selbstbeobachtung angestrebt werden.

Bei jedem dieser Ziele – und in der Tat bei allen in der Literatur aufgeführten analytischen Ziele – können wir fragen: Warum sollten wir als Analytiker dieses besondere Ziel mit einem besonderen Patienten erreichen wollen? Warum sollen wir zum Beispiel das Unbewußte bewußtmachen wollen? Die Antwort muß unvermeidlich eine Aussage sein, die auf das Erlangen einer verbesserten seelischen Gesundheit bezogen ist, und viele der in der Literatur aufgeführten Ergebnisziele können tatsächlich auf die eine oder andere Weise als Indikatoren psychischer Gesundheit angesehen werden – und sind auch als solche angesehen worden. Es könnte behauptet werden (und ist behauptet worden), daß eine zufriedenstellende Formulierung des Ziels wäre, »den intellektuellen Horizont des Patienten zu erweitern«. Die Antwort auf die Frage nach dem *Warum* könnte dann lauten, daß man nur solchen Patienten Analyse anbietet, die dieses Ziel erreichen wollen. Dieser Ansatz ist von einigen Psychoanalytikern vertreten worden, die gleichwohl auch den Patienten, die durch eine Behandlung Erleichterung von ihren Symptomen finden wollen, eine Analyse anbieten. Wie wir sehen werden, ist die Haltung nicht korrekt, der Analytiker könne unabhängig vom Ziel zu heilen arbeiten. Allerdings ist man heutzutage allgemein der Ansicht, daß das Konzept der seelischen Gesundheit selbst in einen spezifischen soziokulturellen Kontext mit einem eigenen spezifischen Wertesystem eingebettet ist. (Einige Zustände, wie z. B. schwere Depressionen oder Zwangsneurosen, können natürlich ungeachtet der Kultur, in der sie vorgefunden werden, als pathologisch betrachtet werden.)

Nehmen wir zum Beispiel die folgende (von Jahoda zitierte) Definition Karl Menningers:

> »Lassen Sie uns seelische Gesundheit definieren als Anpassung des Menschen an die Welt und an die anderen Menschen, verbunden mit einem Maximum an Wirkungskraft und Glück. Nicht allein als Leistungsfähigkeit oder Zufriedenheit – oder als die Bereitwilligkeit, die Spielregeln freudig einzuhalten. Sie ist all dies zusammen. Sie ist die Fähigkeit, Ausgeglichenheit zu bewahren, eine wache Intelligenz, ein gesellschaftlich rücksichtsvolles Verhalten und eine glückliche Disposition. Das ist, denke ich, eine gesunde Psyche.« (Jahoda, 1958, S. 18)

Wir werden dies nicht kommentieren; es ist aber klar, daß das Konzept der seelischen Gesundheit implizit oder explizit ein Menschenbild ebenso wie eine Weltanschauung miteinschließt. Soziale Werte üben einen Einfluß auf unsere Konzepte seelischer Gesundheit aus – so können wir zum Beispiel an den Einfluß des Wandels in den Ansichten über Homosexualität, Kinder- und Jugendkriminalität, Reinlichkeitstraining und, nicht zuletzt, über die Rolle der Frau in der Gesellschaft denken. Im Lichte gegenwärtiger gesellschaftlicher Erwartungen würden viele Psychoanalytiker heute seelische Gesundheit ganz anders einschätzen als etwa vor zwei oder drei Jahrzehnten.

Roy Schafer (1994) sagt in einem Aufsatz über Heinz Hartmanns *Psychoanalysis and Moral Values* (1960), daß

> »die moralischen Implikationen der Definition von ›Gesundheit‹ selbst einer kritischer Überprüfung ausgesetzt werden können. ›Gesundheit‹ kann als eine Idee, mit der zahlreiche moralische Werte verbunden sind, betrachtet werden, durch die ›Gesundheit‹ sowohl als Idee wie in der Praxis bestimmt wird. In Anerkennung des beständigen Machtspiels in den menschlichen Beziehungen könnte man fragen: Über wessen Ideen von Gesundheit reden wir, und welche Annahmen stehen dahinter? Wessen Gesundheit sollte wichtig sein? Wieviel von dem, was wir Gesundheit nennen, soll verfolgt werden, und welches sind die sozialen Folgen? Es gibt noch viele Fragen dieser Art. ... Wie in unserer Gesellschaft insgesamt, so finden wir auch in der Psychoanalyse viele unterschiedliche Annahmen darüber, was Gesundheit sei, wer gesund sei, um wessen Gesundheit es gehe, wessen Urteil zähle. Diese Unterschiede implizieren Unterschiede in den Wertsystemen.« (1994, S. 275)

Seit den frühesten Tagen der Psychoanalyse war nur zu klar, daß es unangemessen ist, einfach vom Erlangen seelischer Gesundheit oder Normalität als Ziel der psychoanalytischen Therapie zu sprechen. Man braucht nur an die von Freud an einen hypothetischen Patienten gerichtete Bemerkung zu erinnern, »daß viel damit gewonnen ist, wenn es uns gelingt, Ihr hysterisches Elend in gemeines Unglück zu verwandeln« (1895, S. 312), und an die durch Freud in »Die endliche und die unendliche Analyse« (1937a) angeführten Grenzen der Wirksamkeit psychoanalytischer Behandlung.

In der gesamten psychoanalytischen Literatur nach Freud finden wir eine zunehmende Beschäftigung mit dem Problem, was die Analyse bei irgendeinem individuellen Patienten vollbringen kann. Die vertretenen Ansichten reichen von »abgehobenen«, hoch idealisierten Formulierungen bis zur Betonung realistischer und pragmatischer Konzeptionen, die sich eher mit dem Möglichen als mit dem Idealen beschäftigen. So können wir etwa das Ziel, eine sexuelle Perversion zu beseitigen, mit dem Ziel kontrastieren, den Patienten in die Lage zu versetzen, damit zu leben, ohne in Schwierigkeiten zu geraten und ohne sich oder andere zu schädigen; es kann sogar sein, daß eine Aktivität, die in früheren Jahren als *Perversion* bezeichnet worden wäre, heutzutage überhaupt nicht als solche angesehen wird.

Mit der Einsicht, daß allgemeine Ziele nicht pauschal für alle Patienten formuliert werden können, ist das Bedürfnis entstanden, über angemessene Ziele für einzelne Patienten nachzudenken. Das zunehmende Bewußtsein von den Grenzen der psychoanalytischen Methode hat die Frage nach *spezifischen* Zielen für spezifische Patienten in den Vordergrund gerückt. Die Schwierigkeiten in der Spezifizierung allgemeiner Ziele, bezogen auf seelische Gesundheit irgendeines individuellen Patienten, sind substantieller Art. Aussagen über seelische Gesundheit sind in der Regel auf *beobachtbare* Indikatoren wie das Verschwinden von Symptomen bezogen worden,[1] sind aber auch als sexuelle und soziale Erfüllung, Verbesserung der Arbeitsfähigkeit und dergleichen beschrieben worden. Dies war eindeutig unbefriedigend und hat seit den frühen Tagen der Psychoanalyse Versuche angeregt, Ziele dadurch zu definieren, daß man das Ergebnis der Behandlung in allgemeinen *metapsychologischen* Begriffen formulierte: die Analyse strebt die Milderung der Strenge des Über-Ichs an, die Förderung der Ich-Autonomie, die verbesserte Kontrolle der Triebimpulse, die Verstärkung der Sublimierungs-

[1] In seiner klassischen Darstellung verschiedener Zielkategorien beschränkt Wallerstein (1965) die Ergebnisziele auf beobachtbares Verhalten und Veränderungen in den Beziehungen. Wir benutzen den Begriff in dem weiteren Sinn, der innere Veränderungen, die als Ziele psychoanalytischer Behandlung postuliert werden, einschließt.

fähigkeit usw. Solche Zieldefinitionen sind zwar präziser gefaßt worden als die globalen Ziele der »seelischen Gesundheit«, sind aber natürlich in das besondere, vom jeweiligen Autor benutzte theoretische Modell eingebettet. So finden wir das Ziel, »das Unbewußte bewußtzumachen«, im Rahmen des Freudschen topischen Modells; »wo Es war, soll Ich werden« ist eine Formulierung innerhalb seiner Strukturtheorie; »eine erhöhte Autonomie des Ichs zu erlangen« ist ein Produkt der postfreudianischen Ich-Psychologie; das Erlangen einer größeren »Kohärenz des Selbst« ist ein von den Selbst-Psychologen vorgeschlagenes Ziel; das »Durcharbeiten der depressiven Position« oder die Zurücknahme der Projektionen wird von kleinianischen Theoretikern postuliert, und so weiter. Diese Unterschiede reflektieren nicht lediglich Unterschiede in der Theoriesprache, sondern können substantielle und sogar unvereinbare Unterschiede in grundlegenden theoretischen Konzeptionen, und somit in den Vorstellungen über die angemessenen Ziele, darstellen.

Die Formulierung der Ziele im Sinne von »Ergebniszielen« – ob sie nun bezogen auf beobachtbares Verhalten oder metapsychologisch gefaßt wurden oder nicht – hat das Problem nicht gelöst, eine geeignete allgemeine Formulierung der Ziele zu finden. Also gab es in der Folge Versuche, sich der Aufgabe so zu nähern, daß man das Augenmerk auf den psychoanalytischen Prozeß selbst und auf die »Prozeßziele« richtete, indem man mit der Formulierung von Zielen im diagnostischen Stadium begann[2] und abschließend zu den auf die Beendigung der Analyse bezogenen Zielen kam. In diesem Zusammenhang unterschied man zwischen Nah- und Endzielen (oder Fernzielen). Um noch einmal auf Glueck (1960) zurückzukommen: *Endziele* bestehen darin, dem Patienten zu helfen, Selbstverstehen, Selbstverwirklichung und Selbstakzeptanz zu erlangen, wäh-

[2] Wir können an die Bemerkung Ernst Tichos (1972) erinnern, daß jede Diagnose eine Prognose und jede Prognose ein Behandlungsziel impliziert.

rend *Nahziele* die unmittelbar in der psychoanalytischen Situation erreichten Ziele sind; und wenn sie erreicht werden, befähigen sie den Patienten dazu, die Dynamik der unbewußten Motive und Emotionen zu erkennen. Um die Sache noch weiter zu komplizieren: Psychoanalytiker sind sich bewußt gewesen, daß die Ziele der psychoanalytischen Therapie nicht notwendigerweise mit dem Ende der Analyse erreicht werden. Die Kriterien für die Beendigung einer Analyse und für das Erreichen der Analyseziele sind augenscheinlich nicht identisch. So hat es immer schon die Vorstellung von einer »nachanalytischen« Besserung gegeben, in der Annahme, daß Prozesse, die während der Analyse in Gang kamen, nach deren Ende weiter wirksam sein würden.

Die Behandlungsziele sind unauflösbar verwoben mit den *Lebenszielen* des Patienten und, wir würden hinzufügen, mit den Lebenszielen des Analytikers. Solche Lebensziele sind sowohl bewußt als auch unbewußt, und in dem Maße, wie die Ziele des Analytikers und die des Patienten die gleichen sind, können sie ein beiderseits akzeptiertes Wertesystem bereitstellen, innerhalb dessen die Analyse durchgeführt wird. Wenn zum Beispiel Analytiker wie Patient wirtschaftlichen Erfolg oder Kinder zu haben als Ergebnisziel hochschätzen, werden diese miteinander geteilten Werte zweifellos den Verlauf der Analyse beeinflussen. Nebenbei bemerkt, ist es erwähnenswert, daß es zunehmend Belege dafür gibt, daß das »Passungsverhältnis« der Persönlichkeiten von Analytiker und Patient das Ergebnis der Behandlung entscheidend determiniert, was die Bedeutung der Interaktion zwischen den beiden spezifischen beteiligten Personen anzeigt (siehe, zum Beispiel, Kantrowitz et al., 1989).

Auf den ersten Blick ist es verlockend, die bewußten und unbewußten Wertesysteme des Analytikers, insofern sie die Analyse beeinflussen, als Gegenübertragung zu betrachten; aber was meinen wir mit *Gegenübertragung*? In der Einleitung dieses Buches wurde darauf hingewiesen, daß es nützlich sein könnte, die Gegenübertragung als die spezifische Reaktion des Analytikers auf seinen spezifischen Patienten zu betrachten. Diese Sicht der Gegenübertragung schließt im besonderen die allgemeinen Persönlichkeitsmerkmale des Analytikers aus und würde dementsprechend auch die sozial und kulturell determinierten Wertvorstellungen des Analytikers ausschließen. Diese sind gleichwohl an dem, was in der analytischen Begegnung geschieht, stark beteiligt und bedürfen genauso sehr der Untersuchung wie diejenigen Reaktionen, die normalerweise als Gegenübertragung betrachtet werden. Es gibt jedoch eine unvermeidliche Grenze für eine solche Untersuchung, und es gibt einen grundlegenden Kern von Werten, der als bewußt oder unbewußt »gegeben« in die Analyse eingeht; und dieser wird nur dann einer Prüfung unterzogen, wenn ein Wertekonflikt zwischen Analytiker und Patient entsteht. Es mag verlockend sein, solch einen Konflikt als Ausdruck des Widerstands des Patienten zu sehen, auch wenn dies in Wirklichkeit nicht der Fall ist, aber es dürfte für den Analytiker angemessener sein, den Konflikt als eine auf Wertesystemen basierende Gegenübertragungsreaktion zu betrachten.

Während die Komplexität der Diskussionen über Ziele zum einem den Reichtum psychoanalytischer Theorie und Praxis bezeugt, deutet sie andererseits auch auf den Mangel an Präzision in Hinblick auf die Konzeptualisierung der Ziele hin. Wie kann man sich nun am besten diesem Problem nähern? Wir glauben, daß es nützlich ist, sich zunächst die verschiedenen Perspektiven anzusehen, aus denen das Problem der Ziele betrachtet werden kann, und diese dann unter mindestens drei Hauptüberschriften zu gruppieren:

- *Die historisch-konzeptuelle Perspektive* beinhaltet die Untersuchung der Ziele vom Standpunkt der Phasen der theoretischen Entwicklung der Psychoanalyse und dem der verschiedenen »Schulen« psychoanalytischen Denkens aus – z. B. des topischen Modells und des Strukturmodells, der Ich-

Psychologie, Selbstpsychologie, Objektbeziehungstheorie und der kleinianischen Schule.

- *Die soziokulturelle Perspektive* nähert sich den Zielen vom Standpunkt der seelischen Gesundheit und Normalität innerhalb eines bestimmten gesellschaftlichen Kontextes aus. Zu ihr gehören auch Überlegungen zur Wirksamkeit der psychoanalytischen Therapie und ihrer Rentabilität. Der Aspekt der Rentabilität ist besonders wichtig geworden als eine Konsequenz des zurückgehenden Umfangs der Finanzierung der Analyse durch die Versicherungsgesellschaften und andere Organe in den Ländern, in denen solche Finanzierungssysteme existieren.
- *Die klinische und technische Perspektive* bezieht sich auf bestimmte Fragen wie etwa die Unterscheidung zwischen idealen und realisierbaren Zielen, zwischen allgemeinen und spezifischen Zielen, zwischen taktischen (Prozeß-) Nahzielen und strategischen Fern- (Ergebnis-) Zielen, zwischen den bewußten und unbewußten Zielen sowohl des Patienten als auch des Analytikers; und sie bezieht sich auf die Unterscheidung zwischen dem, was während der Analyse erreichbar ist, und dem, was an nachanalytischer Veränderung erstrebt wird.

Betrachten wir aus diesen Perspektiven einige Prozesse, die im Kopf des Analytikers stattfinden, von seiner Anfangsbewertung des Patienten bis zum Ende der Analyse: Bevor er den Patienten sieht, hat der Analytiker eine ganze Palette möglicher »Ziele« in seinem Kopf – ein Ziel*reservoir* sozusagen. Einige davon, aber nicht alle, werden bewußt sein, einige andere unbewußt, aber dem Bewußtsein zugänglich, und eine bedeutende Zahl wird ohne einen großen Einsatz an selbstanalytischer Arbeit seitens des Analytikers unerreichbar sein. Die unbewußte Gegenübertragung des Analytikers und die unbewußten Behandlungsziele können eng miteinander verflochten sein. So könnte der Analytiker zum Beispiel einen unbewußten Wunsch haben, die sexuelle Orientierung des Patienten zu ändern oder ihn akademisch erfolgreich zu sehen oder (besonders im Falle eines Lehranalytikers) den Patienten zu einem Ersatzsohn oder einer Ersatztochter zu machen.

Wenn der Analytiker einen Patienten zum ersten Mal trifft, wird ihm, bewußt oder unbewußt, die ganze Bandbreite der eigenen Vorstellungen von möglichen Zielen zur Verfügung stehen.[3] In seinem ersten Kontakt mit dem Patienten wird der Analytiker nicht nur der bewußten Gründe des Patienten, eine Analyse machen zu wollen, gewahr und der Vorstellungen von Veränderungen, die der Patient sich als Ergebnis erhofft, sondern er kann auch die unbewußten analytischen Ziele des Patienten ahnen. Der Analytiker wird, soweit er kann, (manchmal ziemlich automatisch) eine Einschätzung der Persönlichkeit des Patienten, der Psychopathologie, der psychischen Struktur und der Eignung für Analyse vornehmen. All diese Elemente haben zweifelsohne eine Auswirkung auf die (bewußten oder unbewußten) Vorstellungen des Analytikers von den Änderungen, die er als *erreichbare* Ziele in der Arbeit *mit diesem speziellen Patienten* betrachtet. Wir können sagen: Schon im Anfangskontakt des Analytikers mit dem Patienten wirkt sich die Beziehung zwischen seinem inneren Spektrum an Zielen und dem, was erreichbar ist, automatisch auf den Umfang möglicher Behandlungsziele bei diesem Patienten aus; die Auswahl der Ziele wird bei jedem Patienten anders ausfallen. Es ist wichtig hervorzuheben, daß solch eine fortschreitende Auswahl auch dann stattfindet, wenn der Analytiker seine Zielvorstellungen für die Behandlung des Patienten nicht bewußt formuliert, und daß sie auch dann

[3] Insofern die Ziele zu den Kriterien der Unterscheidung von Psychoanalyse und psychoanalytischer Psychotherapie gehören könnten (siehe Kapitel 8), wäre es interessant zu erforschen, ob das Spektrum an Zielen im Kopf des Psychotherapeuten hinsichtlich der Praxis eingeschränkter ist als beim Psychoanalytiker. Es kann auch die Frage gestellt werden, ob der Psychotherapeut sich der Ergebnisziele stärker bewußt ist als üblicherweise der Psychoanalytiker.

stattfindet, wenn der Analytiker bewußt der Ansicht beipflichtet, ein Analytiker solle keine Ziele für die Analyse haben, abgesehen von dem einem, die analytische Methode anzuwenden. Es ist die normale analytische Praxis des Analytikers, dem Patienten gegenüber jegliche Äußerung über die eigene Zielvorstellung für die Analyse zu unterlassen, sowie auch jegliches Versprechen oder jeglichen Hinweis darauf, daß die Analyse irgendeine bestimmte Änderung beim Patienten bewirken werde. Es ist andererseits übliche Praxis, darauf hinzuweisen, daß die Analyse dem Patienten in bezug auf seine Beschwerden dadurch helfen könnte, daß er ein größeres Verständnis von sich selbst erlangt.

In der Anfangsphase der Analyse ist der Analytiker wahrscheinlich mit Prozeß- oder Nahzielen beschäftigt; denn es geht ihm in erster Linie darum, dem Patienten zu helfen, sich ganz auf die Analyse einzulassen und mit den Anfangsängsten des Patienten und den daraus resultierenden Widerständen umzugehen. Sowie die Analyse fortschreitet und die Möglichkeiten der Änderung beim Patienten klarer werden, können sich Gedanken an angestrebte innere Veränderungen einstellen – zum Beispiel an das Nachlassen der pathologischen Schuld und Scham und an erhöhte Toleranz für Gefühle wie Neid, Kummer, Liebe oder Haß. Ebenso treten beim Analytiker Vorstellungen über wünschenswerte äußere Anzeichen für Veränderung beim Patienten – wie das Verschwinden phobischer Symptome, die Zunahme der Fähigkeit, produktiver und freudiger zu arbeiten, usw. – stärker in den Vordergrund. Aber obwohl solche Ergebnisziele ins Spiel kommen können, werden Prozeßziele nicht aufgegeben; sie sind an allen Interventionen des Analytikers während der Analyse beteiligt. Somit hat jede Deutung ein implizites Prozeßziel, insofern der Analytiker Toleranz des Patienten gegenüber dem Unbewußten und Abgewehrten und damit ein Nachlassen des Konfliktes erstrebt. Der Analytiker wird dabei notwendigerweise der Realität intrapsychischer und anderer Grenzen des Patienten Rechnung tragen, und dieses Bewußtsein wird unvermeidlich Auswirkungen auf die Ziele der analytischen Arbeit haben. Im analytischen Prozeß muß der Analytiker mit dem Voranschreiten der Arbeit bereit sein, die Ziele zu ändern – »umzuschalten« sozusagen. Solche Änderung bezieht sich nicht nur auf die Prozeßziele, sondern auch auf Ergebnisziele. Auch auf der Seite des Patienten gibt es Veränderungen der Analyseziele, da sich seine Lebensziele während des Verlaufs der Analyse sehr wohl verändern können. Bei all diesem gibt es eine wechselseitige Interaktion zwischen Patient und Analytiker, so daß auf beiden Seiten die Ziele der Analyse durch die von einem Augenblick zum anderen fortschreitende interpersonale Interaktion in der analytischen Situation beeinflußt werden.

Wenn die Frage der Beendigung auftaucht, gewinnen die Ergebnisziele für den Patienten oder den Analytiker oder für beide mehr an Bedeutung. Indem der Analytiker das Vorliegen von Kriterien für die Beendigung in Betracht zieht, wird er zunehmend dem derzeitigen Zustand und der derzeitigen Situation des Patienten Rechnung tragen. Wie wir gesehen haben, zeigt die Literatur über die Beendigung ein wachsendes Bewußtsein unter Analytikern, daß die Vorstellung von einem voll analysierten Analysanden wohl unangemessen ist. Das wesentliche Kriterium für die Beendigung (seitens des Analytikers) scheint in einer Bejahung der Frage zu liegen: »Kann der Patient mit all seinen Einschränkungen und Eigenheiten in der Realitätssituation, in der er sich befindet, mit mehr oder weniger Erfolg ohne weitere Analyse zurechtkommen?« Diese Formulierung läßt natürlich die Frage unbeantwortet, was der Ausdruck *mit mehr oder weniger Erfolg zurechtkommen* meint. Wir schlagen vor, daß die Kriterien durch Austausch und Dialog zwischen Patient und Analytiker aufgestellt werden. Solch eine Ansicht hat zu der Empfehlung geführt, daß keine Analyse als abgeschlossen gelten sollte, sondern eher als unterbrochen, und daß der Analytiker sich eine »open-door«-Politik zu eigen machen sollte, so daß der Patient für ein weiteres »Stück« Analyse zurückkommen kann.

Der Akzent ist über die Jahre immer wieder auf die Entwicklung der *selbstanalytischen Funktion* gesetzt worden, die zuläßt, daß die Analyse nach Beendigung weitergeht. Man kann darüber hinaus sagen, daß bei erfolgreichen analytischen Fällen viel von dem, was zuvor eine bewußte Einsicht gewesen ist, bei kontinuierlicher Anwendung dieser Funktion automatisch und unterhalb des Bewußtseinsniveaus weiter wirksam sein wird.

Inzwischen mag der Leser wohl fragen: »Aber welches sind die Ziele der Psychoanalyse? Warum sollte man so eine mühsame Aufgabe auf sich nehmen?« Unsere Antwort muß sein, daß es nicht *eine* Antwort gibt. All die vielen Antworten auf diese hypothetische Frage sind in Aussagen über Ziele in den Kapiteln dieses Buchs zu finden, denn *alle* sind gültig – aber sie sind zu verschiedenen Zeiten, in verschiedenen Kontexten und von verschiedenen Perspektiven aus gültig; es ist aber immer sinnvoll, die *Perspektive* zu bestimmen, aus der eine spezifische Formulierung der analytischen Ziele betrachtet wird. Wir haben die Unterschiede darin, was bei verschiedenen Patienten seelische Gesundheit ist, hervorgehoben und gezeigt, wie sich die Formulierung der Ziele entsprechend den Wertesystemen von Analytiker und Patient verändern wird. Wir haben bereits darauf hingewiesen, daß wir – wenn wir die »Warum-Frage« auf jede der Aussagen, die Analytiker über die Ziele der Analyse gemacht haben, anwenden – notwendigerweise zu einer Antwort kommen, die, allgemein gesprochen, zum Bereich der »seelischen Gesundheit« gehört. Der Leser könnte nun berechtigterweise fragen, was wir mit *seelischer Gesundheit* meinen, und die Antwort, die wir geben, wäre diese: *Seelische Gesundheit* kann, wie Ziele auch, als ein im wesentlichen mehrdimensionales »elastisches« Konzept (siehe Sandler, 1983) definiert werden, das eine sehr große Anzahl an Kriterien einschließt; die Anzahl von Kriterien ist so groß, daß diese – nach dem gegenwärtigen Stand unserer Erkenntnis – wahrscheinlich nicht vollständig aufgezählt werden könnten. Wir haben beschrieben, wie im Verlauf einer Analyse Patient und Analytiker auf eine Auswahl von Kriterien seelischer Gesundheit hinarbeiten – eine Auswahl, die den Zustand seelischer Gesundheit *eines spezifischen Patienten in seiner besonderen Lebenssituation darstellt* und die allen seinen persönlichen Grenzen und Eigenheiten wie auch seinem soziokulturellen Kontext Rechnung trägt. Für den einen Patienten kann im Vordergrund stehen, mit seinen Kollegen besser auszukommen; für einen anderen kann es in erster Linie darum gehen, weniger selbstschädigend zu sein; für einen dritten kann es wichtig sein, eine Arbeitshemmung zu überwinden. Was dieser Zustand *seelischer Gesundheit* am Ende der Analyse sein wird, kann nicht vorausbestimmt werden, sondern es wird Resultat der Interaktion sein und Resultat dessen, was als ein ständiges bewußtes und unbewußtes Aushandeln zwischen den beiden Partnern im analytischen Unternehmen angesehen werden kann.

Aus den von uns vorgetragenen Argumenten würde folgen, daß von einem Patienten zum anderen variieren wird, was wünschenswertes Ergebnis der Analyse ist, und daß es nicht mit einer Definition abgedeckt oder durch ein einzelnes Kriterium gemessen werden kann. Uns scheint, daß Ergebnisstudien im Bereich der Psychoanalyse die individuellen Differenzen berücksichtigen müssen, da sich das Ergebnis einer erfolgreichen Analyse für eine Person sehr von dem Ergebnis einer erfolgreichen Analyse für eine andere unterscheiden kann. Ein Weg in diese Richtung würde in einer bestimmten Form empirischer Forschung bestehen, die keinen besonderen Apparat erfordert außer den Kopf der an der Forschung beteiligten Analytiker. In gewissem Sinne stellt dies einen sehr psychoanalytischen Ansatz dar, der sich beim Studium anderer Konzepte gut bewährt hat. Ein Beispiel ist eine am Sigmund-Freud-Institut in Frankfurt durchgeführte Studie über das *psychische Trauma* und zwar darüber, wie dieses Konzept im Denken der Analytiker existiert und in ihrer Praxis verwendet wird (Sandler, Dreher, Drews et al., 1987; Sandler, Dreher, Drews, 1989). Was eine solche Forschungsmethode erfordert – neben der historischen und theoretischen Klärung des Konzepts –, ist die Bildung einer Forschungsgruppe von Analytikern, die regelmäßig zusammentreffen und unter dem Gesichtspunkt der Ziele über den analytischen Prozeß bei ihren Patienten diskutieren; auf diesen Gesichtspunkt der Ziele konzentrieren sie sich in jedem Stadium der Arbeit mit spezifischen Patienten. Wann immer ein Prozeßziel erwähnt wird, sollte die »Warum-Frage« gestellt und immer wieder gestellt werden, bis ein bestimmtes latentes Ergebnisziel manifest wird, und diese Ergebnisziele müssen so spezifisch wie möglich sein. Psychoanalytiker arbeiten mit impliziten Konstrukten und »privaten« Theorien, die nicht immer mit den anerkannten oder »öffentlichen« Theorien übereinstimmen; der vorgeschlagene Ansatz kann die impliziten Arbeitsmodelle des Analytikers ans Licht bringen. Die Ergebnisse eines solchen Ansatzes können sehr überraschend und erhellend sein und Fortschritte in der Theorie ermöglichen. Damit ein solches Konzeptforschungsprojekt erfolgreich ist, müssen gewisse Bedingungen erfüllt sein. Zum Beispiel müssen die Mitglieder der Gruppe einander vertrauen, dürfen nicht glauben, daß ihre Ambitionen innerhalb ihrer analytischen Gesellschaft oder ihres analytischen Instituts bedroht sind oder daß ihr professioneller Status als Analytiker gefährdet ist, wenn sie sich einer besonderen Lehrmeinung oder Schule nicht anpassen. Abhängig vom Ergebnis einer solchen Studie könnte der nächste Schritt der Versuch sein, Zusammenhänge zwischen spezifischen Prozeßzielen und Ergebniszielen herauszufinden; wenn dies gelingt, können Psychoanalyse wie auch angewandte Psychoanalyse in der Form psychoanalytischer Psychotherapie davon profitieren. Aber auf jeden Fall könnte dieser Ansatz zu einem nützlichen Bezugsrahmen führen, der zwischen Analytikern eine präzise Kommunikation über Ziele ermöglichen und das Vage, Willkürliche und vor allem die Idealisierung in den Diskussionen darüber, welche Ziele die Analyse anstreben kann, verringern dürfte.

Nachwort[1]

In der Einleitung zu diesem Buch und im vorausgehenden Kapitel haben wir die Absicht unserer Arbeit formuliert. Sie ist, kurz gesagt, ein Versuch, das Konzept der Ziele psychoanalytischer Behandlung zu klären, und zwar über eine historische Herangehensweise an die vielen und mannigfaltigen in der Literatur angetroffenen Formulierungen. Es war von Anfang an klar, daß wir es bei der Untersuchung der Ziele mit einem komplexen Thema zu tun haben, daß wir nämlich mit etwas konfrontiert sind, das nicht von einer einzigen präzisen Definition umfaßt werden kann. Eine umfassende Analyse der Literatur war ein notwendiges Mittel zum Zweck: Mit ihrer Hilfe wollten wir rekonstruieren, was von analytischen Autoren verschiedener theoretischer Orientierung über Ziele gesagt worden ist; dies sollte eine Grundlage für die Diskussion des sehr spezifischen konzeptuellen Problems zur Verfügung stellen.

Wir haben uns auf die konzeptuellen Fragen konzentriert und konnten die inhärenten Schwierigkeiten zeigen, die einer eindeutigen Antwort zu der im Titel dieses Buchs aufgestellten Frage im Wege stehen. Weder ist es unsere Absicht, eine solche Antwort anzubieten, noch, Analytikern eine Methode zur Bestimmung sinnvoller Ziele für jeden individuellen Patienten zur Verfügung zu stellen. Wir sind eher der Frage nachgegangen, wie die Faktoren, die während der Durchführung einer analytischen Behandlung in die Bestimmung der Ziele eingehen, bedacht werden können. Spielen doch vor allem auch unbewußte Gedanken und Theorien über Ziele eine wichtige Rolle in der Arbeit eines Analytikers – wie wir etwa an der Diskussion des Themas der Neutralität und der sogenannten »Ziellosigkeit«

[1] Für die deutsche Ausgabe hinzugefügt.

gezeigt haben. Im Kopf des Analytikers finden im gesamten Verlauf einer Analyse immer wieder Verschiebungen in den bewußten oder unbewußten Zielen in bezug auf den Patienten statt. Und natürlich gilt das nicht nur für die Ziele des Analytikers, sondern auch für die des Patienten – daher haben wir hervorgehoben, daß die Behandlungsziele für den Patienten und den Analytiker sehr verschieden sein können, daß sie aber auch als eine Spiegelung der Interaktion zwischen Patient und Analytiker gesehen werden müssen.

Sicherlich hat der Analytiker – betrachten wir es einmal aus technischer Sicht – die Aufgabe, sich so weit wie möglich der unbewußten Prozesse, nicht nur im Patienten, sondern auch in sich selbst, bewußt zu werden. Aber auch dann, wenn der Analytiker in Selbstbeobachtung sehr geübt ist, denken wir, gibt es – hauptsächlich hinsichtlich der soziokulturellen Perspektive – nur begrenzte Möglichkeiten (sogar für Psychoanalytiker), diese impliziten Einstellungen, Werte, Normen usw. zugänglich zu machen. Es ist klar geworden, daß wir Aussagen wie »Das Ziel der *Psychoanalyse* ist zu analysieren« kritisch gegenüberstehen, weil sie die Tatsache verdunkeln, daß alle Analytiker, ob sie es wissen oder nicht, durch ihre *therapeutischen* Ziele (und die ihrer Patienten) beeinflußt werden. Wenn denn eine solch allgemeine Formulierung des analytischen Ziels gesucht werden sollte, wäre es unserer Ansicht nach angemessener, solche Aussagen zu wählen wie »Das Ziel des *Analytikers* ist zu analysieren« oder vielleicht »Das Ziel *des Analytikers* ist es, eine Analyse bestmöglich durchzuführen«, statt vom Ziel *der Psychoanalyse* zu sprechen. Solche Formulierungen gestatten uns, auch das Problem zu berücksichtigen, daß die Ziele des Analytikers sich während des Verlaufs seiner analytischen Arbeit mit einem individuellen Patienten ändern. Diese Sichtweise war es im übrigen, die uns dazu veranlaßte, dem Buch den Titel *Was wollen die Psychoanalytiker?* zu geben, statt die Frage zu stellen, welches die Ziele *der Psychoanalyse* sind.

Hier nun könnte der Leser einwerfen: »Aber was *ist* eine bestmöglich durchgeführte Analyse?« Wir würden viel dafür geben, eine zufriedenstellende Antwort liefern zu können, aber dies können wir nicht, weil wir in dieser Zeit des psychoanalytischen Pluralismus weit weniger in der Lage sind, eine solche Frage zu beantworten, als Freud es war, als er die »Eckpfeiler« der Psychoanalyse aufführte:

> »Die Annahme unbewußter seelischer Prozesse, die Anerkennung der Lehre vom Widerstand und der Verdrängung, die Einschätzung der Sexualität und des Ödipus-Komplexes sind die Hauptinhalte der Psychoanalyse und die Grundlagen ihrer Theorie, und wer sie nicht alle gutzuheißen vermag, sollte sich nicht zu den Psychoanalytikern zählen.« (1923a, S. 223)

Aber obwohl wir den heutigen Pluralismus der Ansätze und demgemäß die vielen Facetten analytischer Ziele und die allgemein bekannten Probleme bei der Definition des analytischen Prozesses hervorheben, plädieren wir keineswegs für »Pragmatismus und Integration« und sind auch gewiß nicht der Ansicht, daß »in der psychoanalytischen Therapie alles geht« oder daß »Analyse ist, was der Psychoanalytiker tut«. Gleichwohl ist es nicht unsere Absicht, eine definitive Position vorzulegen. Vielmehr wollen wir die von uns beschriebenen Differenzen verwenden, um Reichtum und Komplexität analytischer Ansätze in diesem Bereich zu veranschaulichen – und um vor diesem Hintergrund das konzeptuelle Problem neu zu beleuchten.

Eine angemessene Antwort auf dieses Problem zu finden bleibt eine wichtige und substantielle Herausforderung. Unsere Studie stellt nicht mehr als einen Schritt in einem Prozeß konzeptueller Forschung dar. Ein solcher Schritt ist sicher Voraussetzung für eine erfolgreichere Klärung der gemeinsamen Basis der psychoanalytischen Ansätze; er kann das Entstehen einer angemessenen Unterscheidung zwischen Psychoanalyse und anderen Formen psychologischer Behandlung ermöglichen.

Noch einem anderen Zusammenhang ist im Kontext der Diskussion der Behandlungsziele Beachtung zu schenken: Heutzutage wird der »Ergebnisforschung« große Aufmerksamkeit gezollt, also der Überprüfung der Wirksamkeit psychoanalytischer Behandlung durch quantitativ-empirische Methoden. Wenngleich solche Forschung zusätzlich zu qualitativ-empirischen Studien notwendig ist, ist der Weg zu einer *guten* quantitativen Forschung auf diesem Gebiet mit Schwierigkeiten gepflastert: In der Absicht, angemessene Maßeinheiten zu entwickeln, um das Ergebnis der Therapie auszuwerten, muß das, was man für die entscheidenden Determinanten des therapeutischen Erfolgs hält, »operationalisiert« werden. Und hier steht die quantitative Forschung im wesentlichen vor dem gleichen Problem wie unser Versuch, das Konzept des Behandlungsziels zu klären, da Ergebnis und Ziel eng miteinander verflochten sind. Wir sind der Ansicht, daß gute quantitativ-empirische Forschung eine gute Konzeptforschung erfordert, d.h. die Untersuchung der relevanten psychoanalytischen Konzepte und ihrer Verwendungsweise in der analytischen Praxis. Dabei nimmt Konzeptforschung als eine notwendige Methode im Feld psychoanalytischer Forschung Eigenständigkeit in Anspruch.

In der Tradition vieler psychoanalytischer Konzeptstudien zeigten wir zuallererst, wie sehr eine einfache Definition des Behandlungsziels ein Problem war und ist und wie in der Geschichte der Psychoanalyse Analytiker dieses Problem zu lösen suchten. Dann schlugen wir, über die theoretischen Schulen hinausgehend, einen Bezugsrahmen vor, der es erlaubt, über diese Formulierungen aus verschiedenen Perspektiven in bezug auf das Problem der Ziele nachzudenken, einen Bezugsrahmen, der auch in der weiteren Forschung verwendet werden könnte. Dabei haben wir versucht, die psychoanalytisch angemessenen Grenzen zu umreißen, innerhalb derer die notwendige konzeptuelle Diskussion und die darauffolgende Formulierung von Zielen stattfinden sollte. Nun ist der Zweck unserer Arbeit nicht einfach akademisch; sie soll ebenso der praktischen Anwendung dienen. Unsere Studie mag solchen Analytikern eine Hilfe sein, die für ihre klinische Praxis die Frage der Ziele und ihrer Relevanz klären wollen; sie mag ermöglichen, einen Weg durch die komplexen analytischen Debatten über das Thema zu finden, und könnte dabei helfen, Klarheit über die eigene Position im gegenwärtigen Klima des psychoanalytischen Pluralismus zu gewinnen. Indem wir die Aufmerksamkeit auf die Komplexität des Problems lenken – auf die Tatsache, daß das Hören in der analytischen Situation unweigerlich selektiv und unbewußt auch von einem ganzen Spektrum an impliziten Zielen beeinflußt ist –, hoffen wir, die Sensibilität gegenüber dem Einfluß solcher Ziele zu erhöhen. So möchten wir auch anregen, gerade über die Ziele der Arbeit mit »schwierigen« Patienten nachzudenken; der Analytiker könnte den Zielen seiner Arbeit in verschiedenen Momenten des therapeutischen Prozesses mehr Aufmerksamkeit schenken, stärker die Grenzen des Patienten berücksichtigen, anstatt bloß »die psychoanalytische Methode anzuwenden«.

Für einige mag es schwer sein zu akzeptieren, daß die Psychoanalyse als – in Freuds Worten – »eine sich empirisch vorwärtstastende Theorie« niemals ein geschlossenes System abgeben wird. Endgültige und letzte Formulierungen sind nicht möglich, sondern alle Konzepte sind stets in Veränderung begriffen. Dennoch impliziert das keinen Freibrief für Willkürlichkeit, sondern bedeutet die Hoffnung, daß ständige Diskussion und die Suche nach der »gemeinsamen Basis« uns Psychoanalytiker einen Schritt weiterbringen wird.

Literatur

Alexander, F. (1925): Metapsychologische Darstellung des Heilungsvorganges. *Intern. Zeitschrift f. Psychoanalyse*, 11, S. 157–178.

– (1954a): Some quantitative aspects of psychoanalytic technique. *Journal of the American Psychoanalytic Association*, 2, S. 685–701.

– (1954b): Psychoanalysis and psychotherapy. *Journal of the American Psychoanalytic Association*, 2, S. 722–733.

– and French, T. (1946): *Psychoanalytic Therapy.* New York, Ronald Press.

Altman, L. L. (1964) (reporter): Panel: Theory of psychoanalytic therapy. *Journal of the American Psychoanalytic Association*, 12, S. 620–631.

Arlow, J. A. (1987): The dynamics of interpretation. *Psychoanalytic Quarterly*, 56, S. 68–87.

– and Brenner, C. (1964): *Psychoanalytic Concepts and the Structural Theory.* New York, International Universities Press.

Bachrach, H. M., Galatzer-Levy, R., Skolnikoff, A. and Waldron, S. (1991): On the efficacy of psychoanalysis. *Journal of the American Psychoanalytic Association*, 39, S. 871–916.

Bader, M. J. (1994): The tendency to neglect therapeutic aims in psychoanalysis. *Psychoanalytic Quarterly*, 63, S. 246–270.

Baker, R. (1993): The patient's discovery of the psychoanalyst as a new object. *International Journal of Psycho-Analysis*, 74, S. 1223–1233.

Balint, M. (1934): Charakteranalyse und Neubeginn. *Intern. Zeitschrift f. Psychoanalyse*, 20, S. 54–63. Auch in: *Die Urformen der Liebe und die Technik der Psychoanalyse*, Frankfurt a. M., Ullstein, 1981, S. 187–202.

– (1935): Das Endziel der psychoanalytischen Behandlung. *Intern. Zeitschrift f. Psychoanalyse.*, 21, S. 36–45. Auch in: *Die*

Urformen der Liebe und die Technik der Psychoanalyse, Frankfurt a. M., Ullstein, 1981, S. 219–231.
– (1950): On the termination of analysis. *International Journal of Psycho-Analysis*, 31, S. 196–199. Dt.: Über die Beendigung der Analyse. In: *Die Urformen der Liebe und die Technik der Psychoanalyse*, Frankfurt a. M., Ullstein 1981, S. 272–279.
– (1952): *Primary Love and Psychoanalytic Technique*. London, Hogarth Press. Dt.: *Die Urformen der Liebe und die Technik der Psychoanalyse*. Frankfurt a. M., Ullstein, 1981.
Barchilon, J. (1956): On countertransference »cures«. *Journal of the American Psychoanalytic Association*, 6, S. 222–236.
Becker, T. C. (1993): (reporter) Panel: The difference between termination in psychotherapy and psychoanalysis. *Journal of the American Psychoanalytic Association*, 41, S. 765–773.
Bergler, E. (1937): Symposion über die Theorie der therapeutischen Resultate. Zur Theorie der therapeutischen Resultate der Psychoanalyse. *Intern. Zeitschrift f. Psychoanalyse*, 23, S. 6–18.
Bernstein, I. (1956): Indications and goals of child analysis as compared with child psychotherapy. *Journal of the American Psychoanalytic Association*, 4, S. 158–163.
Bibring, E. (1937): Versuch einer allgemeinen Theorie der Heilung. *Intern. Zeitschrift f. Psychoanalyse*, 23, S. 18–42.
– (1954): Psychoanalysis and the dynamic psychotherapies. *Journal of the American Psychoanalytic Association*, 2, S. 745–770.
Bion, W. (1954): Notes on the theory of schizophrenia. *International Journal of Psycho-Analysis*, 35, S. 113–118.
– (1970): *Attention and Interpretation*. London, Tavistock.
Blum, H. (1994): *Reconstruction in Psychoanalysis: Childhood Revisited and Recreated*. Madison, CT, International Universities Press.
Brenner, C. (1976): *Psychoanalytic Technique and Psychic Conflict*. New York, International Universities Press. Dt.: *Praxis der Psychoanalyse*, Frankfurt a. M., S. Fischer, 1979.

– (1994): The mind as conflict and compromise formation. *Journal of Clinical Psychoanalysis*, 3, S. 473–488.
Bridger, H. (1950): Criteria for the termination of analysis. *International Journal of Psycho-Analysis*, 31, S. 202 f.
Buxbaum, E. (1950): Technique of terminating analysis. *International Journal of Psycho-Analysis*, 31, S. 184–190.
Chessick, R. (1993): *A Dictionary for Psychotherapists*. Northvale, NJ, Jason Aronson.
Cooper, A. M. (1985): A historical view of psychoanalytic paradigms. In: A. Rothstein (Hrsg.): *Models of the Mind: Their Relationships to Clinical Work*. Madison, CT, International Universities Press, S. 5–20.
– (1987): The transference neurosis: a concept ready for retirement. *Psychoanalytic Inquiry*, 7, S. 569–585.
– (1989): Concepts of therapeutic effectiveness in psychoanalysis: a historical review. *Psychoanalytic Inquiry*, 9, S. 4–25.
– (1991): Psychoanalysis: the past decade. *Psychoanalytic Inquiry*, 11, S. 107–122.
Cramer, B. und Flournoy, O. (1976): (reporters) Panel: The changing expectations of patients and psychoanalysts today. *International Journal of Psycho-Analysis*, 57, S. 419–427.
Deutsche Psychoanalytische Gesellschaft (Hrsg.) (1930): *Zehn Jahre Berliner Psychoanalytisches Institut*. Wien, Internationaler Psychoanalytischer Verlag (Hrsg. Sándor Radó in Zusammenarbeit mit Otto Fenichel und Carl Müller-Braunschweig).
Eissler, K. R. (1953): The effect of the structure of the ego on psychoanalytic technique. *Journal of the American Psychoanalytic Association*, 1, S. 104–143.
– (1963): Notes on the psychoanalytic concept of cure. *Psychoanalytic Study of the Child*, 18, S. 424–463.
Ellenberger, H. F. (1970): *The Discovery of the Unconscious: The History and Evolution of Dynamic Psychiatry*. New York, Basic Books. Dt.: *Die Entdeckung des Unbewußten*. Bern, Huber, 1973.

Emde, R. N. (1988a): Die endliche und die unendliche Entwicklung. I. Angeborene und motivationale Faktoren aus der frühen Kindheit, *Psyche*, 45, S. 745–779.
– (1988b): Die endliche und die unendliche Entwicklung. II. Neuere psychoanalytische Theorie und therapeutische Überlegungen. *Psyche*, 45, S. 890–913.
Erikson, E. H. (1950): *Childhood and Society.* New York, W. W. Norton. Dt.: *Kindheit und Gesellschaft,* Stuttgart, Klett, 1968.
Etchegoyen, R. H. (1986): *The Fundamentals of Psychoanalytic Technique.* London, Karnac Books, 1991.
– (1991): Psychoanalysis during the last decade: clinical and theoretical aspects. *Psychoanalytic Inquiry,* 11, S. 88–106.
Fairbairn, W. R. D. (1954): *An Object Relations Theory of the Personality.* New York, Basic Books.
– (1958): On the nature and aims of psychoanalytical treatment. *International Journal of Psycho-Analysis,* 39, S. 374–385.
Fenichel, O. (1934): *Outline of Clinical Psychoanalysis.* New York, W. W. Norton.
– (1935): Zur Theorie der psychoanalytischen Technik. In: *Intern. Zeitschrift f. Psychoanalyse*, 21, S. 78–95. Auch in: *Aufsätze*, Bd. 1, Frankfurt a. M., Ullstein, 1985, S. 325–344.
– (1937): Die Wirksamkeit der psychoanalytischen Therapie. *Intern. Zeitschrift f. Psychoanalyse*, 23, S. 37–42. Auch in: *Aufsätze*, Bd. 2, Frankfurt a. M., Ullstein, 1985 S. 26–31.
– (1941): *Problems of Psychoanalytic Technique.* New York, The Psychoanalytic Quarterly, Inc.
– (1945): *The Psychoanalytic Theory of Neurosis.* New York, W. W. Norton. Dt.: *Psychoanalytische Neurosenlehre*, Ullstein, 1983 (3 Bde.), Frankfurt a. M.
Ferenczi, S. (1928a): Das Problem der Beendigung der Analysen. In: *Intern. Zeitschrift f. Psychoanalyse*, 14, S. 1–10. Auch in: *Schriften zur Psychoanalyse*, Bd. II, S. 227–236.

– (1928b): Die Elastizität der psychoanalytischen Technik. In: *Intern. Zeitschrift f. Psychoanalyse*, 14, S. 197–209. Auch in: *Schriften zur Psychoanalyse*, Bd. II, S. 237–250.
– und O. Rank (1924): *Entwicklungsziele der Psychoanalyse.*, Leipzig und Wien, Int. Psychoanalytischer Verlag.
– (1970–72): *Schriften zur Psychoanalyse.* 2 Bde., Frankfurt a. M., Fischer Tb.
Firestein, S. K. (1969): (reporter) Panel: Problems of termination in the analysis of adults. *Journal of the American Psychoanalytic Association*, 17, S. 222–237.
Freud, A. (1936): *Das Ich und die Abwehrmechanismen.* In: *Die Schriften der Anna Freud*, Bd. 1, S. 191–355, Frankfurt a. M., Fischer, 1987.
– (1954): The widening scope of indications for psychoanalysis: discussion. *Journal of the American Psychoanalytic Association*, 2, S. 607–620. Dt.: Der wachsende Indikationsbereich der Psychoanalyse. Diskussion. In: *Die Schriften der Anna Freud*, Bd. 5, S. 1349–1367, Frankfurt a. M., Fischer, 1987.
– (1963): The concept of developmental lines. *The Psychoanalytic Study of the Child*, 18, S. 245–265. Dt.: Psychische Entwicklungslinien. In: *Die Schriften der Anna Freud*, Bd. 8, S. 2182–2212. Frankfurt a. M., Fischer, 1987.
– (1965*): Normality and Pathology in Childhood.* New York, International Universities Press. Dt.: *Wege und Irrwege in der Kinderentwicklung. Die Schriften der Anna Freud*, Bd. 8, Frankfurt a. M., Fischer, 1987.
– (1976): Changes in psychoanalytic practice and experience. *International Journal of Psycho-Analysis*, 57, S. 257–260. Dt.: Wandlungen in psychoanalytischer Theorie und Praxis. In: *Die Schriften der Anna Freud*, Bd. 10, S. 2795–2803. Frankfurt a. M., Fischer, 1987.
Freud, S. (1895): Zur Psychotherapie der Hysterie. GW, Bd. 1, S. 252–312.

– (1896): Weitere Bemerkungen über die Abwehr-Neuropsychosen. GW, Bd. 1, S. 377–403.
– (1900): *Die Traumdeutung.* GW, Bd. 2–3.
– (1904): Die Freudsche Psychoanalytische Methode. GW, Bd. 5, S. 1–10.
– (1905): Über Psychotherapie. GW, Bd. 5, S. 11–26.
– (1906): Tatbestandsdiagnostik und Psychoanalyse. GW, Bd. 7, S. 3–15.
– (1909): Analyse der Phobie eines fünfjährigen Knaben. GW, Bd. 7, S. 241–377.
– (1910): Die zukünftigen Chancen der psychoanalytischen Therapie. GW, Bd. 8, S. 103–115.
– (1912): Ratschläge für den Arzt bei der psychoanalytischen Behandlung. GW, Bd. 8, S. 375–387.
– (1914): Zur Einführung des Narzißmus. GW, Bd. 10, S. 137–170.
– (1915a): Triebe und Triebschicksale. GW, Bd. 10, S. 209–232.
– (1915b): Die Verdrängung. GW, Bd. 10, S. 247–261.
– (1915c): Das Unbewußte. GW, Bd. 10, S. 263–303.
– (1916–17):*Vorlesungen zur Einführung in die Psychoanalyse.* GW, Bd. 11.
– (1917): Trauer und Melancholie. GW, Bd. 10, S. 427–446.
– (1919): Wege der psychoanalytischen Therapie. GW, Bd. 12, S. 181–194.
– (1920): *Jenseits des Lustprinzips.* GW, Bd. 13, S. 1–69.
– (1922): Etwas vom Unbewußten (Freuds Zusammenfassung seiner Ansprache auf dem VII. Internationalen Psychoanalytischen Kongreß in Berlin). GW, Nachtr., S. 730.
– (1923a): »Psychoanalyse« und »Libidotheorie«. GW, Bd. 13, S. 211–233.
– (1923b): *Das Ich und das Es.* GW, Bd. 13, S. 235–289.
– (1924): Der Realitätsverlust bei Neurose und Psychose. GW, Bd. 13, S. 361–368.

– (1926a): *Hemmung, Symptom und Angst.* GW, Bd. 14, S. 111–205.
– (1926b): Die Frage der Laienanalyse. GW, Bd. 14, S. 207–296.
– (1927): Nachwort zur »Frage der Laienanalyse«. GW, Bd. 14, S. 287–296.
– (1933): Neue Folge der Vorlesungen zur Einführung in die Psychoanalyse. GW, Bd. 15.
– (1935): Brief an N. N. (Mutter eines Homosexuellen). Deutscher Text in: E. Jones, *Das Leben und Werk von Sigmund Freud*, Bd. 3, Bern 1962, S. 233 f.
– (1937a): Die endliche und die unendliche Analyse. GW, Bd. 16, S. 59–99.
– (1937b): Konstruktionen in der Analyse. GW, Bd. 16, S. 43–56.
– (1940): Abriß der Psychoanalyse. GW, Bd. 17, S. 63–138.
Fromm-Reichmann, F. (1954): Psychoanalytic and general dynamic conceptions of theory and of therapy: differences and similarities. *Journal of the American Psychoanalytic Association,* 2, S. 711–772.
Furst, S. (1980): Summary and concluding remarks: 31st International Psychoanalytic Congress. *International Journal of Psycho-Analysis*, 61, S. 225–236.
Gaskill, H. S. (1980): The closing phase of the psychoanalytic treatment of adults and the goals of psychoanalysis, »the myth of perfectibility«. *International Journal of Psycho-Analysis*, 61, S. 11–22.
Gay, P. (1988): *Freud: A Life for our Time.* London: J. M. Dent. Dt.: Freud. Eine Biographie für unsere Zeit, Frankfurt a. M., S. Fischer, 1989.
Gill, M. M. (1954): Psychoanalysis and exploratory psychotherapy. *Journal of the American Psychoanalytic Association*, 2, S. 771–797.
– (1963): *Topography and Systems in Psychoanalytic Theory. Psychological Issues*, Monograph 10. New York, International Universities Press.

Gitelson, M. (1951): Psychoanalysis and dynamic psychiatry. *Archives of Neurology and Psychiatry*, 66, S. 280–288.
– (1954): Therapeutic problems in the analysis of the »normal« candidate. *International Journal of Psycho-Analysis*, 35, S. 174–183.
– (1962): The curative factors in the first phase of analysis. *International Journal of Psycho-Analysis*, 43, S. 194–205.
Glover, E. (1937): Symposium on the theory of therapeutic results of psychoanalysis. *International Journal of Psycho-Analysis*, 18, S. 125–132. Dt.1937: Die Grundlagen der therapeutischen Resultate. *Intern. Zeitschrift f. Psychoanalyse*, 23, S. 42–50.
– (1940): *An Investigation of the Technique of Psychoanalysis*. London, Baillière, Tindall & Cox.
– (1954): Therapeutic criteria of psychoanalysis. *International Journal of Psycho-Analysis*, 35, S. 95–101.
Glueck, B. (1960): Psychoanalysis: reflections and comments. In: P. H. Hoch and J. Zubin (Hrsg.): *Current Approaches to Psychoanalysis*. New York, London, Grune & Stratton, S. 123–140.
Goldberg, A. (1987): Psychoanalysis and negotiation. *Psychoanalytic Quarterly*, 56, S. 109–129.
Gray, P. (1965) (reporter): Panel: Limitations of psychoanalysis. *Journal of the American Psychoanalytic Association*, 23, S. 181–190.
Greenacre, P. (1954): The role of transference: practical considerations in relation to psychoanalytic therapy. *Journal of the American Psychoanalytic Association*, 2, S. 671–684.
Greenberg, J. R. (1991): *Oedipus and Beyond*. Cambridge, MA, Harvard University Press.
– und Mitchell, S. A. (1983): *Object Relations in Psychoanalytic Theory*. Cambridge, MA, Harvard University Press.
Greenson, R. R. (1967): *The Technique and Practice of Psychoanalysis*. London, Hogarth Press. Dt.: *Technik und Praxis der Psychoanalyse*, Stuttgart, Klett-Cotta, 1986 (1. Aufl. 1973).
Grinberg, L. (1980): The closing phase of the psychoanalytic

treatment of adults and the goals of psychoanalysis, »the search for truth about one's self«. *International Journal of Psycho-Analysis*, 61, S. 25–37.

Grotjahn, M. (1964): Open end technique in psychoanalysis. *Psychoanalytic Quarterly*, 33, S. 270f.

Hartmann, H. (1939a): Psychoanalysis and the concept of health. *International Journal of Psycho-Analysis*, 20, S. 308–321. Dt.: Psychoanalyse und Gesundheitsbegriff. In: *Ich-Psychologie*, Stuttgart, Klett, 1972, S. 19–32.

– (1939b): Ich-Psychologie und Anpassungsproblem. *Intern. Zeitschrift f. Psychoanalyse und Imago*, 24, 62–135. Auch: *Ich-Psychologie und Anpassungsproblem.* Stuttgart, Klett, 1970 sowie in: *Psyche*, 14, 1960, S. 81–164.

– (1960): *Psychoanalysis and Moral Values.* New York, International Universities Press.

Hinshelwood, R. D. (1989): *A Dictionary of Kleinian Thought.* London, Free Association Books. Dt.: *Wörterbuch der kleinianischen Psychoanalyse*, Stuttgart, Verlag Internationale Psychoanalyse, 1993.

Hoch, S. (1992) (reporter): Panel: Psychoanalysis and psychoanalytic psychotherapy – similarities and differences: a conceptual overview. *Journal of the American Psychoanalytic Association*, 40, S. 233–238.

Hoffer, W. (1950): Three psychological criteria for the termination of treatment. *International Journal of Psycho-Analysis*, 31, S. 194f.

Horney, K. (1951): Ziele der psychoanalytischen Therapie. *Psyche*, 5, S. 463–472.

Horowitz, M. J., Kernberg, O. und Weinshel, E. M. (Hrsg.) (1993): *Psychic Structure and Psychic Change.* Madison, CT, International Universities Press.

Hurn, H. T. (1971): Toward a paradigm of the terminal phase: the current status of the terminal phase. *Journal of the American Psychoanalytic Association*, 19, S. 332–348.

Jacobson, E. (1954): Transference problems in the psychoanalytic treatment of severely depressive patients. *Journal of the American Psychoanalytic Association*, 2, S. 595–606.
– (1964): *The Self and the Object World.* New York, International Universities Press. Dt.: *Das Selbst und die Welt der Objekte,* Frankfurt a. M., Suhrkamp, 1973.
Jahoda, M. (1958): *Current Concepts of Positive Mental Health.* New York, Basic Books.
Johan, M. (1989) (reporter): Panel: Evaluation of outcome of psychoanalytic treatment: should follow-up by the analyst be part of the posttermination phase of analytic treatment? *Journal of the American Psychoanalytic Association*, 37, S. 813–822.
Jones, E. (1913): The attitude of the psychoanalytic physician towards current conflicts. In: *Papers on Psychoanalysis*, 2nd edn. London, Baillière, Tindall & Cox, 1918, S. 312–317. Dt.: Die Stellungnahme des psychoanalytischen Arztes zu den aktuellen Konflikten. *Int. Zeitschrift f. Psychoanalyse*, 1914, S. 6–10.
– (1931): The concept of a normal mind. In: S. D. Schmalhausen (Hrsg.): *The Neurotic Age.* New York, Ferrar & Rinehart, S. 65–81. Dt.: Der Begriff der normalen Psyche, In: *Die Theorie der Symbolik und andere Aufsätze*, Frankfurt a. M., Berlin, Wien, Ullstein, 1978, S. 243–261.
– (1936): The criteria of success in treatment. In: *Papers on Psychoanalysis*, 5. Aufl., London, Baillière, Tindall & Cox, 1948, S. 379–383.
– (1953–57): *The Life and Work of Sigmund Freud,* 3 volumes. New York, Basic Books. Dt.: *Das Leben und Werk von Sigmund Freud.* 3 Bde., Bern, Verlag Hans Huber, 1960–62.
Kantrowitz, J. L., Katz, N. L., Greenman, D. A., Morris, H., Paolitto, F., Sashin, J. und Solomon, L. (1989): The patient-analyst match and the outcome of psychoanalysis: a pilot

study. *Journal of the American Psychoanalytic Association*, 37, S. 893–919.
Kelman, H. (1956): (reporter) Panel: Goals in therapy. *The American Journal of Psychoanalysis*, 16, S. 3–23.
Kernberg, O. (1975): *Borderline Conditions and Pathological Narcissism*. New York, Jason Aronson. Dt.: *Borderline-Störungen und pathologischer Narzißmus*, Frankfurt a. M., Suhrkamp, 1978.
– (1984): *Severe Personality Disorders: Psychotherapeutic Strategies*. New Haven, Yale University Press. Dt.: *Schwere Persönlichkeitsstörungen*, Stuttgart, Klett-Cotta, 1985.
Khan, M., Davis, J. A. und Davis, M. E. V. (1974): The beginnings and fruition of the self. In: J. A. Davis and J. Dobbing (Hrsg.): *Scientific Foundations of Paediatrics*. London, W. Heinemann, S. 626–640.
King, P. und Steiner, R. (1991): *The Freud-Klein Controversies 1941–45*. London, Routledge.
Klein, M. (1946): Notes on some schizoid mechanisms. In: M. Klein, P. Heimann, S. Isaacs und J. Riviere (Hrsg.): *Developments in Psycho-Analysis*. London, Hogarth Press, 1952, S. 292–320. Dt.: Bemerkungen über einige schizoide Mechanismen. In: *Das Seelenleben des Kleinkindes und andere Beiträge zur Psychoanalyse*. Stuttgart, Klett, 1962, S. 131–163.
– (1950): On the criteria for the termination of an analysis. *International Journal of Psycho-Analysis*, 31, 204.
– (1957): *Envy and Gratitude and Other Works 1946–63*. London, Hogarth Press.
Knight, R. P. (1942): Evaluation of the results of psychoanalytic therapy. *American Journal of Psychiatry*, 98, S. 434–446.
Kohut, H. (1971): *The Analysis of the Self*. New York, International Universities Press. Dt.: *Narzißmus: eine Theorie der psychoanalytischen Behandlung narzißtischer Persönlichkeitsstörungen*, Frankfurt a. M., Suhrkamp, 1976.
– (1984): *How Does Analysis Cure?* Chicago, University of

Chicago Press. Dt.: *Wie heilt die Psychoanalyse?* Frankfurt a. M., Suhrkamp, 1989.

Kramer, M. K. (1959): On continuation of the analytic process after psychoanalysis (a self-observation). *International Journal of Psycho-Analysis*, 40, S. 17–25.

Kramer, S. und Akhtar, S. (1988): The developmental context of preoedipal object relations: clinical application of Mahler's theory of symbiosis and separation–individuation. *Psychoanalytic Quarterly*, 57, S. 547–576.

Krapf, E. E. (1961): The concepts of normality and mental health in psychoanalysis. *International Journal of Psycho-Analysis*, 42, S. 439–446.

Kris, E. (1956): On some vicissitudes of insight in psychoanalysis. *International Journal of Psycho-Analysis*, 37, S. 445–455.

Lampl-de Groot, J. (1957): On defense and development: normal and pathological. *Psychoanalytic Study of the Child*, 12, S. 114–126. Dt.: Über Verlaufsformen von Abwehr und Entwicklung. *Psyche*, 19, 1965, S. 464–476.

Lichtenberg, J. D. (1983): *Psychoanalysis and Infant Research*. Hillsdale, NJ, Analytic Press. Dt.: *Psychoanalyse und Säuglingsforschung*, Berlin u.a., Springer, 1983.

Little, M. (1958): On delusional transference (transference psychosis). *International Journal of Psycho-Analysis*, 39, S. 134–138. Dt.: Über wahnhafte Psychose (Übertragungspsychose), *Psyche*, 12, 1958, S. 258–269.

Loewald, H. W. (1960): On the therapeutic action of psychoanalysis. In: *Papers on Psychoanalysis*. New Haven, Yale University Press, 1980, S. 221–256. Dt.: Zur therapeutischen Wirkung der Psychoanalyse. In: *Psychoanalyse: Aufsätze aus den Jahren 1951–1979*. Stuttgart, Klett-Cotta, 1986, S. 209–247.

– (1970): Psychoanalytic theory and the psychoanalytic process. In: *Papers on Psychoanalysis*, New Haven, Yale University Press, 1980, S. 277–301. Dt.: Die psychoanalytische

Theorie und der psychoanalytische Prozeß. In: *Psychoanalyse: Aufsätze aus den Jahren 1951–1979*. Stuttgart, Klett-Cotta, 1986, S. 270–296.

– (1981): Regression: some general considerations. *Psychoanalytic Quarterly*, 50, S. 22–43.

Luborsky, L., Krits-Christoph, R., Mintz, J. und Auerbach, A. (1988): *Who Will Benefit from Psychotherapy? Predicting Therapeutic Outcomes*. New York, Basic Books.

Mahler, M. (1968): *On Human Symbiosis and the Vicissitudes of Individuation*, vol. 1, *Infantile Psychosis*. New York, International Universities Press. Dt.: *Symbiose und Individuation*. Stuttgart, Klett, 1972.

–, Pine, F. und Bergmann, A. (1975): *The Psychological Birth of the Human Infant*. New York, Basic Books. Dt.: *Die psychische Geburt des Menschen*, Frankfurt a. M., Fischer, 1978.

Martin, G. C. (1993) (reporter): Panel: Stability of gains achieved during analytic treatment from a followup perspective. *Journal of the American Psychoanalytic Association*, 41, S. 209–217.

McGlashan, T. H. und Miller, G. H. (1982): The goals of psychoanalysis and psychoanalytic psychotherapy. *Archives of General Psychiatry*, 39, S. 377–388.

McNutt, E. R. (1992) (reporter): Panel: Psychoanalysis and psychoanalytic psychotherapy – similarities and differences: indications, contraindications, and initiation. *Journal of the American Psychoanalytic Association*, 40, S. 223–238.

Meissner, W. (1991): A decade of psychoanalytic praxis. *Psychoanalytic Inquiry*, 11, S. 30–64.

Menninger, K. A. und Holzman, P. S. (1958): *Theory of Psychoanalytic Technique*. London, Imago. Dt.: *Theorie der psychoanalytischen Technik*. Stuttgart, Frommann-Holzboog, 1977.

Milner, M. (1950): Short communications: a note on the ending of an analysis. *International Journal of Psycho-Analysis*, 31, S. 191–193.

Mitchell, S. A. (1988): *Relational Concepts in Psychoanalysis: An Integration.* Cambridge, MA, Harvard University Press.

Modell, A. (1976): »The holding environment« and the therapeutic action of psychoanalysis. *Journal of the American Psychoanalytic Association*, 24, S. 284–307. Dt.: Die »bewahrende Umwelt« und die therapeutische Funktion der Psychoanalyse, *Psyche*, 35, 1981, S. 788–808.

– (1993): After the analysis: analyst as both old and new object. *Journal of the American Psychoanalytic Association*, 41, S. 323–337.

Moore, B. E. und Fine, B. D. (1990): *Psychoanalytic Terms and Concepts.* New Haven and London, American Psychoanalytic Association and Yale University Press.

Morgenstern, S. A. (1976): (reporter) Panel: Current concepts of the psychoanalytic process. *Journal of the American Psychoanalytic Association*, 24, S. 181–195.

Morgenthaler, F. (1978): *Technik. Zur Dialektik der psychoanalytischen Praxis.* Frankfurt a. M., Syndikat.

Morris, J. L. (1992): (reporter) Panel: Psychoanalysis and psychoanalytic psychotherapy – similarities and differences: therapeutic technique. *Journal of the American Psychoanalytic Association*, 40, S. 211–221.

Murphy, G. (1975): *Outgrowing Self-Deception.* New York, Basic Books.

Naiman, J. (1976): (reporter) Panel: The fundamentals of psychic change in clinical practice. *International Journal of Psycho-Analysis*, 57, S. 411–418.

Nersessian, E. (1989): (reporter) Panel: Changing psychic structure through treatment. *Journal of the American Psychoanalytic Association*, 37, S. 173–185.

Nunberg, H. (1928): Probleme der Therapie. *Intern. Zeitschrift f. Psychoanalyse,* 14, S. 441–457.

– (1930): Die synthetische Funktion des Ich. In: *Intern. Zeitschrift f. Psychoanalyse,* 16, S. 301–318.

– (1937): Symposium on the theory of the therapeutic results of psychoanalysis. *International Journal of Psycho-Analysis*, 18, S. 161–169. Dt. 1937: Beiträge zur Theorie der Therapie, *Intern. Zeitschrift f. Psychoanalyse*, 23, S. 60–67.

Oberndorf, C. P. (1948): Results of psychoanalytic therapy. *International Journal of Psycho-Analysis*, 29, S. 107–114.

– (1950): Unsatisfactory results of psychoanalytic therapy. *Psychoanalytic Quarterly*, 19, S. 393–407.

–, Greenacre, P. and Kubie, L. (1948): Symposium on the evaluation of therapeutic results. *International Journal of Psycho-Analysis*, 29, S. 7–33.

Orr, D. W. (1954): Transference and countertransference: a historical survey. *Journal of the American Psychoanalytic Association*, 2, S. 621–669.

Payne, S. (1950): Short communication on criteria for terminating analysis. *International Journal of Psycho-Analysis*, 31, S. 205.

Pfeffer, A. Z. (1961): Follow-up study of a satisfactory analysis. *Journal of the American Psychoanalytic Association*, 9, S. 698–718.

– (1963a): (reporter) Panel: Analysis terminable and interminable – twenty-five years later. *Journal of the American Psychoanalytic Association*, 11, S. 131–142.

– (1963b): The meaning of the analyst after analysis: a contribution to the theory of therapeutic results. *Journal of the American Psychoanalytic Association*, 11, S. 224–244.

– (1993): After the analysis: analyst as both old and new object. *Journal of the American Psychoanalytic Association*, 41, S. 323–337.

Pulver, S. E. (1991): Psychoanalytic technique: progress during the past decade. *Psychoanalytic Inquiry*, 11, S. 65–87.

– (1993): The eclectic analyst, or the many roads to insight and change. *Journal of the American Psychoanalytic Association*, 41, S. 339–357.

Radó, S. (1925): The economic principle in psychoanalytic technique. *International Journal of Psycho-Analysis*, 6, S. 35–44. Dt.: Das ökonomische Prinzip der Technik. *Internationale Zeitschrift für Psychoanalyse*, 12, 1926, S. 15–24.

Rangell, L. (1954): Similarities and differences between psychoanalysis and dynamic psychotherapy. *Journal of the American Psychoanalytic Association*, 2, S. 734–744.

– (1987): A core process in psychoanalytic treatment. *Psychoanalytic Quarterly*, 56, S. 240–249.

Rank, O. (1924): *Das Trauma der Geburt und seine Bedeutung für die Psychoanalyse*, Leipzig, Wien, Zürich, Internationaler Psychoanalytischer Verlag, auch: Frankfurt a. M., Fischer, 1988.

Rapaport, D. (1951): *Organization and Pathology of Thought*. New York, Columbia University Press.

– (1958): The theory of ego autonomy: a generalisation. *Bulletin of the Menninger Clinic*, 22, S. 13–35.

Reich, W. (1924a): Bemerkungen, zusammengefaßt in: *Bulletin of the IPA. International Journal of Psycho-Analysis*, 5, S. 391– 408.

– (1924b): Über Genitalität. *Zeitschrift für Psychoanalyse*, 10, S. 164–179.

– (1933): Indikation und Gefahren der Charakteranalyse. In: *Charakteranalyse*. Wien, Selbstverlag des Autors, auch Köln, Kiepenheuer und Witsch, 1970, S. 134–138.

Rickman, J. (1950): On the criteria for the termination of an analysis. *International Journal of Psycho-Analysis*, 31, S. 200 f.

Riesman, D., Glazer, N. und Denney, R. (1950): *The Lonely Crowd*. New Haven, Yale University Press. Dt.: *Die einsame Masse – Eine Untersuchung der Wandlungen des amerikanischen Charakters*. Reinbek bei Hamburg, Rowohlt, 1958.

Robbins, B. S. (1960): The process of cure in psychotherapy. In: P. H. Hoch und J. Zubin (Hrsg.): *Current Approaches to Psy-*

choanalysis. New York und London, Grune & Stratton, S. 96–108.
Robbins, W. S. (1975): (reporter) Panel: Termination: problems and techniques. *Journal of the American Psychoanalytic Association*, 23, S. 166–176.
Rosenfeld, H. (1954): Considerations regarding the psychoanalytic approach to acute and chronic schizophrenia in psychotic states. In: *Psychotic States.* London, Hogarth Press, 1965, S. 117–127. Dt.: Zur psychoanalytischen Behandlung akuter und chronischer Schizophrenie. In: *Zur Psychoanalyse psychotischer Zustände.* Frankfurt a. M., Suhrkamp, 1981.
Sachs, H. (1925): Metapsychological points of view in technique and theory. *International Journal of Psycho-Analysis*, 6, S. 5–12. Dt.: Metapsychologische Gesichtspunkte zur Wechselbeziehung zwischen Theorie und Technik in der Psychoanalyse. *Internationale Zeitschrift f. ärztl. Psychoanalyse*, 1925, 11, S. 106–113.
Sander, L. (1975): Infant and caretaking environment: investigation and conceptualisation of adaptive behaviours in a series of increasing complexity. In: E. J. Anthony (Hrsg.): *Explorations in Child Psychiatry.* New York, Plenum, S. 129–166.
Sandler, J. (1974): Psychological conflict and the structural model: some clinical and theoretical implications. *International Journal of Psycho-Analysis*, 55, S. 53–62.
– (1983): Reflections on some relations between psychoanalytic concepts and psychoanalytic practice. *International Journal of Psycho-Analysis*, 64, S. 35–45. Dt.: Die Beziehungen zwischen psychoanalytischen Konzepten und psychoanalytischer Praxis. *Psyche*, 37, 1983, S. 577–595.
– (Hrsg.) (1987): *Projection, Identification, Projective Identification.* Madison, CT, International Universities Press.
– (1988): Psychoanalytic treatment and »Analysis terminable

and interminable«. *International Journal of Psycho-Analysis*, 69, S. 335–345.
– (Hrsg.) (1991): *On Freud's »Analysis Terminable and Interminable«*. New Haven, Yale University Press. Dt.: *Freuds endliche und unendliche Analyse*. Stuttgart-Bad Cannstatt, Frommann-Holzboog, 1996.
–, Dare, C. und Holder, A. (1992): *The Patient and the Analyst*, 2nd edn. Madison, CT, International Universities Press. Dt.: *Die Grundbegriffe der psychoanalytischen Therapie*. Stuttgart, Klett-Cotta, 1996 (erweiterte und überarbeitete Auflage).
–, Dreher, A. U. und Drews, S. (1989): Ein Ansatz zur psychoanalytischen Konzeptforschung – illustriert am Beispiel des psychischen Traumas. *Zeitschrift für Psychoanalytische Theorie und Praxis*, 4, S. 307–321.
–, Dreher, A. U., Drews, S., Fischer, R., Klüwer, R., Muck, M., Vogel, H. und Will, C. (1987): *Psychisches Trauma: Ein Konzept im Theorie-Praxis-Zusammenhang*. Frankfurt a. M.: Materialien aus dem Sigmund-Freud-Institut Frankfurt a. M., 5.
– and Freud, A. (1985): *The Analysis of Defense: The Ego and the Mechanisms of Defense Revisited*. Madison, CT, International Universities Press. Dt.: *Die Analyse der Abwehr*, Stuttgart, Klett-Cotta, 1989.
–, Holder, A. and Meers, D. (1963): The ego ideal and the ideal self. *The Psychoanalytic Study of the Child*, 18, S. 139–458.
– and Joffe, W. G. (1967): On the psychoanalytic theory of autonomy and the autonomy of psychoanalytic theory. *International Journal of Psychiatry*, 3, S. 512–515.
– and Sandler, A.-M. (1983): The »second censorship«, the »three box model«, and some technical implications. *International Journal of Psycho-Analysis*, 64, S. 413–425.
Schachter, J. (1994): Abstinence and neutrality: development and diverse views. *International Journal of Psycho-Analysis*, 75, S. 709–721.
Schafer, R. (1994): The practice of revisiting classics: an essay

on Heinz Hartmann's *Psychoanalysis and Moral Values. Psychoanalysis and Contemporary Thought*, 17, S. 251–285.

Schlessinger, N. and Robbins, F. (1974): Assessment and follow-up in psychoanalysis. *Journal of the American Psychoanalytic Association*, 22, S. 542–567.

Schuker, E. (1990): (reporter) Panel: Effects of theory on psychoanalytic technique and on the development of psychoanalytic process. *Journal of the American Psychoanalytic Association*, 38, S. 221–233.

Segal, H. (1950): Some aspects of the analysis of a schizophrenic. *International Journal of Psycho-Analysis*, 31, S. 268–278. Dt.: Einige Aspekte der Analyse eines Schizophrenen. In: *Wahnvorstellung und künstlerische Kreativität*. Stuttgart: Klett-Cotta, 1992.

Shaw, R. R. (1991): (reporter) Panel: Concepts and controversies about the transference neurosis. *Journal of the American Psychoanalytic Association*, 39, S. 227–239.

Spillius, E. B. (Hrsg.) (1988a): *Melanie Klein Today: Developments in Theory and Practice,* vol. I, *Mainly Theory.* London, Routledge. Dt.: Elisabeth Bott Spillius (Hrsg.). *Melanie Klein Heute*. Bd. I. *Beiträge zur Theorie*. München, Verlag Internationale Psychoanalyse, 1990 (2. Aufl. Stuttgart, 1995).

– (1988b): *Melanie Klein Today: Developments in Theory and Practice,* vol. II, *Mainly Practice.* London, Routledge. Elisabeth Bott Spillius (Hrsg.) *Melanie Klein heute*, Bd. II *Anwendungen*. München, Verlag Internationale Psychoanalyse, 1991 (2. Aufl. Stuttgart, 1995).

Spitz, R. A. (1957): *No and Yes: On the Beginning of Human Communication*, New York, International Universities Press. Dt.: *Nein und Ja: Die Ursprünge der menschlichen Kommunikation*. Stuttgart, Klett, 1959.

– (1965): *The First Year of Life*. New York, International Universities Press. Dt.: *Vom Säugling zum Kleinkind. Naturge-*

schichte der Mutter-Kind-Beziehung im ersten Lebensjahr. Stuttgart, Klett, 4. Aufl. 1974.

Steiner, J. (1989): The aim of psychoanalysis. *Psychoanalytic Psychotherapy*, 4, S. 109–120.

Steiner, R. (1994): Some observations on the role of extra-analytical variables in the theoretical and clinical issues of the Freud-Klein controversial discussions (1941–1944) and their relevance today. *Bulletin of the British Psycho-Analytical Society*, 30, 7, S. 2–33.

Stem, D. N. (1977): *The First Relationship: Infant and Mother.* Cambridge, Harvard University Press. Dt.: *Mutter und Kind. Die erste Beziehung.* Stuttgart, Klett-Cotta, 1979.

– (1985): *The Interpersonal World of the Infant.* New York, BasicBooks. Dt.: *Die Lebenserfahrung des Säuglings.* Stuttgart, Klett-Cotta, 1992.

Stone, L. (1954): The widening scope of indications for psychoanalysis. *Journal of the American Psychoanalytic Association*, 2, S. 567–594.

– (1961): The *Psychoanalytic Situation.* New York, International Universities Press. Dt. : *Die Psychoanalytische Situation.* Frankfurt a. M., S. Fischer, 1973.

– (1982): The influence of the practice and theory of psychotherapy on education in psychoanalysis. In: E. D. Joseph and R. S. Wallerstein (Hrsg.): *Psychotherapy: Impact on Psychoanalytic Training.* New York, International Universities Press, S. 75–118.

Strachey, J. (1934): The nature of the therapeutic action of psycho-analysis. *International Journal of Psycho-Analysis,* 15, S. 127–159. Dt.: Die Grundlagen der therapeutischen Wirkung der Psychoanalyse. *Intern. Zeitschrift f. Psychoanalyse*, 21, 1935, S. 486–516.

– (1937): Symposium on the theory of the therapeutic results of psychoanalysis. *International Journal of Psycho-Analysis,* 18, S. 139–145. Dt.: Zur Theorie der therapeutischen Resul-

tate der Psychoanalyse. *Intern. Zeitschrift f. Psychoanalyse*, 23, 1937, S. 68–74.
Sulloway, F. J. (1979): *Freud, Biologist of the Mind. Beyond the Psychoanalytic Legend.* London, Burnett Books. Dt.: *Freud. Biologe der Seele.* Köln-Lövenich, Verlag Hohenheim, 1982.
Szasz, T. S. (1957): On the theory of psychoanalytic treatment. *International Journal of Psycho-Analysis,* 38, S. 166–182.
Ticho, E. A. (1971): Probleme des Abschlusses der psychoanalytischen Therapie. *Psyche*, 25, S. 44–56.
– (1972): Termination of psychoanalysis: treatment goals, life goals. *Psychoanalytic Quarterly*, 41, S. 315–333.
Ticho, G. R. (1967): On self-analysis. *International Journal of Psycho-Analysis*, 48, S. 308–318. Dt.: Selbstanalyse als Ziel der psychoanalytischen Behandlung, *Psyche*, 25, 1971, S. 31– 43.
Viederman, M. (1991): The real person of the analyst and his role in the process of psychoanalytic cure. *Journal of the American Psychoanalytic Association*, 39, S. 451–490.
Waelder, R. (1936): The problem of freedom in psychoanalysis and the problem of reality-testing. *International Journal of Psycho-Analysis*, 17, S. 89–108.
– (1960): *Basic Theory of Psychoanalysis.* New York, International Universities Press. Dt.: *Die Grundlagen der Psychoanalyse.* Stuttgart, Klett, 1963.
Wallerstein, R. S. (1965): The goals of psychoanalysis: a survey of analytic viewpoints. *Journal of the American Psychoanalytic Association*, 13, S. 748–770.
– (1986): *Forty-two Lives in Treatment: A Study of Psychoanalysis and Psychotherapy.* New York, Guilford Press.
– (1988): One psychoanalysis or many? *International Journal of Psycho-Analysis*, 69, S. 5–21. Dt.: Eine Psychoanalyse – oder viele? *Zeitschr. f. Psychoanal. Theorie und Praxis*, IV, 1989, S. 126–153.
– (1992): The goals of psychoanalysis reconsidered. In: A. Sugarman, R. Nemiroff and D. Greenson (Hrsg.): *The Techni-*

que and Practice of Psychoanalysis, vol. II. Madison, CT, International Universities Press, S. 63–90.
– (1995): *The Talking Cure: The Psychoanalyses and the Psychotherapies.* New Haven, Yale University Press.
Weigert, E. (1954): The importance of flexibility in psychoanalytic technique. *Journal of the American Psychoanalytic Association*, 2, S. 702–710.
Weinshel, E. M. (1990): How wide is the widening scope of psychoanalysis and how solid is its structural model? Some concerns and observations. *Journal of the American Psychoanalytic Association*, 38, S. 272–296.
– and Renik, O. (1991): The past ten years: psychoanalysis in the United States, 1980–1990. *Psychoanalytic Inquiry*, 11, S. 13–29.
Winnicott, D. W. (1954): Withdrawal and regression. In: *Collected Papers.* London, Tavistock, 1958. Dt.: Zustände von Entrückung und Regression. In: *Von der Kinderheilkunde zur Psychoanalyse*, München, Kindler,1976, S. 203–216.
– (1960a): The theory of the parent-infant relationship. In: *The Maturational Processes and the Facilitating Environment.* London, Hogarth Press, 1976, S. 37–55. Dt.: Die Theorie von der Beziehung zwischen Mutter und Kind. In: *Reifungsprozesse und fördernde Umwelt*, Frankfurt a. M., Fischer Tb, 1984, S. 47–71.
– (1960b): Ego distortion in terms of true and false self. In: *The Maturational Processes and the Facilitating Environment.* London, Hogarth Press, 1976, S. 140–152. Dt.: Ich-Verzerrung in Form des wahren und des falschen Selbst. In: *Reifungsprozesse und fördernde Umwelt*, Frankfurt a. M., Fischer Tb, 1984, S. 182–199.
– (1962): The aims of psychoanalytical treatment. In: *The Maturational Processes and the Facilitating Environment.* London, Hogarth Press, 1976, S. 166–170. Dt.: Die Ziele der psychoanalytischen Behandlung. In: *Reifungsprozesse und*

fördernde Umwelt, Frankfurt a. M., Fischer Tb, 1984, S. 217–222.

Zetzel, E. (1965): The theory of therapy in relation to a developmental model of the psychic apparatus. *International Journal of Psycho-Analysis*, 46, S. 39–52. Dt.: Ein Entwicklungsmodell und die Theorie der Therapie. In: *Die Fähigkeit zu emotionalem Wachstum*. Stuttgart, Klett, 1974, S. 247–270.

Personenregister

Ackerman, Nathan 115
Adler, Alfred 56
Aichhorn, August 69
Akhtar, S. 189
Alexander, Franz 58–63, 72, 113, 131
Altman, L. L. 142 ff.
Arlow, Jacob 71, 167, 187

Bachrach, H. M. 193
Bader, Michael 178
Baker, Lester 79
Balint, Michael 34, 78 ff., 92, 102, 104 f., 120, 183
Barchilon, J. 110
Becker, T. C. 192, 195
Bergler, Edmund 74 ff.
Bernfeld, Siegfried 69
Bernstein, I. 116
Bibring, Edward 74, 76 f., 113
Bion, Wilfred 120, 174 f.
Blum, Harold 49
Brenner, C. 71, 187
Bridger, Harold 102
Buxbaum, Edith 106

Chessick, R. 28
Cooper, Arnold 24, 151, 178 f., 181 f., 191, 195
Cramer, B. 166, 168

Dare, Christopher 26, 155
Diethelm, Oskar 114
Dreher, Anna Ursula 213
Drews, S. 213

Eissler, Kurt 109 f., 128, 151, 164
Ellenberger, H. F. 37
Emde, Robert N. 188 f.
Erikson, Erik H. 163
Etchegoyen, Horacio 175, 177

Fairbairn, Ronald 117, 120, 123 ff., 129, 183
Fenichel, Otto 57 f., 63, 69, 74 f., 82, 93 ff.
Ferenczi, Sándor 57 f., 65 ff.
Fine, B. D. 27, 108, 153
Firestein, S. K. 145
Flournoy, O. 166, 168
French, T. 131
Freud, Anna 51, 69, 71, 80 ff., 92, 101, 103, 108, 111 f., 119 f., 138, 163, 188
Freud, Sigmund 22, 25, 27, 31, 36–56, 58 ff., 68–72, 88, 92 f., 98, 100 f., 107, 120 ff., 124, 141, 158, 163, 188 f., 198 f., 203, 205, 217, 219
Fromm-Reichmann, Frieda 113 f.
Furst, Sidney 173

Gaskill, Herbert 174 f.
Gay, Peter 37
Gill, Merton 31, 113
Gitelson, Maxwell 106, 115, 142 f.
Glover, Edward 32, 74 f., 117 ff.
Glueck, B. 35, 134 f., 137, 199, 205
Goldberg, Arnold 181
Gray, P. 132
Greenacre, Phyllis 100, 113
Greenberg, J. R. 157, 183
Greenson, Ralph 131, 144, 162
Grinberg, Leon 174 f.
Grotjahn, M. 146
Grubrich Simitis, Ilse 39

Hartmann, Heinz 32, 69, 80–83, 86–92, 107f., 126, 138, 142f., 150, 152, 176, 203
Hinshelwood, R. D. 186
Hoch, S. 192
Hoffer, Willi 102ff., 146
Holder, Alex 26, 71, 104, 155
Holzman, Philipp S. 165
Horney, Karen 114, 117
Horowitz, M. J. 179
Hurn, Hal 160f.

Jacobson, Edith 111f., 149, 183
Jahoda, Marie 126f., 202
Joffe, W. G. 142
Johan, M. 192
Jones, Ernest 32, 37, 84ff., 88
Joseph, Betty 169f., 186
Jung, Carl Gustav 56

Kantrowitz, J. L. 193, 206
Kelman, H. 114
Kennedy, John F. 149
Kernberg, Otto 149, 154ff., 167, 183
Khan, M. 140
King, P. 102, 119
Klein, Melanie 71, 101ff., 119, 129, 163, 171, 174, 183ff., 188
Knight, Robert 32, 34, 95ff.
Kohut, Heinz 118, 149, 152–157, 181
Kramer, M. K. 117, 189
Krapf, E. E. 137ff., 142
Kris, Ernst 82, 107f., 117, 150
Kubie, Lawrence 99f.

Lacan, Jacques 176
Lampl-de Groot, Jeanne 116f.
Leonardo da Vinci 36
Levy, David 195
Lichtenberg, J. D. 188
Lipton, S. D. 151
Little, Margaret 120
Loch, Wolfgang 167
Loewald, Hans 48, 128, 130ff., 151f., 156f., 183, 187
Loewenstein, Rudolph 107, 150
Luborsky, L. 193

Mahler, Margaret 149, 162f., 188
Martin, G. C. 192
McDougall, Joyce 167
McGlashan, T. H. 126
MacNutt, E. R. 192
Mead, George Herbert 71
Meers, D. 71, 104
Meissner, William 154, 176
Menninger, Karl 165, 202
Meyer, Adolf 95
Miller, G. H. 126
Milner, Marion 102
Mitchell, S. A. 157, 183
Modell, Arnold 162, 183
Moore, B. E. 27, 108, 153
Morgenstern, S. A. 151, 163
Morgenthaler, Fritz 166
Morris, J. L. 192, 194f.
Murphy, Gardner 28f.

Naiman, J. 169
Nersessian, E. 192
Nunberg, Hermann 68, 74

Oberndorf, Clarence 98ff., 107
Øhrberg, Kjell 167
Orr, D. W. 113

Payne, Sylvia 102
Pfeffer, A. Z. 79, 143, 193
Pulver, Sidney 189

Radó, Sándor 58f., 63, 72
Rangell, Leo 110f., 113, 180f.
Rank, Otto 51f., 57f.

Rapaport, David 46, 81 f., 142
Reich, Wilhelm 64, 69
Renik, O. 196
Rickman, John 102
Riesman, D. 98
Robbins, Bernard 141 f., 162, 193
Rosenfeld, Herbert A. 120

Sachs, Hanns 58 f., 61, 63, 65, 72
Sander, L. 188
Sandler, Anne-Marie 186, 190
Sandler, Joseph 25 f., 51, 71, 104, 142, 155, 169 f., 184, 186, 188, 190, 212 f.
Schachter, J. 28
Schafer, Roy 203
Schlessinger, N. 193
Schmalhausen, S. D. 84
Schuker, E. 177
Segal, Hanna 120
Shaw, R. R. 179
Spillius, Elisabeth 71, 170, 183
Spitz, René 163, 188
Steiner, Riccardo 24, 42, 102, 119, 183 ff.
Stekel, Wilhelm 56
Stern, Daniel N. 188
Stone, Leo 111, 131, 146, 165
Strachey, James 53, 64, 72 f., 77, 80, 92
Sulloway, Frank 37
Szasz, Thomas 117, 120–125

Ticho, Ernst 35, 155, 158–161, 199, 205
Ticho, Gertrude 171

Viederman, Milton 177

Waelder, Robert 123, 146
Wallerstein, Robert 33, 35, 127, 132 ff., 137, 176 f., 190, 193, 199, 204
Weigert, E. 113 f.
Weinshel, Edward 194 ff., 200 f.
Winnicott, Donald W. 118, 120, 139–142, 159, 163, 171, 176, 183

Zetzel, Elizabeth 142 f., 146

Sachregister

Abschluß (der Analyse) 146 f.
Abwehrmechanismen
– bei Fenichel 93 f.
– bei A. Freud 80 f.
– bei S. Freud 40 f.
– Kinderanalyse und 116 f.
allgemeine Ziele 76 f.
alloplastische Anpassung 82 f.
Amerikanische Psychiatrische Vereinigung 32, 114
Amerikanische Psychoanalytische Vereinigung 110, 113, 116, 132, 150, 162 f.
– Commitee on the Evaluation of Psychoanalytic Therapy 110
– psychoanalytische Psychotherapie 192 ff.
Analyseprozeß 208–212
Analytiker-Patient-Interaktion 182 f.
– Beendigung 160 f.
– Empathie 182
– Fairbairn und 125 f.
– Ticho und 157–160
– Wertesystem 206
Angst 56
s. a. Depressive Ängste; Verfolgungsängste
Anpassung 82 f., 89 ff.
– flexible 139
– soziale 166
Ausbildung der Psychoanalytiker 32, 101 f.
äußere Welt 78–84, 92
Autonomie 142 f.
– und Ich-Funktionen 82
autoplastische Anpassung 82 f.
baby-watchers 188
Bedeutung, von Patient und Analytiker geteilte 181
Beendigung der Analyse 106 f., 173, 206
– Ferenczi 65 f.
– Freud 51 ff.
– Identifizierung 103 f.
– „Open-door"-Politik 146, 211
– Vollständigkeit 145 f.
– Zetzel 142 f.
Behandlungsziele 158 ff.
berufliche Lebensziele 159 f.
Beziehungen 118
– des Patienten zum Analytiker *s.* Analytiker-Patient-Interaktion
– Neubeginn 78 f.
Borderline-Persönlichkeitsstörung 150, 154
Bostoner Psychoanalytische Gesellschaft 32, 98
Britische Psychoanalytische Gesellschaft 32, 184
– Gruppierungen innerhalb der 101–105, 118 f., 131

Charakteranalyse 78
Charakteränderung 64
Charakterzüge 78
Contemporary Freudians 102

Depression 88, 112
depressive Ängste 103, 183
Deutsche Psychoanalytische Gesellschaft, Berlin 32, 98
dynamische Spannungen 118

Effizienz 85
Einsicht 117, 175, 201
Empathie 182
empirische Forschung, Gruppe 213f.
Endziele 34, 135ff., 205
Entwicklung 207f.
– Gleichgewicht 138
– A. Freud 101
– des Ich 130
– M. Klein 101
– Störungen 188f.
– therapeutischer Prozeß und 142f.
– Trennung/Individuierung 163
– Unterbrechung der 159
Ergebnisforschung 33, 192f.
– empirische Forschergruppe 213f.
Ergebnisse
– Bostoner Psychoanalytische Gesellschaft 98ff.
– Britische Psychoanalytische Gesellschaft 102
– Evaluationskriterien 34f., 95–98
– Freud 51ff.
– Technik und 177f. *s. a.* Effizienz
Ergebnisziele 134, 205, 209
erreichbare Ziele 133
Erwartungen 166ff.
Erweiterung des Anwendungsbereichs der Psychoanalyse 33, 106–128
Es 47f., 53, 61f.
explizite Theorien 25f.
expressive Psychotherapie 155f.

Fähigkeiten des Patienten zur Analyse 144f.
falsches Selbst 140
Fernziele 34, 135ff., 205
flexible Anpassung 139
Freiheit
– und Heilung 141
– von Symptomen 87

Geburtstrauma 51
Gegenübertragung 26f., 206f.
Gegenübertragungs-Heilung 110
„gemeinsame Basis“ 177
geschlechtsspezifische Unterschiede 66f.
Gesundheit *s.* psychische Gesundheit
„gewachsener Felsen“ (S. Freud) 189
Gleichgewicht 138f.
Grenzen der Analyse 96ff., 132–138, 145ff., 188

historisch-konzeptuelle Perspektive 35, 207
Hypnose 36

Ich 92
– Abwehrmechanismen 80f.
– als stützender Heilfaktor 77
– Entwicklung 130
– Fenichel 93f. *s. a.* Ich-Psychologie
– S. Freud 45, 53, 68f., 71
– Patient-Analytiker-Beziehung 124f.
– Selbst und 71
– strukturelle Schwäche des 112
– synthetische Funktion des 75
– und Über-Ich-Introjekte 169f.
– Veränderungen im 52f., 61, 128
Ich-Funktionen 82, 90 143
Ichideal 70, 75 *s. a.* Über-Ich

Ich-Psychologie 117, 128, 162
– Vorherrschen der 107–111, 132, 150 f.
idealisierte Ziele 133
Identifizierung 103 f.
implizite Theorien 25
Independents 102
Individuierung/Trennung 163, 188
infantil 186
infantile Neurose 150
Intellektualisierung 58
Internationale Psychoanalytische Vereinigung
– Forderung nach Anerkennung 192
– Kongreß in London 166–170
– Kongreß in Marienbad 72–78
– Kongreß in New York 173 ff.
– Kongreß in Salzburg 58–65

„Junktim"-Aussage (S. Freud) 37 f.

Kinderanalyse 116 f., 138 f.
kindliche Entwicklung *s.* Entwicklung
„klassische" Psychoanalyse 34, 150, 174
Kleinian Group 102, 119 f.
klinische Fragen 173–179
klinische und technische Perspektive 35, 208
Konflikt 187, 201
– bei Alexander 60 f.
– bei Fenichel 93 f.
– bei S. Freud 41–47
– bei Hartmann 90 f.
korrektive emotionale Erfahrung 131
Kur *s.* Therapie

Lebensziele 158 ff., 206, 211
Leiden 88
Libido
– Entwicklung 72 f.
– Konflikt mit dem Ich 45 ff.
s. a. Primat der Genitalzone

Middle Group 101, 119 f.
mutative Deutung 64, 72, 81

Nahziele 34, 135 ff., 206, 210
narzißtische Persönlichkeitsstörung 154 ff.
Neubeginn 78 f., 104 f.
Neutralität 27 ff.
Normalität 115, 208
– bei Freud 50 f.
– bei Ernest Jones 84 f.
– statistische und normative 137
s. a. seelische Gesundheit

Objektbeziehung(stheorie) 104, 118, 124, 160, 170 f., 181 f.
– bei Loewald 128, 151 f.
– und psychische Veränderung 169 f.
„open-door"-Politik 146, 211

Parameter der Technik 109, 127, 151
Patient
– Einflußfaktoren im 99 f.
– Fähigkeiten 144 f.
– Verhältnis zum Analytiker *s.* Analytiker-Patient-Interaktion
persönliche Lebensziele 159 f.
Perversion, sexuelle 204
Phantasie, Realität und 65 f.
Primat der Genitalzone 64, 72 f., 94, 104
primitive Übertragungen 155
progressive Schritte (im analytischen Prozeß) 180

Projektionen und psychische Veränderung *s. a.* Teilprojektionen
projektive Identifizierung 184f.
Prozeßziele 134, 205, 210f.
Psychiatrie 32, 106
psychische Veränderung 129f., 179f., 193, 201
– und Objektbeziehungstheorie 169f.
psychisches Feld 157
psychisches Gleichgewicht 85f.
psychoanalytische Psychotherapie 192ff.
psychoanalytische Technik *s.* Technik
psychoanalytischer Prozeß 208–212
Psychotherapie 33, 106f., 111f., 155
– Forderungen nach Anerkennung 192f.
– psychoanalytische 192ff.
– Trennung von der Psychoanalyse 113f.
psychotische Patienten 120
Punkt abnehmenden Ertrages 147

Realität
– Anpassung an 89ff.
– Phantasie und 65f.
Regression 170
Reife 72f.
Rentabilität 208
„Romantiker“ 34

Scheuklappen, geistige 28f.
seelische Gesundheit 204f., 212f.
– als natürlicher Zustand 105
– Bewegung hin zu 158
– ideal und erreichbar 99
– Konzepte von 84–91, 137f., 201f.
– soziokulturelle Perspektive 208
– Werte und 126f., 202f.
Selbst 170
– abgespaltenes 184
– Ich und 71
– wahres und falsches 140f.
Selbstakzeptanz 118, 136
selbstanalytische Funktion 212
Selbstbeobachtung 201
Selbstobjekt 153f.
Selbstpsychologie 152ff., 181f.
Selbsttäuschung 28f.
Selbstverstehen 118, 136
Selbstverwirklichung 118, 136
Selektoren 28f.
Sexualität *s.* Primat der Genitalzone; Libido
sexuelle Perversion 204
Sittlichkeit 45
soziale Anpassung 166
soziale Bewegungen 68f.
soziokulturelle Perspektive 35, 208
Spaltung 169f.
spezielle Ziele 76, 148, 203ff., 209ff.
s. a. Grenzen der Analyse
„Standardtechnik“ 127, 129, 151
Strukturtheorie 31, 47–54, 58f., 68–71
Strukturveränderungen 31, 77, 128, 173
– und dynamische Spannungen 118
suggestive Verfahren 36
Synthese, als Fähigkeit des Ichs 68

Technik 127f.
– Modifikationen 111f., 151
– Parameter 109, 151

– Unterschiede und Ergebnis 177f.
– Veränderung während der Analyse 160f.
Teilprojektionen 75
Theorie 23ff.
– explizite und implizite 25f.
– gemeinsame Basis und Unterschiede 177
– Konzepte als nützliche Konstrukte 179
therapeutisches Verfahren 76
Therapie
– Analyse und 22ff., 106f., 164ff., 178f., 201f.
– Fairbairn und 123ff.,
– Freiheit 141
– Freud und 38ff., 48f., 54f., 199f.
– starke Vermehrung von Therapien 164
s.a. Psychotherapie
– Ziele 114f.
Todestrieb 55, 183
topisches Modell der Psyche 31, 36f., 71
Trauerprozeß 185
Traumdeutung 36f.
Trennung/Individuierung 163, 188
Triebe 36f., 89
– Verdrängen der 53

Über-Ich 70
– Analytiker als „neues“ 74
– Auflösung des 67f.
– A. Freud 81
– Kongreß in Marienbad 73ff.
– Objektbeziehungstheorie 162, 169f.
– Symposium in Salzburg 59ff.
Über-Ich-Introjekte 169f.
Übertragung 56, 150, 179f., 201
– Auflösung der 63
– Charakteristisch für die Psychoanalyse 110
– Freud 44ff.
– primitive 155
– Über-Ich-Modifzierung in der 59ff. *s.a.* Gegenübertragung
umwandelnde Verinnerlichung 153f.
„Unbewußt bewußtmachen“ 40ff., 54, 205
Unbewußte, das 59, 71
– Gewahrwerden unbewußter seelischer Prozesse 103ff.
– „Unbewußt bewußtmachen“ (Freud) 40ff., 54
unbewußte Theorien 25

verdrängte Kindheitserinnerungen 201
Verdrängung 25
Vereinigte Staaten, soziokultureller Wandel 148f.
s.a. Amerikanische Psychiatrische Vereinigung; Amerikanische Psychoanalytische Vereinigung
Verfahren, therapeutisches 76
Verfolgungsängste 103, 183
Vergangenheit (des Patienten) 103f.
Verinnerlichung, umwandelnde 153f.
Vernünftigkeit 138
Vorbewußt 71

wahres Selbst 140f.
Wahrheitsliebe 175
wechselseitige Erwartungen 167f.
Werte 65, 139, 206f.

– seelische Gesundheit und 126, 202 f.
Widerstand 184
– bei Freud (Unbewußt bewußtmachen) 40–44
– Ich-Abwehr 80 f.
– intellektuelle „Aufklärung“ des Patienten 57
– Rolle des Über-Ich 61
Wirksamkeit der Behandlung 177 f., 190, 192 f.
– Knight 34, 95 ff.
s. a. Ergebnisse
wissenschaftliche Haltung 122 f.
wissenschaftliches Verstehen 121

Zensur 25, 27
Ziele 29 ff.
– Kategorien von 198–214
Zwischenziele 122 f., 180 f.

Donald W. Winnicott:
Die spontane Geste
Ausgewählte Briefe

Herausgegeben von F. Robert Rodman
Aus dem Englischen von Oskar Halbsattel
1995. 257 Seiten, Leinen, ISBN 3-608-95760-X

D. W. Winnicott war eine der Hauptfiguren der britischen Psychoanalyse in der Generation nach Freud. Kennzeichnend für seinen persönlichen, therapeutischen und theoretischen Stil waren ein tiefes Mißtrauen gegenüber jedem Dogma und das ausschließliche Vertrauen auf eigene Beobachtungen.
Der Leser lernt in den Briefen nicht nur den Menschen Winnicott und seine tiefsten Überzeugungen kennen, sondern erfährt auch viele Details zur Geschichte der britischen Psychoanalyse.
Erstmals werden persönliche Briefe Winnicotts der Öffentlichkeit zugänglich gemacht. Seine Persönlichkeit und Gedankenwelt entfaltet sich mit großer Klarheit und Eindringlichkeit und auf eine Weise, wie man sie bisher noch nicht kannte.

Winnicotts Adressaten sind u.a.: Wilfred R. Bion, John Bowlby, Anna Freud, Ernest Jones, Betty Joseph, Melanie Klein, Donald Meltzer, Sylvia Payne, Herbert Rosenfeld, Hanna Segal, Benjamin Spock, Helm Stierlin, James Strachey, Thomas Szasz.

Perry Meisel / Walter Kendrick (Hrsg.):

Kultur und Psychoanalyse in Bloomsbury und Berlin

Die Briefe von James und Alix Strachey 1924–1925

Aus dem Englischen übersetzt und mit einem Vorwort versehen von Rotraut De Clerck

1995. 496 Seiten, Leinen, ISBN 3-608-95766-9

James und Alix Strachey sind als Übersetzer von Freuds Gesammelten Werken ins Englische bekannt. Neben ihrer Zugehörigkeit zur Psychoanalyse waren sie aber auch – als Lytton Stracheys jüngerer Bruder und Schwägerin – dem berühmten Bloomsbury-Kreis eng verbunden.

Die hier veröffentlichten Briefe entstanden, während Alix in Berlin bei Karl Abraham in Analyse war und James in London an der Übersetzung von Freuds Werken arbeitete.

Die Briefe geben einen Einblick in diese Arbeit und vermitteln ein lebendiges Bild von den Diskussionen zwischen Freud und seinen Anhängern, den Auseinandersetzungen während der Gründungsphase der Britischen Psychoanalytischen Gesellschaft und den Vorgängen am Berliner Institut. Darüber hinaus erfährt man viel Anekdotenhaftes über den Bloomsbury-Kreis und die literarische Szene in London und ihre wohl berühmteste Figur in jener Zeit: Virginia Woolf.

Aus den Briefen entsteht ein Panorama des sozialen und politischen Klimas zweier kultureller Zentren in jenen Jahren. Sie sind daher von hoher Relevanz für die gesamte psychoanalytische und literarische Kulturforschung.

Die deutsche Ausgabe wird durch ein Vorwort der Psychoanalytikerin Rotraut De Clerck ergänzt, in dem diese die damalige Situation am Berliner Psychoanalytischen Institut – vor allem auch im Hinblick auf die Person Melanie Kleins – beschreibt.